AF454270

Hélène de Jaurias

SŒUR DE CHARITÉ

PAR

Henri MAZEAU

AVEC UNE LETTRE-PRÉFACE

DE

L'AMIRAL DE CUVERVILLE

Ancien Chef d'État-Major Général de la Marine
Sénateur du Finistère

PARIS. — 6e

VICTOR RETAUX, LIBRAIRE-ÉDITEUR

82, RUE BONAPARTE, 82

1903

L'HÉROÏNE DU PÉ-TANG

———

HÉLÈNE DE JAURIAS

ÉMILE COLIN, IMPRIMERIE DE LAGNY (S.-ET-M.)

Hélène de Jaurias

SŒUR DE CHARITÉ

PAR

Henri MAZEAU

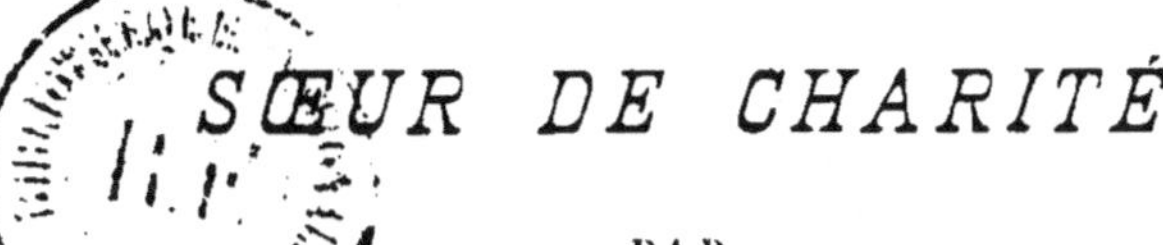

AVEC UNE LETTRE-PRÉFACE

DE

L'Amiral de Cuverville

Ancien Chef d'État-Major général de la Marine
Sénateur du Finistère

PARIS. — 6e

VICTOR RETAUX, LIBRAIRE-ÉDITEUR

82, RUE BONAPARTE, 82

—

1905

AU LECTEUR

Je vous présente, ami lecteur, ce premier-né de ma plume, qui, vraisemblablement, est destiné à demeurer fils unique.

Faites-lui bon accueil.

S'il vous paraît gauche et emprunté, n'en soyez pas surpris : il est tout étonné et intimidé d'avoir à se produire en public. Vous le trouverez, sans doute, de mine peu avenante et de langage un peu fruste.

Mais il est de bonne volonté, je vous assure, et sans prétentions. Il veut, simplement, vous intéresser et vous édifier, en racontant la vie et en révélant les mérites de Sœur Hélène de Jaurias, Fille de la Charité, et missionnaire en Chine pendant quarante-sept ans.

Longtemps j'ai hésité avant de lui permettre d'af-

fronter le grand jour : je n'avais pas confiance. J'ai tout fait pour le retenir ; je lui ai dit mes inquié- tudes et montré les déconvenues auxquelles il s'expo- sait. Mais il ne m'écoutait pas, et, secouant son front volontaire, il regardait obstinément vers la porte.

De guerre lasse, j'ai cédé et je l'ai laissé partir, en lui répétant la souriante gronderie de Martial à son livre, pris, lui aussi, un jour, d'humeur vagabonde :

Æthereas, incaute cupis volitare per auras,
I, fuge ! sed poteras tutior esse domi.

Va donc, mon petit livre, puisque tu l'as voulu, va, sans présomption, mais aussi sans crainte, tra- vailler, selon tes forces, à l'œuvre du bon Dieu.

Peut-être, autour de toi, entendras-tu murmurer quelques éloges ; n'en sois pas plus fier. Ils viendront de tes amis. Et le défaut de l'amitié, défaut exquis, c'est de juger trop exclusivement avec le cœur pour être impartiale.

Peut-être, aussi, entendras-tu quelques-uns, qui, connaissant ton origine, se répéteront entre eux : « Que peut-il sortir de bon de Nazareth ? » N'en sois pas attristé ; garde ton sourire et ta belle insouciance. Va ton chemin, indifférent aux critiques comme aux éloges, désireux, seulement, de faire un peu de bien, et de montrer, comme tu le sauras, que Dieu est tou- jours admirable dans ses saints.

D'ailleurs, ne compte plus sur moi ; je me suis

assez occupé de toi ; maintenant je t'abandonne. Je te dépose dans le tour des *Filles de la Charité* ; je te confie à saint Vincent de Paul, le père en Dieu de Sœur de Jaurias, et la providence des enfants trouvés.

HENRI MAZEAU, prêtre.

Gouts, novembre 1904.

LETTRE-PRÉFACE

De l'Amiral de Cuverville

*Ancien Chef d'État-Major général de la Marine
Sénateur du Finistère*

---

*A M. l'abbé Henri Mazeau, curé de Gouts,
par Mareuil-sur-Belle (Dordogne).*

Monsieur le Curé,

A l'heure où, par un véritable prodige d'ingratitude que la haine de Dieu peut seule expliquer,
on chasse de leurs asiles, de leurs écoles, des hôpitaux où elles se sacrifiaient au soulagement de
toutes les misères humaines, ces admirables Sœurs
dans lesquelles s'incarnent toutes les qualités de
l'*âme française*, vous avez pensé qu'il était bon de
mettre sous les yeux du public la vie de l'une de

ces nobles femmes, qu'on ne s'est pas seulement
contenté de proscrire, mais qu'on a outragées à la
tribune du Parlement.

Combien vous avez eu raison !

Aux accusations formulées contre elles, à toutes
les attaques frappées au coin de l'injustice, les victimes de la persécution religieuse qui sévit sur
notre pays peuvent répondre : Voyez nos œuvres!

Hélas, ces œuvres si appréciées à l'étranger et
auxquelles la France doit la meilleure part de son
influence au dehors, paraissent aujourd'hui mé-
connues; le peuple abusé, trompé par ceux qui
l'exploitent au profit de leur ambition, demeure
trop souvent indifférent aux exécutions brutales,
que l'on accomplit sous ses yeux en contraignant
ses meilleurs amis à prendre la route de l'exil.

Il importe de réveiller dans l'âme populaire le
sentiment de la justice et celui de la reconnaissance ; rappelons-lui le passé et laissons parler les
faits.

*
* *

« Chaque jour, — écrivait M. de Montalembert
dans son bel ouvrage *Les Moines d'Occident*, — des
milliers de créatures aimées sortent des châteaux
comme des chaumières, des palais comme des
ateliers, pour offrir à Dieu leur cœur, leur âme,
leur corps virginal, leur tendresse et leur vie...
C'est la fleur du genre humain encore chargée de

la goutte de rosée qui n'a réfléchi que le rayon du soleil levant et qu'aucune poussière terrestre n'a encore ternie.

« Dans toutes ces nobles filles, fiancées à Dieu, il apparaît quelque chose d'intrépide qui est au-dessus de leur sexe. C'est le propre de la vie religieuse de transfigurer ainsi la nature humaine, en donnant à l'âme ce qui lui manquerait dans la vie ordinaire; elle inspire à une jeune vierge je ne sais quoi de viril qui la dérobe à toutes les faiblesses de la nature... qui en fait au jour voulu une héroïne tendre, douce, surgissant des abîmes de l'humilité, de l'obéissance et de l'amour, pour atteindre tout ce qu'il y a de puissant dans le courage humain.

« ... Quel est donc cet amant invisible, mort sur un gibet il y a dix-huit siècles, qui attire à lui la jeunesse et la beauté... qui apparaît aux âmes avec un éclat et un attrait auxquels elles ne peuvent résister?... Est-ce un homme? Non; c'est un Dieu.

« Voilà le grand secret, la clef de ce sublime et douloureux mystère. Un Dieu seul peut remporter de tels triomphes et mériter de tels abandons. Ce Jésus, dont la divinité est tous les jours insultée, la prouve tous les jours (entre mille autres preuves) par ces miracles de désintéressement et de courage qui s'appellent des vocations... Des cœurs jeunes et innocents se donnent à lui pour le récompenser du don qu'il nous a fait de Lui-même... et le sacrifice qui les crucifie n'est que la réponse de l'amour humain à l'amour d'un Dieu qui s'est fait crucifier pour nous!... »

*
* *

Ces lignes, du grand orateur et écrivain catholique, ne sont-elles pas, Monsieur le Curé, la meilleure des *Introductions* à votre captivant ouvrage? N'expliquent-elles pas admirablement la vocation et la vie de cette Fille de Saint-Vincent-de-Paul, — Sœur de Jaurias — qui, après un demi-siècle de travaux et de sacrifices dépensés dans les missions de la Chine, mourait, épuisée par les fatigues du siège, au Jen-Tse-Tang de Pékin, au lendemain de cette épopée du Pé-Tang dans laquelle son nom restera associé à celui de l'héroïque enseigne de vaisseau Paul Henry, lui aussi martyr du devoir?

Ah! certes, la France peut être fière à bon droit de toutes ses congrégations religieuses; nous, marins, nous les avons rencontrées sur tous les points du globe et nous pouvons témoigner du respect et de l'admiration qu'elles inspirent même à ces peuples idolâtres dont elles secourent toutes les misères. Les Filles de la Charité ont jeté sur notre pays, depuis longtemps déjà, un éclat particulier.

Les combattants de Crimée se rappellent leur héroïsme et leur abnégation; grièvement blessé au siège de Sébastopol, celui qui écrit ces lignes reçut dans leurs hôpitaux les soins les plus touchants, et il tient à reproduire ici la lettre que le général commandant en chef l'armée française en Orient adressait à l'une d'elles :

« Madame la Supérieure,

« J'apprends, avec un vif sentiment de reconnaissance que les Sœurs de Saint-Vincent-de-Paul ont multiplié les actes de dévouement et de charité autour des soldats malades qui ont failli être ensevelis sous les ruines de l'un des hôpitaux qu'un incendie vient de détruire.

« Déjà, pendant l'invasion du choléra et au milieu des épreuves de cette guerre, elles ont prodigué les secours et les consolations de leur charitable ministère aux militaires de l'armée d'Orient. Ils en sont profondément touchés et il m'appartient de vous transmettre, au nom de tous, l'expression de nos remerciements et de la gratitude que nous inspire une si vive et si touchante sollicitude.

« Veuillez agréer, Madame la Supérieure, l'hommage de mon respect,

« Le Commandant en chef de l'armée française en Orient,

« *Signé :* Général CANROBERT.

« Devant Sébastopol, le 16 mars 1855. »

*
* *

Sur un autre théâtre, celle, dont voici la biographie, montrait, dans son humilité, tout ce que le cœur des Sœurs de Charité renferme de vaillance et d'esprit de sacrifice, justifiant pleinement cette maxime de leur saint fondateur : « L'oraison est à

la Fille de Charité ce que l'épée est au soldat. »
(Saint Vincent de Paul.)

Sœur de Jaurias naquit au château de Jaurias,
situé dans la paroisse de Gouts, en Périgord, près
de Mareuil-sur-Belle (Dordogne), patrie du vaillant colonel de Villebois-Mareuil, le héros de
Boshof au Transvaal. — Nul n'était donc mieux
à même de retracer fidèlement sa vie, que l'auteur
de ce livre ; ami de la famille de Jaurias, son travail a été rédigé d'après des documents authen-
tiques. Nous nous garderons bien de déflorer son
récit ; nous voulons en laisser au lecteur tout le
charme, charme que rehausse encore la fidélité avec
laquelle ont été résumés les faits d'armes accomplis par nos marins et par nos soldats dans cet
Extrême-Orient qui a causé tant de deuils et où se
décident peut-être, à l'heure actuelle, les destinées
de la vieille Europe.

A l'époque où l'humble Fille de la Charité partait pour les missions, nous faisions nos premières
armes dans la marine ; la corvette à voiles la *Constantine*, qui la conduisit de Chang-Haï à Ning-pô
après son laborieux voyage sur le *Nightingale*,
était commandée par Tardy de Montravel, l'un de
nos meilleurs officiers ; elle avait à son bord plusieurs de nos camarades de promotion. — Le commandant de Plas, dont Sœur de Jaurias conservait
un si bon souvenir, a été notre ami ; après avoir
servi vaillamment son pays et atteint l'âge de la
retraite, il était entré dans l'illustre Compagnie de
Jésus, qu'il avait appris à connaître et à aimer au

cours de ses campagnes lointaines ; il est mort à la résidence de Brest, en prédestiné.

Le brillant capitaine de vaisseau Protet, qui mourut frappé d'une balle en plein cœur en combattant les rebelles chinois et en sauvant Ning-Pô, avait été notre chef. Enfin, Paul Henry, le jeune héros du Pé-Tang qui, avec le vaillant concours des missionnaires et des Sœurs, organisa et dirigea cette magnifique défense, « la plus étonnante et la plus remarquable de toutes celles organisées pendant le siège des Légations », — Paul Henry bien que né en Anjou peut être revendiqué par la Bretagne dont sa famille est originaire et voisine de la nôtre. Tous ces souvenirs communs, tous ces points de contact augmentaient encore pour nous l'intérêt du récit de M. l'abbé Mazeau ; nous le remercions de nous avoir procuré la joie de lui dire que son œuvre est de celles que personne ne lira sans profit.

Ceux qui accusent les religieux et les Filles de la Charité d'avoir desséché leur cœur et ruiné dans leurs âmes les saintes affections de la famille en en brisant les liens, ceux-là liront cette réponse par laquelle je termine cette trop longue lettre :

« Sœur de Jaurias n'avait pu s'habituer à l'exil ; après de longues années, — elle était restée trente-huit ans sans revoir la maison paternelle. — il lui semblait aussi dur qu'aux premiers jours et cette souffrance, qu'elle ne dissimulait pas, rendait son sacrifice plus méritoire. « Je me demande, écrivait-elle, comment j'ai pu quitter ma chère France, comment j'ai eu la force de déchirer mon cœur en l'arrachant à tout ce qu'il aimait. J'ai fait cela poussée par la grâce qui me disait de me consacrer, pour l'amour de Dieu, au soulagement et au salut de mes frères. Lorsque je quittai Amiens, un saint missionnaire, me voyant inquiète et affligée, me dit ces paroles que je n'ai pas oubliées et dont chaque jour je constate la vérité : « Je peux tout en celui qui me fortifie. »

Ecoutez encore ce cri d'angoisse jeté au moment où elle apprenait en Chine les désastres de 1870 : « Pauvre France ! Paris assiégé ! quelle humilia-
« tion ! Oh ! je vous en prie, écrivez-moi, donnez-
« moi des détails. — Dites-moi que les nouvelles
« que nous avons reçues sont fausses, ou tout au
« moins exagérées. Si vous saviez comme je souffre
« de tout cela ! Nous vivons tous, ici, dans un état
« qui équivaut à un vrai martyre. »

VOILA CELLES QUE L'ON PROSCRIT !

*
* *

Vous me pardonnerez, Monsieur le Curé, d'avoir abusé de la bienveillance avec laquelle vous m'avez invité à écrire cette lettre-préface ; je l'ai fait au cours d'une épreuve particulièrement cruelle pour mon cœur de père, épreuve pour laquelle la foi a, seule, des consolations (1). Si douloureuse que soit la crise redoutable que la France traverse actuellement, notre pays, — et votre récit en témoigne, — renferme des trésors de foi, d'énergie, de dévouement et d'esprit de sacrifice, qui sont une espérance. On rapproche avec raison la Passion du Sauveur de la passion de nos religieux persécutés : la Passion du Sauveur résumait sa mission glorieuse et rédemptrice ; la passion de nos religieux sera, sans nul doute, auprès de la justice divine, la rançon de notre malheureuse patrie !

Encore une fois, merci, et bien respectueusement à vous.

Vice-Amiral DE CUVERVILLE,

Sénateur du Finistère.

Paris, le 23 octobre 1904.

---

(1) M. l'Amiral de Cuverville venait d'apprendre que son fils, le capitaine de frégate de Cuverville, attaché naval à Saint-Pétersbourg, avait été assassiné, à bord d'une jonque chinoise, au sortir de Port-Arthur, où il avait été envoyé, en mission, par le gouvernement français.

HÉLÈNE DE JAURIAS

SŒUR DE CHARITÉ

CHAPITRE PREMIER

LE CHATEAU DE JAURIAS

Jaurias. — La famille. — Le grand-père émigré. — Le foyer.
— Hélène-Anaïs. — Première communion. — Vocation. —
Incertitudes. — Indication providentielle. — Odyssée du
vieux pauvre. — Premier essai de vie religieuse. — Voyage
à Bordeaux. — Sœur Catherine Meyer. — Postulat.

Sur les frontières du Périgord et de la Charente,
aux confins du Nontronnais un peu sauvage et
hirsute avec ses forêts prolongées et ses landes mo-
notones, à l'extrême limite du Ribéracois, s'étend
une contrée, sévère d'aspect comme un paysage de
Palestine.

A peine quelques bouquets de bois semés, çà et

là, sur les crêtes ou groupés timidement au fond des vallons, viennent-ils jeter une tache sombre sur l'horizon lointain et monotone.

De molles ondulations, roulant des coteaux incultes aux vallées plus fertiles, moutonnent au loin comme les vagues d'une mer immobile.

Jadis opulent, avec ses immenses vignobles où se récoltaient des vins estimés, ce pays, atteint par le fléau, comme tant d'autres, ne s'est pas encore relevé, retardé dans ses tentatives par l'inertie d'un sol ingrat et le fatalisme résigné de ses habitants.

Les ceps vigoureux qui étaient son ornement et sa richesse ont disparu. Leur enchevêtrement n'enveloppe plus, comme autrefois, les coteaux d'une luxuriante parure, et l'œil reste attristé par ces *chômes*, revêtues d'une herbe courte et brûlée, au travers de laquelle transparaît la blancheur stérile du calcaire.

Au printemps, le paysage s'égaye un peu ; les blés en herbe prolongent, dans les vallées, leurs longues coulées vertes ; les arbres, en bordure, se couvrent de feuilles ; les haies fleurissent ; un peu de joie et de vie circule dans les *fonds*, mais les collines moroses gardent, obstinément, leur teinte jaunâtre : pour elles il n'est point de printemps.

Au milieu de ce cadre austère, presque à égale distance de l'église, autrefois archipresbytérale, de Gouts et de l'antique chapelle conventuelle de Rossignol, se dresse le château de Jaurias. Bâti sur un plateau assez élevé, il s'incline visiblement vers les coteaux jadis renommés de Rossignol, ne laissant apercevoir, des autres points de l'horizon, que l'extrémité aiguë de sa toiture.

Modeste dans ses dimensions, il est remarquable, seulement, par son style qu'on est convenu d'appeler, en architecture, style Louis XVI. Elles sont rares, en effet, les habitations de ce genre. OEuvres d'une époque tourmentée, qui a accumulé plus de ruines qu'élevé de monuments, la plupart furent arrêtées dans leur construction par la gravité des événements, ou rasées par le niveau révolutionnaire.

Placé près du village de Jaurias, il fut construit, vers 1770, par Denis Aubin de Jaurias, mousquetaire de la garde du roi. Il remplaçait des constructions plus anciennes. Les chênes, plusieurs fois centenaires, qui subsistent encore dans ses alentours, attestent l'existence, dans ce pays où la végétation est si lente et les vieux arbres si rares, d'une antique habitation seigneuriale.

La famille de Jaurias compte, en effet, parmi les plus anciennes de la contrée. Les quelques actes publics, que la Révolution n'a pas détruits, et qui ont pu parvenir jusqu'à nous, nous la montrent installée, dès 1550, dans la terre de Jaurias, qui dépendait de labaronnie de Mareuil. Dans cette baronnie, les Ouby, sieurs de Jaurias, possédaient la charge de notaires royaux. Léonard Ouby l'exerça, notamment, à la fin du dix-septième siècle et au commencement du dix-huitième, jusqu'en 1729. Son fils, Jacques Ouby, avait épousé, vers 1720, illustre personne Marie de Champagnac, demoiselle de la Jauffrenie, et avait pris le titre de sieur de Jaurias et de la Jauffrenie.

Des sept enfants issus de ce mariage, l'un, Léonard, l'aîné des garçons, marié à Marguerite de Vars de Bosredon, devint conseiller du Roi au Parlement d'Aix. Cette charge comportait l'anoblissement.

Aussi, son fils, François Denis, héritier de la terre de famille, eut-il le titre d'écuyer. C'est grâce à cette qualité qu'il fut admis à servir dans la première compagnie des mousquetaires de la garde ordinaire du roi Louis XVI, qui n'admettait dans ses rangs que des gens de noblesse. Il y resta jusqu'à la dissolution de ce corps, en 1789.

Il se retira alors à Jaurias. Là, il vécut, dit la charte d'amnistie d'émigration, obtenue en sa faveur le 24 ventôse an XI, « occupé à surveiller la culture de ses terres, méritant par sa vertu et sa bonté l'affection de tous les citoyens ; acquérant une popularité peu commune par les continuels secours qu'il prodiguait aux indigents. »

Lorsque l'Assemblée constituante décréta la création des municipalités , François-Denis de Jaurias fut nommé maire de la commune de Gouts « au commencement du règne de la liberté, par le suffrage unanime de tous les citoyens (1). »

Un ordre secret rappela, en 1792, les anciens gardes du corps auprès de Louis XVI, menacé dans sa liberté et dans sa personne. François-Denis partit aussitôt, laissant à Jaurias sa femme et ses enfants, qu'il ne devait revoir qu'après la tourmente. Il assista, impuissant et attristé, à la journée du 20 juin. Il fut un des rares qui échappèrent aux massacres du 10 août. Et, lorsqu'il vit son roi détrôné et prisonnier, trop compromis lui-même pour rester en France, il partit pour l'exil, en pleurant sur son courage impuissant et son dévouement inutile (2).

Le comte d'Artois, le prince de Condé, le duc de Bourbon, achevaient d'organiser l'armée de l'émigration. François-Denis de Jaurias, ayant appris que l'ancien corps des Mousquetaires se reformait à Coblentz, vint y réclamer sa place.

Pendant que le mari guerroyait, sa femme, Charlotte-Julie de Tessières de Miremout, restée à Jaurias, s'occupait, dans l'angoisse et les larmes, de l'éducation de ses neuf enfants. Les biens de la fa-

(1) Procès-verbal de l'administration du canton de Champagne.

(2) Le domestique qui l'avait accompagné à l'étranger, Sicaire Boutonnier, était rentré en France en janvier 1793. Il fut dénoncé, le 1ᵉʳ décembre de la même année, par Jean Bernard dit Biotte, de Vertoillac. Cité devant le Tribunal Révolutionnaire de la Dordogne, il fut condamné à mort le 22 avril 1794, et guillotiné, le lendemain, à Périgueux, sur la place de la Clautre.

mille avaient été confisqués, en grande partie, et vendus comme biens nationaux. Dans la lutte que la pauvre femme avait à soutenir contre les spoliateurs, pour sauver quelques bribes de son patrimoine, elle n'avait, pour la consoler au milieu des persécutions, que la lecture de quelques rares lettres, venues d'exil, que le gentilhomme fidèle, fidèle à son Dieu, à son roi, à sa dame, signait de son sang.

Son devoir de soldat et sa fidélité à ses serments ne faisaient pas oublier à François-Denis ses obligations d'époux et de père. Il se préoccupait, surtout, de l'éducation et de la formation morale de ses enfants. Il s'efforçait de les diriger, autant que le permettaient les distances et le peu de sûreté des communications. Les lettres qu'il leur adressait, du fond de son exil de Westphalie, sont un programme admirable de vie chrétienne et austère (1).

En leur recommandant, par-dessus tout, l'amour de Dieu et l'amour des pauvres, il posait des prin-

---

(1) Sa délicatesse de conscience était extrême. La pensée des petites dettes qu'il pouvait avoir oubliées le poursuivait jusque dans son exil. Il écrivait à sa femme : « Je te prie de faire remettre à M. Chillac, curé de Rossignol, un boisseau de fèves. Je crois me rappeler qu'un de nos métayers le lui devait pour la dîme. Tu sauras aussi que M. de Coligny, habitant Valognes, est rentré en France depuis deux ans et m'a fait dépositaire d'un habit que j'ai usé, ne sachant qu'en faire, et n'ayant aucune nouvelle de son propriétaire. Je te prie de lui faire parvenir les sept ou huit écus que son habit pouvait valoir. »

cipes auxquels les siens furent toujours fidèles, et dont nous admirerons, surtout dans la vie de sa petite-fille, le magnifique développement.

Après de longues années de vie errante, Dieu permit à l'exilé de revenir s'asseoir à son foyer. En revivant cette vie de famille dont la privation lui avait été si dure, il put mettre en pratique, sous les yeux de ses enfants, les conseils qu'il leur avait donnés.

Mais cette joie fut de courte durée : le proscrit avait trop souffert. Il mourut le 28 fructidor an XII, un an après la signature du décret d'amnistie rendu en sa faveur.

Son fils aîné, Antoine-Aubin, devint, à vingt ans, chef de la famille. Le malheur l'avait prématurément mûri. Son jeune foyer, que vint bientôt orner Éléonore de Tessières de la Bertinie, demeura grave. Tous deux ils avaient vu tant souffrir et tant pleurer ! Dieu y eut la première place et l'occupa toujours.

Le proscrit du fond de son exil l'avait recommandé : « Pratiquez soigneusement la religion de vos pères et gardez toujours dans votre esprit l'idée de l'éternité. » Aussi dans la famille les préceptes divins et les lois de l'Église étaient-ils scrupuleusement observés. De nombreux enfants vinrent mettre un peu d'animation et de vie dans la vieille demeure longtemps attristée par les inquiétudes et par les persécutions.

Parmi ces enfants, une fille, Anaïs-Hélène-Marguerite, devait être particulièrement bénie de Dieu pour les admirables travaux qu'elle a accomplis et les belles vertus qu'elle a pratiquées.

Hélène-Anaïs naquit le 1er mai 1824. Elle était la sixième sur huit enfants.

Elle fut baptisée le lendemain de sa naissance, et on rapporte que sa pieuse mère, en la recevant des bras de sa marraine, s'écria : « Quelque chose me dit que votre filleule sera religieuse. »

Elle fut nourrie hors de la maison, contrairement aux habitudes de sa mère. La santé chancelante de celle-ci rendit nécessaire cette dérogation aux coutumes familiales. Mais, sitôt qu'elle n'eut plus besoin de soins mercenaires, sa mère la réclama et elle reprit sa place au foyer.

A cette époque on vivait plus que de nos jours de la vie de famille, parce que les cœurs, unis dans une même foi, s'unissaient, sans peine, dans une mutuelle affection.

On n'y connaissait pas ces divisions profondes qui désolent ces familles modernes d'où Dieu a été banni.

« La famille, le foyer, a écrit un libre-penseur, c'est l'asile où nous voudrions tous, après tant d'efforts inutiles et d'illusions perdues, pouvoir reposer notre cœur. Nous revenons las au foyer. Y trouvons-nous le repos? Nullement. Car de quoi allons-nous parler ? Des choses qui touchent la vie intérieure, de la religion, de l'âme, de Dieu? Non.

Hasardez-vous à dire un mot de ces choses à table,
à votre foyer, pendant le repas du soir : votre mère
secoue la tête, votre femme contredit, votre fille,
tout en se taisant, désapprouve.

« Elles sont d'un côté de la table, vous de
l'autre (1). »

Au commencement du dix-neuvième siècle, les
principes qui, jusqu'alors, avaient régi la famille
étaient encore trop vivants pour ne pas exercer sur
elle leur action. Le père en était vraiment le chef;
lui seul commandait, sa volonté était obéie et son
autorité respectée, comme une émanation de l'autorité même de Dieu.

La mère, s'efforçait de reproduire le modèle
de la femme forte de l'Évangile. Elle était un
centre d'affection autour duquel tous venaient se
grouper. Ne vivant que pour les siens, elle restait
indifférente aux suffrages et aux attraits du dehors.

Adonnée à ses devoirs de maîtresse de maison,
soigneuse de son intérieur, elle mettait volontiers
la main à l'œuvre, et, à cette époque, les doigts les
plus aristocratiques ne dédaignaient pas de tourner
le fuseau.

Mais, la principale occupation de la mère de famille était l'éducation de ses enfants. Elle formait
leur cœur; elle faisait entrer dans leur petite intelligence les premières notions de Dieu ; elle enchan-

(1) *Le Christianisme et les temps présents,* par Mgr Bougaud
(chez Poussielgue).

1.

tait leur jeune imagination en leur racontant les histoires merveilleuses et touchantes de l'Ancien ou du Nouveau Testament; elle jetait dans leur âme des germes de vertu et de foi, tellement vivaces, que les passions les plus violentes et les erreurs les plus dangereuses ne parvenaient pas à les étouffer complètement.

C'est dans un semblable milieu, au sein d'une famille qui réalisait l'idéal de la famille chrétienne, que grandissait Hélène-Anaïs.

Elle vécut ses premières années constamment auprès de sa mère. Celle-ci, que retenait à la maison une santé profondément ébranlée par de nombreuses maternités, formait un contraste frappant avec son mari.

M. de Jaurias, d'une nature impétueuse, autoritaire, exubérant, dépensait sans compter une prodigieuse énergie. Debout avant l'aube, il remplissait de son activité, un peu bruyante, la maison bientôt réveillée. La petite lanterne qui éclairait sa ronde matinale était devenue légendaire, et les domestiques, brusquement secoués de leur sommeil, maudissaient cette première aurore avant-courrière de la véritable, celle qui se lève au coup de clairon des coqs.

Dieu avait fait dans l'âme d'Hélène-Anaïs un précieux mélange des qualités de son père et des vertus de sa mère. Il y avait mis les germes d'une énergie que rien ne devait faire faiblir, d'une persévérance que n'était capable de rebuter aucun obstacle, et, en même temps, une patience inaltérable, une douceur auxquelles les natures les plus rebelles ne devaient pas résister, un calme, une possession d'elle-même que les événements les plus graves, les dangers les plus affolants, devaient être impuissants à lui faire perdre.

Déjà, dès sa plus tendre enfance, se manifestaient ces dons si nécessaires à ceux qui doivent exercer une part d'autorité.

Un jour, elle avait quatre ans, un incendie éclata dans le voisinage du château de Jaurias. Tout le monde était ému et effrayé. Seule Hélène-Anaïs ne perdit pas son sang-froid.

S'approchant de sa mère, elle s'efforçait de la rassurer en lui disant : « C'est le diable qui a mis le feu, mais ne craignez pas, le bon Dieu va l'éteindre. »

Cette idée du démon, malfaisant et ennemi de l'homme, Hélène-Anaïs l'eut toujours.

Le Père du mal n'était pas pour elle une entité vague, une cause de péché ou de malheur plus ou moins imprécise, mais un ennemi vivant, debout, agissant. Aussi ses lettres nous dévoilent-elles, qu'en combattant son œuvre, elle avait l'impression très nette de lutter directement et personnellement contre lui.

Cette haine vigoureuse du démon avait sa source dans un grand amour de Dieu. Cet amour devint plus intense et plus expressif, lorsque Hélène-Anaïs eut le bonheur de faire sa première communion.

L'hérésie janséniste, qui, de longues années, avait désolé une partie de l'Eglise de France, tendait à disparaître.

La sainte table, longtemps tenue, par un faux respect, dans un lointain mystérieux et redoutable, se faisait plus accessible et se repeuplait. A l'appel du Souverain Pontife et sous l'impulsion des Évêques, on revenait aux saines doctrines catholiques. Malgré cela, un peu du poison janséniste s'infiltrait encore sournoisement.

Les vieilles formules sur la grandeur de Dieu et l'indignité de l'homme, sur la pureté requise pour s'approcher de Celui qui voit une tache même dans ses anges, s'imposaient encore par l'autorité de l'habitude, glaçaient les âmes, et les arrêtaient dans leur élan vers l'Eucharistie. Une partie du clergé lui-même subissait, dans une certaine mesure, l'influence de ces axiomes. — Aussi était-ce la coutume, dans certaines paroisses, de n'admettre les enfants à la sainte table qu'à un âge relativement avancé.

Hélène-Anaïs avait quatorze ans lorsqu'elle fit sa première communion. Et encore, peut-être, était-ce un privilège que lui valut l'éducation très pieuse qu'elle avait reçue et la préparation sérieuse qui avait précédé.

C'est le jour de sa première communion, qu'elle

entendit clairement l'appel de Dieu. Avide de dévouement, pure et libre de toute attache, elle sentait, depuis longtemps, le désir de se donner toute à
Jésus. Ce sentiment, d'abord vague, un peu flottant
dans son âme naturellement pieuse, se précisa tout-
à-coup, au contact de l'Eucharistie. Hélène-Anaïs
se sentit formellement appelée à la vie religieuse.

Mais sous quelle forme et dans quelle congrégation?

A cette époque, la vie religieuse était loin d'avoir
l'intensité et l'universalité qu'elle a atteintes depuis. Les congrégations, dispersées par la Révolution, se reformaient lentement. Leurs anciens
membres, retenus par la crainte ou par l'habitude
prise d'une vie plus facile, avaient hésité, en grand
nombre, à rejoindre leurs communautés. Les vocations étaient rares. Concentrés dans les villes, les
ordres religieux limitaient à un cercle restreint
leur champ d'action. Jaurias était loin de tout
centre, et, à cette époque, les voyages étaient pénibles et longs. Vraisemblablement, Hélène-Anaïs
avait vu peu de religieuses; peut-être n'en avait-
elle jamais vu.

Un jour, un livre dont on a perdu le titre, tomba
entre ses mains. Sur la première page, une estampe
représentait une Fille de la Charité de Saint-Vincent-
de-Paul. Ce fut un éclair qui déchira les obscurités
et illumina la voie à suivre. Les incertitudes
cessèrent et Hélène-Anaïs reconnut, à n'en pas

douter, que Dieu la voulait Sœur de Charité.

Sa mère était son habituelle confidente, à qui elle avait coutume de dévoiler les secrets de son âme et de faire connaître les divers incidents de sa vie intérieure. Elle lui fit part de l'appel de Dieu, de ses attraits, de ses désirs. Ce fut pour cette mère pieuse une grande joie.

Le père, mis au courant, accueillit ces révélations avec sérieux et respect. Dieu lui demandait sa fille, et il reconnaissait trop les droits de Dieu pour la lui refuser. Mais il trouvait l'enfant trop jeune pour une résolution si grave. Il lui demanda d'attendre et de réfléchir.

D'ailleurs, le proscrit, dans ses instructions datées d'exil, l'avait recommandé et sa parole était sacrée : « Pour être d'Eglise il faut y être parfaitement appelé, car une fois qu'on a fait des vœux ils sont indissolubles et doivent être ponctuellement suivis. Je vous conseille donc de ne vous engager qu'après mûres réflexions et à un âge avancé. »

Hélène-Anaïs s'inclina docilement devant le désir paternel et attendit l'heure de Dieu.

Mais cette soif de vie religieuse brûlait de jour en jour plus ardemment son âme. Pour tromper l'attente et la rendre fructueuse, elle s'essayait à exercer, par avance, quelques-uns des offices dévolus aux Filles de la Charité.

Le château de Jaurias était, de tradition, la maison des pauvres. Les portes en étaient largement

ouvertes à toutes les infortunes, comme les cœurs
de ses habitants étaient ouverts à toutes les pitiés.
On ne redoutait pas beaucoup la brusquerie bien-
faisante du châtelain, mais on appréciait, surtout, la
bonté souriante et le dévouement inlassable des
châtelaines. Aussi, les pauvres ne se gênaient-ils
pas pour faire à Jaurias des séjours, même un peu
prolongés. Hélène-Anaïs et ses sœurs s'étaient
faites les bienfaitrices et les infirmières de ces
hôtes que la Providence leur envoyait ; c'étaient
leurs seules et nobles distractions de jeunes filles.

Un jour, un vieux mendiant, sans famille et sans
foyer, était venu arrêter sa course errante au seuil
hospitalier. On l'avait recueilli. Hélène-Anaïs
l'avait accaparé tout de suite : « C'était son vieux. »

Comme il était soigné, dorloté, gâté ! Et le
pauvre vagabond, habitué à la rude vie des grands
chemins, se croyait déjà dans ce ciel dont lui parlait souvent la charitable enfant : le ciel idéal des
chemineaux, où l'on trouve un gîte chaud, un bon
lit, et du pain en suffisance.

Mais, au bout de quelque temps, le pauvre
homme devint si malade que des soins plus expé-
rimentés que ceux de sa jeune infirmière furent
jugés nécessaires. M. de Jaurias fit des démarches
pour le faire entrer à l'hôpital de Périgueux. On
l'y fit conduire. Mais, arrivé à destination, l'administration de l'hôpital, on ne sait pour quelle
raison, refusa de le recevoir. On remit l'infirme

sur la petite charrette qui l'avait amené, et il repartit pour Jaurias.

Lorsqu'Hélène-Anaïs apprit son retour, la joie lui fit perdre son calme habituel; elle s'élança dans la maison en battant des mains et en criant : « Quel bonheur! mon vieux est revenu. »

Et le pauvre infirme ne repartit plus. Ses derniers jours furent ensoleillés par l'affection qui lui était témoignée. Il mourut en bénissant, au nom du Dieu des pauvres, sa jeune bienfaitrice.

Mais ce ne fut pas seulement auprès des pauvres qu'Hélène-Anaïs exerça son dévouement et fit son apprentissage de Fille de la Charité.

Une de ses sœurs tomba malade ; sa maladie fut longue et douloureuse. Hélène-Anaïs s'installa au chevet de cette sœur, dont la tendre piété correspondait si bien à la sienne, et ne la quitta plus. Elle l'exhortait, l'encourageait, lui parlait sans cesse du ciel : « Lorsque tu seras au ciel, lui disait-elle, tu prieras pour que je sois religieuse. »

La mort de cette sœur apporta un nouvel obstacle à la réalisation des vœux d'Hélène-Anaïs. Elle n'osait pas ajouter, à l'immense douleur de ses parents, le déchirement qu'allait causer son départ.

Il y avait, d'ailleurs, une autre raison qui s'opposait, momentanément, à ce départ.

Quelques mois avant la mort de sa sœur, Hélène-Anaïs avait été atteinte de cette terrible épidémie,

la suette, qui fit tant de victimes au milieu du
siècle dernier, et dont le souvenir fait frissonner
encore ceux qui furent les témoins de ses redoutables ravages.

Elle fut tellement malade, qu'un moment, on
désespéra de la sauver. Elle guérit cependant, car
Dieu avait des vues sur elle. Mais elle resta si
faible, qu'elle fut sujette, pendant assez longtemps,
à des évanouissements fréquents et longs. « Ma
fille, lui disait sa mère, tu ne peux songer à te faire
religieuse avec une pareille santé; d'ailleurs on ne
voudrait pas de toi. »

Ces paroles déchiraient l'âme de la pieuse
enfant, mais n'ébranlaient pas son espérance. Elle
pria avec tant d'humilité et de ferveur que Dieu
l'exauça. Les accidents s'espacèrent et disparu-
rent enfin, pour ne plus revenir.

Lorsque sa santé se fut raffermie et que le chagrin des siens se fut un peu calmé, Hélène-Anaïs
songea à répondre, sans plus de retard, à l'appel
divin, qui se faisait plus impérieux.

Discrètement, elle rappela à ses parents leur promesse. Encore inconsolés, ils hésitèrent à accorder
tout ce qui leur était demandé. Ils acceptaient
bien la séparation; mais ils la désiraient moins
complète; l'éloignement trop grand les effrayait.
Ils proposèrent à Hélène-Anaïs d'entrer dans une
communauté du diocèse de Périgueux. La jeune
fille avait d'autres ambitions et ressentait d'autres

attraits. Néanmoins elle s'inclina et accepta d'essayer.

Il y avait alors à Bergerac une Communauté, la Miséricorde, dont les religieuses se consacraient au service et à la visite des pauvres. Elle était, par son but et ses œuvres, comme un reflet et une reproduction, avec une autre règle et un costume différent, de la Compagnie des Filles de la Charité.

A cette époque, la supérieure était Mère du Pavillon, cousine de madame de Jaurias. Mise au courant de la vocation de la jeune fille, et du désir de ses parents, elle lui ouvrit avec empressement les portes de sa Communauté.

Hélène-Anaïs vint, à plusieurs reprises, faire dans la charitable maison des séjours plus ou moins longs. Elle put en étudier à loisir les règles et en expérimenter la vie.

Cette vie semblait répondre à ses aspirations; les œuvres auxquelles se livraient les Miséricordiennes étaient bien celles auxquelles elle désirait travailler; et cependant, elle ne parvenait pas à fixer son indécision.

Le désir de satisfaire ses parents, et la perspective de servir Dieu sous la direction prudente et aimable de sa cousine, Mère du Pavillon, l'inclinaient vers la Communauté bergeracoise. Mais elle sentait énergiquement que Dieu l'appelait, la voulait ailleurs. Une voix persuasive et impérieuse, la voix de la vocation, retentissait sans cesse à ses oreilles et portait le trouble dans son cœur. Angoissée par ces incertitudes et ces luttes, elle demandait ardemment à Dieu de lui donner le moyen de faire sa sainte volonté.

Dieu l'exauça.

Une de ses sœurs, mariée, habitait Bordeaux. Hélène-Anaïs alla passer quelques jours auprès d'elle.

L'église Saint-Louis était proche de l'habitation du jeune ménage. La jeune fille en profitait, et allait y passer de longues heures. C'est là qu'elle vit, pour la première fois, les Filles de Saint-Vincent-de-Paul. Celles-ci avaient une maison sur la paroisse. N'ayant ni chapelle ni aumônier, elles étaient assidues aux offices paroissiaux, obéissant ainsi à la recommandation de leur vénérable fondatrice, Louise de Marillac, qui répétait souvent à ses premières religieuses : « Soyez bonnes filles de paroisse. »

Elles ne tardèrent pas à remarquer cette étrangère, à la tenue digne et pieuse, qui les suivait d'un regard d'envie. Avant même qu'elles se fussent parlé, un courant de sympathie s'était établi entre les religieuses et la jeune fille inconnue.

Les relations ne tardèrent pas à se nouer.

Sœur Catherine Meyer était sœur servante (1) de

(1) Dans la Compagnie des Filles de la Charité, la supérieure de chaque maison porte le titre de sœur servante. M Vin-

la maison Saint-Louis. Hélène-Anaïs alla la voir, lui ouvrit son cœur, lui raconta ses aspirations et ses espoirs; elle lui fit part aussi des difficultés que rencontrait sa vocation. Sœur Meyer n'eut pas de peine à reconnaître dans la jeune fille une âme énergique et douce, droite et simple, telle que les aimaient les saints fondateurs de la Compagnie.

L'ardent désir d'Hélène-Anaïs de devenir Fille de la Charité se doubla du désir, non moins ardent, de Sœur Meyer d'acquérir à sa communauté ce sujet de dispositions si parfaites. D'un commun accord, on décida de brusquer le dénouement et de conquérir, de haute lutte, une autorisation qui se faisait attendre.

Une lettre partit de Bordeaux, dans laquelle Hélène-Anaïs annonçait à ses parents son intention de ne plus revenir à Jaurias et d'entrer, sans retard, en communauté.

A la lecture de ces lignes la mère pleura. Le père bondit : il n'admettait pas que son autorité fût méconnue et sa volonté désobéie. Il partit immédiatement pour Bordeaux, et ramena sa fille.

La pauvre enfant, toujours soumise et humble, le

cent, faisant ses instructions aux premières compagnes de Louise de Marillac, leur dit un jour : « J'ai souvent admiré l'humilité de la parole de Marie à l'ange de l'Incarnation : « Voici la servante du Seigneur. » Cela m'a fait penser que vous n'appelleriez pas vos supérieures du nom de supérieures, mais que vous les nommeriez sœurs servantes. Que vous en semble? » Toutes acquiescèrent avec empressement.

suivit, la mort dans l'âme. Elle avait bien la promesse paternelle de lui laisser suivre sa vocation à sa majorité, et elle savait que le gentilhomme était scrupuleusement fidèle à sa parole, mais c'étaient deux années encore à passer hors de sa voie, deux mortelles années pendant lesquelles son âme resterait angoissée entre la volonté de Dieu l'appelant à la vie religieuse et la volonté paternelle la retenant au foyer.

Elle reprit son existence ordinaire, montrant à tous, malgré sa douleur, un visage serein, ne mettant dans le secret de ses larmes que Dieu et sa mère. Mais la souffrance morale, contenue et dissimulée, ne devait pas tarder à briser le cercle où l'enfermait l'énergie de la jeune fille. Son âme, emportée par le souvenir des heures délicieuses passées à la maison Saint-Louis, s'absentait, et revenait vers ce lieu où l'appelaient ses désirs et ses espérances. Le corps, délaissé, s'étiolait, s'alanguissait. L'ardeur du sacrifice, comprimée par l'obéissance dans ses manifestations rêvées, le dévorait et le desséchait ; le cœur, oppressé, fonctionnait mal. L'enfant mourait de ne pouvoir vivre de la vie religieuse.

Le père comprit alors que Dieu était le plus fort. Humblement, en chrétien, il inclina sa volonté devant la volonté divine. Il donna à sa fille son consentement et sa bénédiction, et la ramena à Sœur Meyer, qui la reçut comme postulante.

CHAPITRE II

PARIS ET AMIENS

Les Filles de la Charité. — Noviciat. — Saint-Pierre-du-Gros-Caillou. — Saint-Leu d'Amiens — Misère du peuple. — Visites à domicile. — Le cabinet de consultations. — Education des jeunes filles. — Attrait pour les missions. — Désignée pour la Chine. — Supérieure ! — « Les mulets de la Compagnie ». — Embarquement à Dieppe.

Dans l'économie de son action ici-bas, Dieu a coutume de se servir d'instruments humains pour réaliser sa pensée et exécuter ses volontés. Mais il semble que, dans la fondation de la Compagnie des Filles de la Charité, il ait pris soin de restreindre, à un minimum inusité, le concours de l'homme. On dirait qu'il a voulu faire de cette œuvre son œuvre personnelle et exclusive. Il a bien, à la vérité, choisi pour l'exécuter deux saints personnages, saint Vincent de Paul et mademoiselle Le Gras, mais, de leur propre aveu, ils ne furent jamais, entre les mains divines, que de simples instruments, n'ayant d'autre mérite que d'être merveilleusement dociles à l'impulsion d'en haut.

Lorsque, poussés par leur amour de Dieu et leur désir du bien des âmes, ils groupèrent quelques humbles filles qui voulaient se consacrer au service des pauvres, ils n'avaient en vue qu'une œuvre locale et restreinte, et ils étaient loin de se douter jusqu'où la Providence devait les conduire. Aussi ne s'engagèrent-ils dans les voies d'une fondation religieuse qu'avec beaucoup d'appréhension et presque malgré eux, entraînés et absorbés, pour ainsi dire, par la volonté divine. Saint Vincent de Paul n'exagérait pas l'humilité lorsqu'il disait : « Si l'on vous demande comment s'est faite la Compagnie, vous pouvez répondre, avec sincérité, que vous ne le savez point. »

A Domino factum est istud. Ce fut travail fécond parce que ce fut, surtout, travail divin.

Vincent de Paul, lorsqu'il était curé de Châtillon, avait fondé, dans sa paroisse, des associations charitables pour le service des pauvres.

Grandes dames et bourgeoises, unies dans la fraternité de la charité, avaient accepté, sous la direction de leur saint curé, de se faire les servantes des malheureux et de les secourir à domicile. « Chacune fera son jour, disait leur règlement, portant elle-même le potager (marmite), servant les pauvres de ses mains et les soignant comme d'autres Jésus-Christ. »

Le bien est diffusif de sa nature. Les « Charités »,
comme on les appelait, se multiplièrent, et s'étendirent bientôt à presque toutes les paroisses de Paris.

Les plus nobles dames de la cour en firent partie.
Mais leur zèle, si actif fût-il, ne pouvait atteindre à
tout et soulager toutes les misères.

Pour les aider, M. Vincent fit appel à des filles
du peuple, de préférence à des filles des champs,
qui devinrent ainsi les servantes des servantes des
pauvres.

Ces campagnardes ignorantes et timides, ces anciennes « chambrières et lavandières », groupées
sous la direction de mademoiselle Le Gras, furent
le premier germe d'où devait sortir cet arbre vigoureux et fécond qu'est la Compagnie des Filles de la
Charité.

Leurs saints fondateurs n'avaient pas l'ambition
d'en faire des religieuses. M. Vincent leur répétait
souvent : « Si on vous demande si vous êtes des
religieuses, répondez que vous ne l'êtes point. »

Les religieuses, en effet, comme on les concevait
alors, ne répondaient en rien à l'idéal que voulait
réaliser Vincent de Paul. Enfermées dans des
cloîtres, protégées par des grilles, liées par des
vœux solennels, elles ne s'occupaient pas d'œuvres
extérieures, et n'avaient de communication avec le
monde que par les étroits guichets de leurs parloirs.

M. Vincent, qui voulait que ses filles fussent,
avant tout, consacrées au service des pauvres à do-

micile, ne songea pas un instant à calquer la règle qu'il leur donna sur les diverses constitutions qui régissaient, à cette époque, les communautés de femmes. Mais, tout en leur redisant qu'elles « n'étaient point dignes de prendre le titre de religieuses », il leur déclarait qu'elles devaient « travailler à leur propre perfection comme les Carmélites, se consacrer au service des malades comme les Hospitalières, et à l'instruction des filles abandonnées comme les Ursulines. »

Leur règle, qui ne ressemblait à aucune autre, est condensée dans la formule célèbre : « Les Filles de la Charité ont pour monastère la maison des malades ; pour cellule une chambre de louage ; pour chapelle l'église de la paroisse ; pour cloître les rues et les salles des hôpitaux ; pour grilles la crainte de Dieu ; pour clôture l'obéissance et pour voile la sainte modestie. »

Elles sont liées par de simples vœux annuels qu'elles renouvellent tous les 25 mars, en la fête de l'Annonciation, dans le secret de leur cœur et la plénitude de leur liberté.

Après avoir accepté la chasteté, la pauvreté, l'obéissance, elles ajoutent : « Je me consacre, pour toute une année, au service corporel et spirituel des pauvres et des malades, nos vénérables maîtres. »

Leur sollicitude s'étend à la souffrance sous toutes ses formes et sous tous ses aspects.

Aux visites à domicile et au soin des malades

dans les hôpitaux, leurs œuvres initiales, ne tardèrent pas à s'ajouter l'œuvre admirable des enfants trouvés, celles des fous, des galériens, et les missions en pays infidèles.

« Dans la Sœur de Charité, dit le vicomte de Melun, Vincent de Paul a voulu mettre au service de l'humanité la piété et la ferveur de la religieuse, l'expérience du médecin, les soins de la garde-malade, l'affection de la mère, la patience éclairée de l'institutrice, l'humble dévouement de la servante. Le mal a beau multiplier ses formes, la Sœur de Charité est plus habile et plus ingénieuse que lui. Qu'il soit ignorance et ténèbres dans l'enfance, maladie à l'hôpital, blessure sur le champ de bataille, crime dans la prison, esclavage en Afrique, barbarie au désert : la Sœur est toujours prête à le combattre et à en triompher. Elle apporte le soulagement et la paix au milieu des douleurs, au milieu des luttes universelles, panse les plaies de l'âme avec celles du corps, et, comme Notre-Seigneur, convertit en guérissant (1). »

« Aussi, dit Mgr Baunard, on respecte encore les Sœurs de Charité, là où l'on a cessé de respecter le reste. On pourra les chasser dans des jours de démence; mais, quoi qu'on fasse pour cela, on ne les remplacera pas, ni auprès des malades, ni auprès des enfants ; et il faudra les rappeler le jour

(1) Vie de sœur Rosalie.

du retour de la justice et du bon sens. Elles sont comme la dernière image, la dernière ressource de la religion dans un pays et auprès des hommes qui ne connaissent plus Dieu (1). »

C'est, parmi ces servantes des pauvres, si admirables et si humbles, que prit rang Hélène-Anaïs de Jaurias.

Le temps de son postulat, passé auprès de Sœur Meyer, son initiatrice et devenue son amie, dura peu. Le 1er février 1844 elle fut admise au Séminaire de la Compagnie (2).

De ce que fut son noviciat, nous ne savons rien. Aucune des rares lettres que le règlement, un peu austère, du Séminaire lui permit d'écrire n'est parvenue jusqu'à nous, et l'affection pieuse, qui a colligé avec un soin si attentif les documents qui nous permettent de faire revivre sa physionomie, s'est reconnue impuissante à nous renseigner. Nous n'avons que le témoignage du Bulletin officiel de la Compagnie déclarant : « que les directrices du Séminaire eurent la consolation et la joie de trouver en elle une fille de bon jugement, d'intelligence, de piété et de vertu. »

Après de longs mois passés dans la prière le silence et l'humilité, la novice fut reconnue de vertu assez solide et de préparation assez sé-

_____

(1) Vie de Louise de Marillac, par Mgr Baunard.
(2) Le noviciat des Filles de la Charité porte le nom de Séminaire.

rieuse pour être admise au nombre des professes.

En cette circonstance, son bonheur est si grand qu'il déborde. « Vous me souhaitiez la cornette, écrit-elle à une amie, vous aviez raison, car c'était tout ce qu'il me fallait pour être heureuse.

« Que la vie d'une Fille de la Charité est belle !

« Pour faire son devoir et bien remplir sa mission, il y a des sacrifices à faire, sans doute, mais envisagé aux yeux de la foi, rien n'est plus beau que d'employer tous les instants de sa vie à procurer la gloire de Dieu. »

Et plus loin, elle ajoute : « Que de consolations accompagnent les sacrifices de la vie religieuse ! Qu'il est doux de faire le bien à ses semblables, surtout lorsque l'on considère Notre-Seigneur lui-même dans la personne de ceux que l'on sert ! »

Mais ce bonheur ne la rend pas égoïste. Sa pensée s'envole souvent vers cette vieille demeure de Jaurias où elle a laissé les siens.

La vie religieuse n'est pas exclusive et tyrannique ; elle ne dessèche pas le cœur, au contraire. Bien loin de briser les liens de la famille, elle les rend plus forts ; et, sous son influence, l'affection familiale qu'elle approuve et bénit, épurée par le sacrifice, rendue plus désintéressée par l'abandon des biens d'ici-bas, devient plus vive et plus tendre..

Sœur de Jaurias, quoique absorbée par le service de ceux que les Sœurs de Charité appellent « nos seigneurs les pauvres », n'oubliait pas les siens.

Elle restait avec eux en relations constantes de lettres et de prières.

« Chaque jour, écrivait-elle, j'aime à me rappeler mon cher monde devant le bon Dieu. Je lui fais une longue litanie de tous les miens. »

Elle s'indigne contre ceux qui prétendent que la vie religieuse est incompatible avec l'amour filial. « Ceux qui disent pareille chose ne comprennent guère ce que c'est que la vocation religieuse. J'avoue que si je pensais que mes parents eussent cette opinion de moi, ce serait pour mon cœur une grande peine. Notre-Seigneur ne nous ordonne pas d'oublier les nôtres. S'il devait en être ainsi, cette vocation sainte qui fait mes délices, à laquelle je tiens mille fois plus qu'à ma vie, ne me paraîtrait plus qu'un dur esclavage. Non, notre Divin Époux ne nous interdit point l'amour filial, au contraire, il nous le commande. »

Dans une autre circonstance elle insiste encore. « Je n'ai pas besoin de vous assurer que votre fille vous aime et, qu'après Dieu, vous êtes ce qui m'est le plus cher ici-bas. »

Cette union affectueuse de Sœur de Jaurias avec les membres de sa famille, ses lettres à chaque instant nous la révèlent. Au milieu des péripéties de sa vie lointaine, malgré de graves soucis et de lourdes responsabilités, les joies qui venaient réjouir les siens, ou les douleurs qui les faisaient pleurer, eurent toujours une large part dans ses préoccupations et une répercussion dans son cœur.

Son noviciat terminé, Sœur de Jaurias resta à Paris.

Elle fut attachée à la maison des Filles de la Charité, située sur la paroisse Saint-Pierre-du-Gros-Caillou.

Elle y demeura une année à peine ; assez pour se faire apprécier et aimer. Elle se manifestait déjà la religieuse modèle qui devait plus tard mériter cette définition, qui résume tout éloge : « La sœur qui parle peu, sort rarement, et ne perd jamais son temps. »

De Saint-Pierre-du-Gros-Caillou, Sœur de Jaurias fut envoyée à Saint-Leu-d'Amiens où elle devait rester huit ans.

A cette époque la France était inquiète et bouleversée. Le refus d'une réforme électorale venait de renverser un trône, et les pavés des rues s'amoncelaient, d'eux-mêmes, en barricades à l'appel d'une revendication repoussée ou d'une liberté en péril.

Des hommes, pleins d'illusions, mais à l'âme généreuse, avaient pris le pouvoir. Mal préparés à l'exercer, ils n'avaient pas su contenir, dans de justes limites, les passions populaires qu'ils avaient imprudemment déchaînées.

Ils avaient été débordés et emportés, malgré eux, par le flot révolutionnaire. Leur inexpérience et leur faiblesse avaient ouvert les portes à la dictature et rendu nécessaire la répression.

Elle fut terrible. Cinq jours durant, le sang coula à flots dans les rues de Paris.

L'archevêque, Mgr Affre, fut parmi les victimes. Porteur de paroles de paix, il s'était avancé entre les soldats et le peuple, espérant faire cesser le massacre, et avait été frappé à mort sur la barricade. « Puisse, avait-il dit avant d'expirer, mon sang être le dernier versé ! » Il ne fut pas le dernier, hélas ! et, avant que l'insurrection ne fût définitivement vaincue, cinq mille cadavres avaient jonché le pavé de la capitale.

Ces événements avaient eu leur répercussion en province. Dans les villes, et surtout dans les villes manufacturières, une certaine effervescence s'était manifestée. La crainte de la révolution, menaçant sans cesse de renaître, arrêtait le commerce et paralysait l'industrie.

Le travail avait cessé dans la plupart des usines, et, à Amiens, notamment, la misère était grande. « Mon cœur saigne, écrit Sœur de Jaurias, de ne pouvoir soulager tous ceux que je vois souffrir. Ici, l'ouvrier est dans une détresse épouvantable ; les ateliers ne fournissent presque pas d'ouvrage, aussi l'oisiveté et la misère règnent-elles en maîtresses. Ce sont deux plaies bien dangereuses et qu'il est triste, pour une Fille de la Charité, de ne pouvoir toujours guérir. »

L'office de Sœur de Jaurias lui permettait de constater, plus que toute autre, cette détresse. Ses visites à domicile la mettaient en rapport constant avec le peuple.

Cette œuvre des visites à domicile était l'œuvre initiale pour laquelle les Filles de la Charité avaient été fondées, et elle est restée la principale dans la Compagnie. « N'oubliez pas, écrivait le saint Fondateur, que, quel que soit votre rôle ou votre charge, vous devez faire passer avant tout la visite des pauvres et des malades. » Et comme la duchesse de Liancourt lui proposait, un jour, de remplacer ces visites, fatigantes et quelquefois périlleuses, par des distributions de secours faites à la Maison commune, il déclarait que ce serait, pour la Compagnie naissante, « un désordre et une ruine. »

Cette charge, que saint Vincent prisait si fort, fut attribuée à Sœur de Jaurias.

En ces années troublées, où les services publics étaient sans cesse bouleversés, les Sœurs de Charité, et les autres religieuses vouées au service des pauvres, étaient, généralement, chargées de distribuer aux nécessiteux, qu'elles connaissaient mieux que personne, les secours dont disposaient les communes ou les bureaux de bienfaisance. Elles y joignaient les ressources que leur fournissait la charité privée. On avait confiance en leur désinté ressement et en leur prudence. On ne songeait point à planter deux drapeaux ennemis sur la maison des pauvres, ni à opposer la bienfaisance athée à la charité chrétienne.

D'ailleurs, une désastreuse expérience venait d'être faite. La Révolution avait voulu inaugurer une forme de charité, indépendante de Dieu, et l'État avait assumé la charge d'abolir la misère. L'aumône, qu'on trouvait avilissante et contraire à la dignité humaine, devait être remplacée par des pensions nationales. Sur le Grand-Livre de la Bienfaisance Publique, on devait inscrire les invalides du travail, les vieillards, les veuves, les orphelins, les enfants trouvés.

Aucune de ces pensions ne fut jamais payée à personne. Le fameux Grand-Livre, dont toutes les pages étaient blanches, fut fermé, et on revint à l'ancienne forme de la charité, faite au nom de Dieu, par l'intermédiaire de celles qui étaient devenues, par amour de Dieu, les servantes des pauvres. L'expérience date de cent ans. On l'a oubliée, puisque, de nos jours, on la recommence.

Sœur de Jaurias avait donc la mission de distribuer les secours que lui confiaient la charité publique et la charité privée. Alerte et souriante, elle allait, de maison en maison, portant son *potager*, comme les grandes dames du temps de Louis XIII, et son panier à remèdes. Avec elle, dans les plus misérables taudis, pénétrait un peu d'espoir, de bien-être et de résignation. Elle ne représentait pas la bienfaisance administrative, guindée et rogue, enveloppant le don d'un bon de pain de formalités méfiantes et de conditions humiliantes ;

mais elle personnifiait la charité chrétienne, affectueuse, familière, respectueuse, sachant ménager les fiertés, rendues plus ombrageuses par le malheur, considérant et servant dans le pauvre, le Divin Pauvre, Jésus-Christ.

Elle ne se contentait pas de panser les plaies des malheureux, de les soigner dans leurs maladies, de secourir leur misère. Elle entrait dans leur intimité, s'intéressait à leurs affaires, en causait avec eux, leur donnait des conseils, les encourageait, les grondait même quelquefois, oh ! bien doucement et à contre-cœur.

Le mariage de Napoléon avait donné lieu à de grandes réjouissances. « Ces fêtes, écrit la Sœur, jointes au carnaval, sont un sujet de désordres. Mes chers pauvres suivent, quelquefois, le torrent, et alors il faut que je gronde ; ce que je n'aime pas. »

Ces gronderies étaient acceptées de bonne grâce, par les clients de Sœur de Jaurias, parce qu'elles étaient méritées et qu'ils les sentaient affectueuses. Un sûr instinct leur faisait deviner qu'ils possédaient l'estime et l'affection de celle qui les leur adressait.

En effet, si elle voyait leurs défauts, elle n'hésitait pas à reconnaître leurs qualités. Elle se refusait à professer que la pauvreté est nécessairement vicieuse. Elle n'était point de ces esprits chagrins et exigeants, qui réclament des pauvres des vertus extraordinaires, et auxquels on pourrait appliquer le brocard connu, en le modifiant un peu : « Aux

qualités qu'on exige des miséreux, on connaît peu
de millionnaires qui seraient dignes d'être mendiants (1). »

L'hiver de 1853 fut terrible. La misère s'accrut
dans de grandes proportions. Sœur de Jaurias s'attriste de ne pouvoir soulager toutes les souffrances,
mais elle admire la résignation avec laquelle elles
sont supportées.

« Voilà dix ans que je suis au service des pauvres,
jamais je ne les ai vus souffrir comme maintenant.
Ils meurent de froid et de faim. Le commerce est
arrêté et les denrées très chères, surtout le pain, de
sorte que les indigents vivent par une espèce de miracle, que je ne puis m'expliquer qu'en élevant mes
pensées vers le Père des pauvres, qui les soutient
de sa Providence. J'admire la soumission et la résignation de ces infortunés. Leur exemple me confond.

« Notre maison est le rendez-vous de toutes les
misères de la ville. Nous avons continuellement des
pauvres et nous sommes loin de pouvoir satisfaire
à leurs besoins, malgré les sommes considérables
que l'on nous confie. Eh bien, malgré cela, ils sont
patients, résignés et doux. Je trouve cela bien touchant et bien beau, car la faim est mauvaise conseillère. »

Sœur de Jaurias consacrait à ses pauvres tous

____

(1) Beaumarchais : « Aux qualités qu'on réclame des domestiques, on connaît peu de maîtres qui seraient dignes d'être
valets ».

ses instants et toutes ses forces. Elle avait trouvé le secret d'accaparer leur confiance et de conquérir leur cœur. Ils se sentaient aimés et ils avaient foi en sa sagesse et en son jugement toujours sûr. Aussi avaient-ils fait d'elle leur amie et leur confidente. Ils n'attendaient pas qu'elle vînt leur porter les bonnes paroles et les bons conseils dont elle enveloppait ses aumônes, ils allaient d'eux-mêmes les solliciter. Le cabinet de consultations qu'elle avait ouvert pour eux était toujours assiégé.

« Tu te plains, écrit-elle à une de ses sœurs, que je ne te parle pas de moi. Que t'en dirai-je? J'ai si peu le temps d'y penser que parfois j'oublie que je suis sur la terre. Je cours toute la matinée chez mes malades. Après le dîner, je m'installe dans un petit cabinet, près de la porte, où j'écoute mes pauvres. Je gronde celui-ci, je console celui-là, je donne à l'un, je refuse à l'autre; je fais comme je peux. Voilà ma vie. Avec cela le temps passe vite. »

Dans sa fonction d'infirmière, de consolatrice et d'aumônière, Sœur de Jaurias était heureuse. L'obéissance vint l'en arracher. Elle s'inclina, mais non sans regretter sa charge, surtout lorsqu'une épidémie de choléra vint la rendre plus dangereuse et, partant, plus méritoire.

« Toutes sortes de fléaux, écrit-elle, sont venus fondre sur les populations de Picardie. Le choléra fait ici beaucoup de ravages. Je n'ai pas eu le bon-

heur de soigner les cholériques cette année, n'étant
plus en office à la visite des malades, ce qui a été
une grande privation pour moi ; car dans ces
tristes circonstances, qui sont en apparence si pénibles à la nature, le bon Dieu fait tant de grâces
que l'on ne ressent ni peine ni fatigue : on éprouve
un bonheur indicible qui se sent mais qui ne s'exprime pas. Si, dans la vie des Filles de la Charité il
y a beaucoup de sacrifices à faire, il y a, aussi, bien
des consolations et bien des moyens de salut. »

D'ailleurs le rôle qui allait lui être dévolu, pour
être plus modeste et moins en vue, était plus difficile et plus délicat, et réclamait la mise en jeu
de qualités rares.

Elle fut affectée à l'éducation des jeunes filles.

« Une de mes bonnes compagnes, que j'aimais
de tout mon cœur, a eu son changement. Cette
chère sœur était aux enfants. C'est moi qui la remplace. Je regrette bien la visite de mes pauvres,
qu'il a fallu abandonner. Soumettons-nous, puisque
le bon Dieu l'a ainsi ordonné. »

En acceptant cette fonction nouvelle, et en lui
consacrant toutes ses forces et son cœur, Sœur de
Jaurias savait qu'elle restait dans l'esprit de sa
Compagnie.

Saint Vincent de Paul avait voulu que ses filles
étendissent leur zèle à toutes les formes de la charité et ne laissassent aucune misère, physique ou
morale, sans secours ou sans remèdes.

Il déclarait qu'une des principales misères de l'âme, et un des plus sérieux obstacles au salut, c'est l'ignorance. Il ordonna à ses Filles de la combattre, sans relâche et sans merci.

En même temps que des infirmières, il en fit des éducatrices. Mais il ne voulait pas qu'elles se consacrassent aux classes aisées de la société, qui avaient à leur disposition des moyens nombreux de s'instruire. Ayant appris que les Sœurs de la maison de Bernay avaient accepté des pensionnaires, entre autres une fille de la duchesse de Mortemart, il ordonna qu'on les rendît, disant : « que ce n'était pas le fait des Filles de la Charité d'en avoir. »

Elles devaient se consacrer, exclusivement, à l'éducation du peuple, et les écoles qu'elles dirigeaient devaient être absolument gratuites : « J'espère, disait-il, que Dieu sera glorifié, si les pauvres, sans rien donner, peuvent librement envoyer leurs enfants aux écoles. »

En établissant cette gratuité, Vincent de Paul, n'était pas un précurseur, de même que ne sont pas des novateurs les auteurs de nos modernes lois scolaires. Il ne faisait que suivre la longue et vieille tradition, établie depuis des siècles, par cette Église catholique, que le positiviste Taine appelle « la grande défricheuse de terres et d'âmes ».

Cette éducation gratuite, il la voulait sérieuse et aussi complète que possible ; mais surtout il la voulait chrétienne. « Ayez soin d'instruire ces pauvres filles, non seulement de leurs créances, mais des moyens de vivre en bonnes chrétiennes. »

Les sœurs institutrices ne devaient point parler à leurs élèves « comme des doctoresses, mais avec simplicité et clarté; elles avaient mission, avec le savoir humain, de leur apprendre le catéchisme et la pratique des vertus. »

Sœur de Jaurias, que Sœur Marie de Jeoffre, qui connaissait si bien les origines de la Compagnie, déclarait être la fidèle reproduction de la vénérable Louise de Marillac, eut à cœur d'accomplir sa fonction, selon et d'après les instructions de saint Vincent de Paul. Elle s'appliquait, surtout, à parfumer et à illuminer son enseignement de la pensée de Dieu. « A l'exemple des Seignelay, des Polaillon, des Blosset, des Miramar, des Villeneuve, ces grandes dames du dix-septième siècle, amies et émules de Louise de Marillac, elle s'efforçait, à travers les leçons de lecture, d'écriture et de calcul, de laisser tomber, dans les âmes d'enfants qui lui étaient confiées, une pensée religieuse, un souvenir de la miséricorde de Dieu, de sa Providence ou de son autorité. »

Malgré le mérite que vaut son labeur à Sœur de Jaurias, et la force que l'obéissance met à sa disposition, elle est un peu effrayée de la grandeur de sa tâche et elle demande des prières. Elle réclame « les grâces nécessaires pour diriger vers

Dieu les jeunes cœurs qui lui sont confiés, et la science de se faire toute à tous; car, ajoute-t-elle, les jeunes personnes d'aujourd'hui ne sont pas toujours faciles à conduire. »

Cependant son travail n'est pas sans joie et ses efforts ne restent pas sans résultat. Elle forme une congrégation d'Enfants de Marie qui marche à merveille; elle fonde un catéchisme de persévérance pour les grandes filles de son ouvroir, et, tout de suite, il a grand succès et grande vogue.

« Ces chères enfants me donnent bien des consolations. Tous les dimanches j'en ai soixante-dix à mon catéchisme, et toutes, des jeunes filles de dix-huit à vingt ans. Que diriez-vous si vous me voyiez, comme un prédicateur, au milieu de ces grandes filles, plus grandes et, quelques-unes, presque aussi vieilles que moi?... Vous diriez, n'est-ce pas, que le bon Dieu aime à se servir des instruments les plus faibles et les plus vils pour faire son œuvre... »

Mais la Providence, qui avait ses vues sur elle, ne tarda pas à l'arracher à la vie obscure, quoique active et bien remplie, qu'elle menait à Amiens.

M. Vincent, dans sa passion pour le salut des âmes, n'avait pas reculé devant la perspective d'envoyer ses Filles exercer l'apostolat de la charité en pays infidèles. Là où Dieu était ignoré, où les âmes se perdaient, où le démon régnait en maître, la place des Sœurs de Charité était toute marquée. Déjà, de son vivant, il avait envoyé plusieurs colonies apostoliques au Canada et à Madagascar.

Ce zèle ardent, qui poussait les Filles de la Charité à franchir des milliers de lieues pour aller chercher les âmes et les amener à Dieu, ne s'est pas refroidi. Comme aux premières années de la fondation, chaque départ pour les missions lointaines provoque une émotion qui ébranle la Compagnie tout entière et fait palpiter d'espoir et de désir les cœurs de toutes les Filles de la Charité. Aussi, pourrait-on dire des filles actuelles de Louise de Marillac ce qu'elle disait, elle-même, de leurs aînées, lorsque s'ouvrait devant leur apostolat la grande île africaine : « La plupart de nos Sœurs ne voudraient pas que l'embarquement pour Madagascar se fît sans elles. »

Sœur de Jaurias, n'écoutant que la générosité de son âme et sa passion pour l'extension du règne de Dieu, avait senti, dès la première heure de sa vocation, s'éveiller en elle le désir de consacrer sa vie à la conversion des infidèles. Mais, sa grande humilité lui persuadait qu'elle ne méritait pas une telle faveur.

Cependant, elle avait dû, selon l'usage, ouvrir son âme à ses supérieures et leur dire son attrait. Elle l'avait fait avec simplicité et confiance, acceptant, quelle qu'elle fût, la volonté de Dieu.

Cette volonté ne tarda pas à se manifester, plus exigeante que la pieuse Sœur ne s'y attendait. Elle avait souhaité être envoyée en pays de missions,

surtout en Chine, pour y travailler, obscurément,
au salut de ses frères.

La Providence exauçait son désir, mais l'exauçait
trop : elle était désignée pour la Chine et, en même
temps, elle était nommée supérieure d'une des maisons de Ning-Pô.

Sœur de Jaurias accueillit cette nouvelle avec
une joie mêlée d'un peu d'anxiété ; les responsabilités de sa nouvelle charge l'épouvantaient. Non,
certes, qu'elle eût peur du travail ou qu'elle reculât
devant le sacrifice ; mais elle craignait de n'être pas
à la hauteur de sa tâche et de laisser péricliter, par
son insuffisance, l'œuvre de Dieu.

Elle l'accepta cependant avec humilité, comptant
sur la force que donne l'obéissance. « Me voici supérieure ! C'est une chose que je redoutais par-dessus
tout. Le bon Maître me l'impose ; il faut se soumettre. Mais je vous avoue qu'il m'en coûte beaucoup. Notre-Seigneur aime à se servir de ce qu'il y
a de plus faible et de plus incapable ; je le vois bien
aujourd'hui. »

L'ambition doit être bannie de l'état religieux.
Les fondateurs d'ordres n'ont pas assez d'anathè-
mes pour la stigmatiser. Les charges n'y sont point
considérées comme un avantage ni comme un
honneur, mais comme de véritables charges, c'est-
à-dire comme des fardeaux, qui font sentir, plus
durement, aux épaules sur lesquelles ils pèsent, le
joug, déjà lourd, de la vie religieuse.

Les Sœurs de Charité ne font pas exception. Chez elles, plus que partout ailleurs, peut-être, l'exercice de l'autorité paraît redoutable, et, s'il y a compétitions entre elles, c'est plutôt pour conserver la joie d'obéir que pour obtenir la responsabilité de commander.

« Je tiens à vous faire savoir, écrit Louise de Marillac, que les charges ne se doivent pas tant exercer absolument que charitablement, et que nous sommes Sœurs-servantes ; ce qui veut dire, chargées des plus fortes peines de corps et d'esprit. Sœurs-servantes, sœurs victimes, c'est une même chose. »

Et même, pour mieux préciser, la vénérable Fondatrice ne recule pas devant l'expression pittoresque : « Que celles qui ont la charge des autres s'oublient elles-mêmes en toutes choses. Elles doivent penser qu'elles sont les mulets de la Compagnie. »

C'est dans ces sentiments que Sœur de Jaurias accepta la volonté de Dieu, manifestée par l'ordre de ses supérieurs.

Le premier moment d'émoi passé, elle ne songea plus qu'à consacrer, sans réserve, à ses nouveaux devoirs, les ressources de son intelligence et la calme énergie de sa volonté.

Mais, avant de s'embarquer pour cette terre lointaine qui devait dévorer sa vie, Sœur de Jaurias avait le devoir d'annoncer aux siens son départ. La

lettre par laquelle elle le fait déborde, à la fois, de
douleur et de joie.

« Combien mon cœur souffre, bon père et bonne
mère, en pensant que je vais tant vous affliger !
Mais la volonté de Dieu s'est manifestée à moi d'une
manière si claire qu'en conscience je ne puis résister. Je suis désignée pour aller en Chine. Depuis
mon entrée en communauté j'avais le désir d'y
aller. Connaissant ma faiblesse et mon incapacité,
je n'osais presque pas me livrer à cette pensée.
J'avais dû faire connaître mes sentiments à mes
supérieurs, et rester à leur disposition. Ils viennent
de juger à propos de m'appeler. Vous comprenez
que j'ai dû me rendre au premier appel. Vous tenez
à ce que votre fille fasse son devoir et vous ne me
blâmerez pas. Sept de mes Sœurs partent avec moi ;
nous sommes bien heureuses ! Sans doute, la
pauvre nature souffre, est brisée par les cruels
sacrifices qu'il faut faire, mais si je pouvais vous
faire comprendre la paix et la joie que je ressens
au milieu de mes peines, vous seriez consolés. »

Et, en finissant, elle revient encore sur cette joie
qu'elle ne peut contenir. « Oh ! surtout n'accusez
pas le cœur de votre fille ! Non, il n'est pas changé.
Je sens, au contraire, vivement, le sacrifice, mais,
je le répète, je suis heureuse, si heureuse que je
ne puis l'exprimer. »

Les préparatifs étaient terminés ; le jour du départ
était fixé. Les Sœurs missionnaires dirent adieu, en

pleurant à cette chère Maison-mère, berceau de
leur vie religieuse, et à leurs compagnes, sainte-
ment jalouses. Elles partirent pour Dieppe le
25 juillet 1855. La supérieure générale, la très hono-
rée Mère Montcelet, avait voulu les accompagner
et leur donner ainsi une marque spéciale d'intérêt
et d'affection. Elle ne les quitta que sur le pont du
vapeur qui devait les conduire à Londres, où elles
allaient rejoindre le *Nightingale*, voilier américain,
à destination de Chine.

CHAPITRE III

A NING-PÔ DE DIEPPE

De Dieppe à Londres. — Hospitalité anglaise. — Le *Nightin-gale*. — La vie à bord. — La femme du commandant. — Les foulards des Indes. — Matelots à la mer. — Collision. — Les pirouettes de sœur Vincent et la calotte de M. Thierry. — Java. — Visite des indigènes. — Tempête. — Terre! — Hong-Kong. — Le bon Anglais. — Le vieux Chinois. — Bap-têmes d'enfants. — Le gouverneur de Hong-Kong. — La corvette la *Constantine*. — Arrivée à Ning-Pô.

Sœur de Jaurias n'avait jamais vu la mer ; son aspect la ravit. Elle avoue qu'elle est restée de longues heures à contempler « cette immensité mouvante dont le charme captivait son âme et la faisait rêver. »

Mais, elle n'avait pas le loisir de rêver long-temps. Après avoir élevé son cœur vers « le Créa-teur des Océans » et avoir uni son hommage à l'hommage des flots « dont l'agitation perpétuelle et sonore chante perpétuellement la gloire de

Dieu (1)», elle se souvint qu'elle était supérieure, qu'elle avait charge d'âmes et de corps, et que les soucis de la vie matérielle étaient, désormais, son lot.

Elle se préoccupa de l'installation de ses compagnes.

Le vapeur qui devait les conduire à Londres était petit et encombré. Malgré cet encombrement, Sœur de Jaurias espérait pouvoir faire observer les exercices religieux à sa petite communauté voyageuse. Mais le mal de mer, cet hôte importun, sournoisement caché dans les flancs du navire, ne tarda pas à faire sentir aux passagers sa nauséeuse présence, et à rendre la vie commune impossible. Dispersées au hasard de l'accès, chacune, dans son coin, payait douloureusement son tribut.

La jeune supérieure, atteinte la première, comme il convient, et guérie aussi la première, ne sait pas conserver son sérieux en face du spectacle qui s'étale à ses regards. Elle rit de bon cœur, mais elle avoue « que la chose est surtout amusante... quand elle est passée. »

A Londres, les religieuses missionnaires furent reçues par les Sœurs de la Merci, établies depuis de nombreuses années en Angleterre. Un retard imprévu, apporté au départ du bateau, les força d'user, plus longtemps qu'elles ne pensaient, d'une

____

(1) Chateaubriand.

hospitalité gracieusement offerte et charitablement exercée.

Cette hospitalité, on le devine, était tout anglaise. Et les Sœurs missionnaires commencent gaiement leur apprentissage des coutumes étrangères : « Cependant, dit Sœur de Jaurias, nous avons éprouvé d'abord quelque difficulté à nous habituer à manger des pommes de terre bouillies en guise de pain, accompagnant de larges tranches de bœuf à peine cuit. Mais ce qui nous paraissait le plus étrange, c'était de boire, pendant le repas, du thé ou du café ; ce dernier est loin d'être bon comme celui de papa, ajoute-t-elle ; une vraie médecine ! »

A Londres, les Sœurs occupent leurs loisirs à faire des œuvres de miséricorde. Elles vont visiter les malades dans les hôpitaux protestants, et Sœur de Jaurias rend hommage à la courtoisie anglaise: « Nous avons visité les hôpitaux, on nous a accueillies partout avec égards et respect, malgré notre habit religieux, prohibé ici, par une loi, qui existe toujours, mais qu'on n'applique plus. »

Le 28 juillet, le *Nightingale* se trouva prêt à appareiller. L'embarquement eut lieu. « On nous a fait asseoir sur un fauteuil suspendu par des cordes. Au moyen d'une poulie nous avons été soulevées à hauteur du pont, un petit mouvement tournant et nous voilà déposées doucement sur le navire. Ce manège s'est renouvelé huit fois. »

La petite colonie apostolique se composait de

douze personnes : les huit religieuses, trois missionnaires et un Frère. M. Rouger, mort évêque du Kiang-Si, en était le supérieur ; un supérieur plein d'entrain et de bonté.

D'ailleurs, la communauté n'était pas bien difficile à gouverner, si nous en croyons une des compagnes de Sœur de Jaurias, qui nous apprend « que la cordialité et l'union faisaient le charme du voyage, et aidaient à accepter joyeusement les contretemps et les mortifications inopinément survenus. »

L'équipage se composait, en majorité, d'Anglais, et le capitaine était Américain. Tous étaient protestants. Respectueux des croyances des autres, ils mettaient la plus grande complaisance à rendre facile aux passagers l'exercice de leur culte ; et Sœur de Jaurias reconnaît qu'on n'eut jamais qu'à se louer de leur courtoise tolérance.

Trois messes étaient célébrées chaque matin, et chaque matin aussi, les Sœurs étaient autorisées à faire la sainte communion. C'est un privilège accordé aux Filles de la Charité, pendant les traversées, privilège que Sœur de Jaurias appréciait grandement. « Comment voulez-vous que je succombe, écrivait-elle, avec une pareille force à ma disposition ? »

Les dimanches, les offices étaient plus solennels : messe chantée, sermon, vêpres. Ces jours-là, les Sœurs reprenaient leurs chères cornettes, qu'elles ne pouvaient, d'ailleurs, garder que quelques heures, car leurs ailes, vite désempesées et amollies par l'humidité des embruns, pendaient bientôt autour de leur visage, lamentablement.

La règle était observée autant que le permettaient les exigences de la vie à bord. Sœur de Jaurias nous donne le détail de ces journées, longues par leur monotonie, mais que savaient rendre courtes le travail et la prière. « Nous nous levons à quatre heures et demie. Nous entendons tous les matins trois messes et faisons la sainte communion. Déjeuner à sept heures. Nous montons ensuite sur le pont où nous faisons nos prières et nos lectures; ou bien, nous travaillons jusqu'à une heure. A ce moment nous descendons dîner. Récréation jusqu'à trois heures. Exercices de communauté et travail jusqu'à six heures. Souper et récréation jusqu'à huit heures, moment de notre coucher. Nos journées, ainsi réglées, passent assez vite. Tout le monde est content. Nos supérieurs m'ont donné des compagnes qui méritent, à bien des titres, toute mon affection, et dont la bonne volonté m'allège beaucoup le poids de la supériorité. »

Le *Nightingale* était aménagé avec tout le confortable anglais et même, avec un luxe qui effarouchait un peu l'humilité de la Sœur.

Elle déclare qu'elle se trouve « dépaysée au milieu de ces beaux salons où reluit l'or, ornés de peintures fines, et qui sont meublés de canapés moelleux et de meubles d'acajou. » Elle se sent gênée par ce grand laquais rigide et attentif, « debout derrière sa chaise, qui la sert à table, car, ajoute-t-elle, il y a longtemps que j'ai perdu l'habitude de me faire servir. »

Les premiers jours de la traversée furent pénibles. La Manche se montra inclémente aux passagers. Le vent était violent et des vagues, courtes et dures, venaient battre, incessamment, les flancs du navire. Le mal de mer, avec qui on avait déjà fait une rapide connaissance, ne tarda pas à reparaître.

Dans la traversée de Dieppe à Londres, il s'était montré bénin, et n'avait pas persisté au delà de quelques heures et de quelques nausées. Son retour fut terrible. Quinze jours durant il s'acharna. « Pendant ces tristes journées, écrit Sœur de Jaurias, nous souffrîmes horriblement. Nous éprouvions un continuel mal au cœur, un grand dégoût pour la nourriture, une faiblesse extrême, et un tel abattement que nous n'avions pas le courage de remuer nos membres brisés. Un jour, nous étions couchées toutes les huit, en même temps, sans avoir la force de nous donner un verre d'eau. »

Sur l'Océan, moins tumultueux, la révolte des estomacs s'apaisa et, avec la bonne humeur, la régularité reprit.

Cette vie inoccupée pesait un peu à Sœur de Jaurias. Son activité se sentait à l'étroit et son zèle désirait un aliment. Elle chercha autour d'elle du bien à faire, et elle trouva...!

Le commandant du *Nightingale* avait avec lui sa femme, Américaine et protestante. Celle-ci ne tarda pas à être captivée par le charme et la distinction de la jeune supérieure. D'ailleurs, la Sœur, qui avait son but, loin de permettre à son humilité de cacher les séductions de sa riche nature, n'hésita pas à les faire entrer en jeu. Il y avait peut-être là une âme à sauver.

Les nécessités de la vie à bord, mettant en contact journalier des êtres vivant sur quelques mètres carrés de planches perdus dans l'infini des eaux, rendirent inévitables les relations entre la religieuse et la protestante.

Ces relations, un peu gênées, dès le début, par l'ignorance mutuelle de leur langue respective, devinrent bientôt cordiales et affectueuses, de courtoises qu'elles étaient d'abord. « C'était une âme droite et bonne, dit la Sœur, sincèrement éprise de vérité. » Ces deux âmes devaient se comprendre, et une vive amitié les lia bientôt.

D'ailleurs, Sœur de Jaurias ne laissait pas échapper une occasion d'être agréable à sa nouvelle amie. Mais, à ses prévenances, elle s'efforçait de mêler une intention pieuse, une pensée surnaturelle, pouvant s'imposer à cette âme et l'ouvrir à la grâce.

Le jour de la fête de l'Assomption, à l'issue

des offices solennels, auxquels la femme du commandant avait assisté, Sœur de Jaurias lui offrit quelques travaux d'aiguille, la priant de les accepter « en souvenir de la Mère de tous les chrétiens. »

Et la jeune femme lui fait écrire par son mari un billet en français, où elle lui exprime sa reconnaissance et sa sympathie et lui demande de prier pour elle.

Un autre jour, le 8 septembre, fête de la Nativité, sœur de Jaurias offre encore à son amie des broderies d'un travail exquis, exécutées par une des religieuses, brodeuse remarquable.

Comme réponse à cette attention, chacune des Sœurs reçut un beau foulard des Indes.

Du coup, la communauté est en émoi ; M. Rouger est consulté ; le cas est grave. La règle défend aux religieuses de recevoir quoi que ce soit pour elles ; et le précieux tissu se trouverait déplacé sur la bure des Sœurs de Charité. D'autre part, refuser, c'était blesser la donatrice, et peut-être, éloigner de la vérité cette âme à moitié conquise. Sœur de Jaurias se chargea de négocier cette affaire. Dès les premiers mots, la pauvre dame se lamenta : « C'était parce qu'elle était protestante qu'on ne voulait rien accepter d'elle ! »

La Sœur eut vite fait de la rassurer et de la consoler. Elle lui fit entendre, doucement, que, si elle devait refuser un cadeau personnel, elle pouvait recevoir pour ses œuvres futures. Les foulards furent repris, et remplacés par une forte aumône.

Quel fut le résultat immédiat et apparent, au point de vue surnaturel, de ces relations entre la protestante et la Sœur? Le journal de la traversée ne nous le dit pas. Nous devons croire, cependant, que, malgré les prières, les exemples, les discrètes exhortations, l'hérétique persévéra dans ses erreurs, car Sœur de Jaurias termine le récit de ses tentatives de conversion par ces paroles : « Quel dommage que cette personne si bonne et si bien douée reste dans l'hérésie ! Si elle adoptait notre divine religion, elle l'aimerait, la pratiquerait parfaitement, et deviendrait une sainte. »

Cette vie, un peu monotone, mais rendue utile par quelques essais d'apostolat, avait ses péripéties, parfois douloureuses et terribles, parfois, aussi, joyeuses.

Le 15 septembre, le navire doublait le cap de Bonne-Espérance. Dans ces parages dangereux, la mer fut mauvaise. L'abattement du début se fit encore sentir : « M. Rouger, écrit Sœur de Jaurias, avait beau nous promettre une récompense si nous mangions, nous faisions triste mine à table. Cependant, nos repas étaient assez mouvementés et féconds en incidents comiques. A certains moments, tout se renversait sur la table. Les carafes, les verres, les bouteilles entraient en danse, s'entre-choquaient et, même, se brisaient. Notre soupe

nous sautait, sans façon, sur les genoux. Ce qu'on
avait dans son assiette passait tranquillement dans
l'assiette de la voisine ; de sorte qu'il fallait, bon
gré mal gré, faire de moitié. Le roulis était si fort
que, si nous voulions nous lever, nous tombions ;
lorsque nous essayions de marcher, nous trébu-
chions comme des ivrognes, et, malgré nous,
nous dansions le galop. »

Ces jours de mauvais temps furent assombris encore par deux accidents. « Il nous est arrivé deux
tristes aventures. Un pauvre matelot est tombé à
la mer. Tous les efforts faits pour le sauver ont
été inutiles ; il a été englouti sous nos yeux. Malheureusement, cet accident s'est renouvelé quelques jours plus tard. Le commandant est désolé,
d'autant plus qu'il est très bon pour ses matelots
qui paraissent l'aimer beaucoup. »

C'est encore dans le voisinage de ce redoutable
Cap des Tempêtes, que le *Nightingale* fut victime
d'une collision qui faillit le faire sombrer. « Par
une nuit obscure, dit le journal de la traversée, nous
avons rencontré et heurté un vaisseau inconnu.
Nos voiles ont été déchirées, nos vergues, nos cordages brisés, une partie du pont a été enlevée. Nous
avons été à deux doigts du naufrage. Mais la Providence nous protège et Marie nous garde. Il faut que
nous arrivions en Chine, et nous y arriverons. »

Mais, les événements qui venaient traverser la vie
des passagers n'étaient pas tous aussi tragiques.

Quelques-uns avaient le privilège d'exciter la gaieté de la petite communauté, où le rire était facile, parce que les consciences étaient en paix. Sœur de Jaurias, réservée et sérieuse, mais point du tout morose, rit volontiers, un peu trop même, avoue-t-elle, car elle se réjouit de ce que « le grand air, en fatiguant ses yeux, l'oblige à porter des lunettes. Cela, ajoute-t-elle, me donne une allure un peu plus respectable. Et ce n'est pas de trop, car pour une supérieure, j'ai l'air bien jeune ; presque toutes mes filles sont plus âgées que moi ! »

Mais aussi, on est bien excusable de ne savoir tenir son sérieux, lorsqu'on voit l'austère et grave M. Rouger, « surpris au milieu du pont par un coup de roulis, danser un temps de galop et tomber, finalement, le nez en avant, sur un tas de cordages. Sœur Vincent, qui veut le secourir, tombe à son tour et fait la pirouette ; et, au même moment, le bon M. Thierry voit sa calotte s'envoler au large et devenir la proie des marsouins, qui suivaient le navire en cabriolant sur la cime des vagues. »

Des oiseaux de mer viennent, parfois, se reposer sur le pont. Leur arrivée est saluée comme un heureux présage. On accueille, avec pitié et tendresse, les pauvres voyageurs fatigués ; on leur donne à manger ; on les caresse ; on leur met de jolis colliers avec inscriptions pieuses ; et on leur rend la liberté, avec mission de porter à des contrées lointaines et inexplorées, les noms sacrés de

Jésus et de Marie gravés autour de leur cou.

Mais une nouvelle s'était répandue, qui avait détourné les passagères de ces innocentes distractions. Le capitaine avait annoncé que la terre était proche... Et, de longues heures à l'avance, les regards impatients scrutaient le point de l'horizon où elle devait apparaître. Sœur de Jaurias nous révèle que son cœur se serra d'émotion, que ses yeux se remplirent de larmes, lorsque, du haut du mât, tomba le cri : terre à tribord. C'était le 23 octobre. Il y avait quatre mois qu'elle n'avait vu que le ciel et l'eau.

Le *Nightingale* était en vue de Java. A gauche, dans le lointain, s'estompait la silhouette de Sumatra, noyée dans la brume.

Les missionnaires descendirent à terre avec le capitaine; les Sœurs restèrent à bord. Là, elles ne tardèrent pas à recevoir la visite des indigènes. Une flottille de barques entoura bientôt le navire, portant aux passagers et à l'équipage des produits exotiques et des fruits du pays : noix de coco, pommes d'ananas, régimes de bananes.

La supérieure acheta quelques-uns de ces fruits pour ses religieuses. La règle ne le défendait pas, et, toutes les fois que la règle et ses modestes ressources le permettaient, Sœur de Jaurias se faisait une joie de procurer à ses compagnes quelques douceurs, qu'elle savait rendre plus savoureuses, par sa façon aimable de les offrir !

Avec un sens très vif du pittoresque et du beau,
elle admire, au milieu de l'encadrement des hautes
montagnes, l'imposante masse de verdure qu'offre
l'île parée de la gigantesque végétation tropicale.
Elle est frappée de la beauté d'allure de ces Malais, au
corps de bronze, harmonieusement drapés d'étoffes
multicolores. « Il n'est rien de majestueux, écrit-
elle, comme ces patrons de bateaux, debout à la
proue de leur barque, avec leur turban blanc et
leurs habits d'indienne rose. Ils commandent la
manœuvre d'un signe ou d'un coup de sifflet bref.
Quand ils restent immobiles, on dirait d'admirables
statues ; quand ils font un geste, ils ressemblent à
des princes donnant des ordres à leurs sujets. »

A partir de Java, la traversée fut difficile et inquiétante. Le vent devint capricieux. Sans transi-
tion, du calme presque plat, on passait à la tempête. Des rochers de corail, à fleur d'eau, des
bancs de sable irrégulièrement formés, et déplacés
en quelques heures par le mouvement des flots,
menaçaient sans cesse les flancs du navire. Le
commandant était préoccupé et nerveux ; il resta,
au témoignage de Sœur de Jaurias, onze nuits
sans se coucher. « J'avais plaisir, écrit-elle, à le
voir commander ses matelots ; il me rappelait mon
père ; il avait son activité, son ardeur, et était toujours le premier à l'ouvrage. »

Les deux derniers jours du voyage furent surtout affreux. Une tempête épouvantable se déchaîna.

La mer était démontée et les vagues se précipi-
taient, tumultueuses, à l'assaut du navire, le secouant violemment, et faisant craquer sa mem-
brure. Les Sœurs, affolées, croyaient toucher à
leur dernier jour ; elles entouraient, tremblantes,
leur supérieure. Celle-ci n'avait perdu ni son sourire ni son calme. Elle les rassurait doucement,
leur affirmant que, « malgré le démon et les tempêtes qu'il soulevait, elles arriveraient à destination, pour y travailler au champ du Père de famille. »

Et, en effet, lorsque la tempête s'apaisa et que
le ciel s'éclaircit, elles purent, enfin, apercevoir,
dans le lointain, cette terre de Chine qu'elles venaient conquérir à Jésus-Christ.

Ce n'était pas, cependant, en vrai pays chinois
qu'elles allaient aborder, tout d'abord.

L'île de Hong-Kong, en langue indigène « l'île
aux eaux parfumées », où se trouvait le port de débarquement, appartenait aux Anglais. A l'issue de
la guerre de l'Opium, en 1841, le gouvernement
chinois la leur avait cédée par le traité de Nankin.

Lorsque Sœur de Jaurias y arriva, elle éprouva
une déception. Elle s'attendait à voir une ville
orientale, avec ses maisons, aux murs égayés de
briques multicolores, surmontées de la toiture caractéristique, relevée aux angles. Au lieu de cela,
elle vit se dérouler, à perte de vue, les larges et
étroites avenues d'une ville anglaise, bordées de

vastes bâtiments inesthétiques et tristes, à l'ombre desquels étaient tapies, comme honteuses, de misérables cabanes en bois et en torchis, avançant sur la rue le large éventaire, où le petit boutiquier chinois étale sa marchandise.

La foule qui encombrait le quai était disparate et cosmopolite : Européens de toutes nationalités et de toutes langues ; Indous au teint bronzé, gardant, au milieu de l'agitation fébrile du port, leur démarche grave et leur air impassible ; Malais remuants et loquaces ; Polynésiens ; métis Portugais venus de Macao, tous absorbés par les exigences de leur commerce et l'amour du lucre.

Mais, ceux qui intéressaient surtout Sœur de Jaurias et que suivaient plus volontiers ses regards, c'étaient les Chinois, reconnaissables à leurs habits amples, rayés, dans le dos, par la natte nationale. On pouvait les voir se faufiler dans la foule d'un pas discret, glissant silencieusement sur leurs semelles de feutre.

Commerçants d'instinct, servis par une intelligence souple et une conscience sans scrupules, ils savent obtenir, par leur patiente habileté, des résultats qui stupéfient les hommes les plus rompus aux affaires. Aussi, après soixante ans d'occupation étrangère, ont-ils su reconquérir, parcelle à parcelle, l'île que la force des armes leur avait enlevée. Aujourd'hui, les plus beaux palais de Hong-Kong et les belles plantations environ-

nantes leur appartiennent ; et les Anglais, conquérants, en sont réduits à être les locataires des conquis.

A peine débarqués, et après s'être intéressés un
instant à l'agitation du port, les voyageurs se
préoccupèrent de leurs logements. Les missionnaires devaient recevoir l'hospitalité de leurs collègues, établis en ville ; et les religieuses étaient
attendues par les Sœurs de Saint-Paul-de-Chartres,
qui avaient fondé un orphelinat à Victoria et le dirigeaient, depuis huit ans, avec succès.

En mettant le pied sur le quai, les passagers furent un instant désorientés. « Nous étions étonnés,
dit la Sœur, de ne plus sentir le balancement du
navire, et nous marchions d'un pas titubant
comme des gens ivres. Cela nous aurait beaucoup
humiliés si nous ne nous étions aperçus, tout de
suite, que personne ne faisait attention à nous. »

Missionnaires et religieuses trouvèrent même,
au bout d'un moment, qu'on n'y faisait pas assez
attention. Leurs hôtes, ignorant l'heure de l'arrivée du bateau, rendue incertaine par le mauvais
temps, n'étaient pas venus au port pour les accueillir. Perdus au milieu de cette foule indifférente et affairée, ils commençaient à s'inquiéter,
lorsqu'un Anglais, faisant exception à l'égoïsme
de sa race, aborda le groupe des voyageurs et
offrit, obligeamment, ses services.

Les missionnaires suivirent, les premiers, leur
charitable guide.

Pendant que les Sœurs attendaient leur tour, debout auprès de leurs bagages, elles virent s'avancer vers elles « un Chinois à barbe blanche, la tête couverte d'une calotte rouge d'où s'échappait, par derrière, une longue tresse de cheveux. Il était vêtu d'un pantalon jaune et d'une blouse de même couleur; ses épaules étaient couvertes d'une sorte de camail bleu; ses pieds chaussés de souliers à bouts arrondis, montés sur des semelles en papier d'un pouce d'épaisseur. Il tenait à la main un parasol, également en papier, illustré de peintures bizarres. »

L'étranger s'inclina devant les sœurs et les salua d'un *Sit nomen Domini benedictum!* sonore. Puis, dans le français le plus pur, il leur adressa la parole et leur souhaita la bienvenue. C'était un évêque missionnaire, travaillant en Chine depuis vingt-deux ans. Chassé de son vicariat par la persécution, il attendait, embusqué sur la frontière, l'occasion et le moyen de rejoindre son troupeau.

Pendant que, sous la conduite du prélat à costume de mandarin, Sœur de Jaurias et ses compagnes s'acheminaient vers la demeure des Sœurs de Saint-Paul, elles rencontrèrent celles-ci, qui, averties de leur arrivée, accouraient à leur rencontre. « C'est lorsqu'on se trouve à des milliers de lieues de son pays, écrit la Sœur, que l'on apprécie vraiment le bonheur de trouver des compatriotes. »

Après avoir pris quelques heures de repos, Sœur
de Jaurias voulut connaître les œuvres de ses hô-
tesses et mettre à profit le temps qu'elle devait
passer dans la maison, pour en étudier le fonc-
tionnement.

Les Sœurs de Saint-Paul s'occupaient, surtout,
de recueillir les enfants chinois, abandonnés par
leurs parents, mission qui allait échoir bientôt à
Sœur de Jaurias.

Cette œuvre la passionna tout de suite. Elle s'attendrit sur le sort de ces pauvres petits dé-
laissés. « On porte aux bonnes religieuses, écrit-
elle, beaucoup d'enfants qu'elles achètent, car, en
Chine, tout se vend, même les enfants moribonds.
Pour vingt-quatre sous on a un petit enfant, qui,
sans cette charité, serait jeté à la mer ou dévoré
par les bêtes. C'est ordinairement des petites filles,
le plus souvent malades, rachitiques, difformes.
Ces petites créatures meurent presque toujours ;
mais elles meurent après avoir reçu le baptême, et
s'en vont au ciel. La supérieure me disait qu'une
personne lui portait très souvent des enfants. On
croit qu'avant de connaître la maison de ces
dames, elle faisait son métier de noyer ces pauvres petits êtres, dont elle débarrassait des parents
qui avaient trop d'enfants, à leur gré. »

C'est à Hong-Kong que Sœur de Jaurias eut le
bonheur de participer, pour la première fois, au
baptême d'un petit Chinois. Ecoutons-la nous

narrer la chose. « Ce matin comme nous faisions
notre action de grâces, après la messe, les bonnes
religieuses nous ont appelées pour nous montrer
un spectacle, nouveau pour nous. Une barque venait d'arriver chargée de neuf enfants. Nous avons
assisté au marché. On a posé ces pauvres petites
créatures par terre. Elles étaient enveloppées dans
de vieux torchons ; on aurait dit des paquets de
linge sale. Ces dames marchandaient pour avoir
chaque enfant au meilleur marché possible, afin de
pouvoir en acheter un plus grand nombre. Beaucoup sont mourants, d'autres, malades ou estro-
piés ; ils sont alors moins chers. Enfin le marché
conclu, avec quelle joie nous nous sommes empa-
rées de ces pauvres petits, pour les débarbouiller et
les soigner ! Nous en avons, chacune, pris un sur
nos bras, et nous les avons portés à l'aumônier de
ces dames, qui les a baptisés. Oh ! que j'ai été heureuse en ce moment ! Je pensais à vous, bonne
mère, et je me disais que si vous étiez témoin de
pareilles scènes, vous auriez le cœur bien navré.
Réjouissez-vous de ce que votre fille a été choisie
par Dieu pour une si grande mission et un si bel
apostolat. »

Pendant les huit jours qu'elle passa à Hong-
Kong, l'humble supérieure d'une petite communauté errante se trouva en rapports avec les personnages officiels. Partout, le charme de son
esprit et l'ascendant de sa vertu lui conquirent les

4.

cœurs. « J'ai été chez le gouverneur de l'île, Anglais et protestant. Il a des filles charmantes. Elles m'ont retenue de longues heures et ne voulaient pas me laisser partir.

« J'ai visité aussi le ministre de France qui retourne à Paris avec sa femme. Plusieurs consuls étrangers sont venus me saluer.

« Enfin depuis huit jours je suis toujours dans les grandeurs. »

A Shang-Haï, où les avait accompagnées l'évêque missionnaire qui les avait saluées sur les quais de Hong-Kong, elles sont reçues avec le même empressement et la même cordialité. Là, encore, la jeune Supérieure recueille tous les suffrages. C'est M. Edon, consul de France, c'est Mgr Spelta, qui l'accueillent, d'abord avec égard, et ne tardent pas à lui manifester une considération et une sympathie qu'elle ne s'explique pas. « Je me demande si tout cela n'est pas un rêve. Que le Seigneur m'accorde de grâces ! C'est bien lui qui fait tout, car je ne suis rien. »

Le 11 décembre, les Sœurs partaient de Shang-Haï à destination de Ning-Pô.

On leur avait offert le transport gratuit sur la corvette de guerre *La Constantine.*

Le lieutenant de vaisseau Tardy de Montravel, qui la commandait, eut pour elles les égards que tout soldat français sait avoir pour des femmes, surtout pour ces femmes admirables, que sont les religieuses. Il poussa la courtoisie jusqu'à leur abandonner sa propre cabine.

Au cours de ses nombreux voyages il avait vu à l'œuvre les Filles de Vincent de Paul ; il avait admiré, dans les cinq parties du monde, les prodiges de leur dévouement et l'héroïsme de leur charité.

Aussi, pendant les cinq jours que dura la traversée, les petites servantes des pauvres furent-elles servies et traitées comme des reines. On savait avoir pour elles les attentions les plus délicates et les plus respectueuses ; et, parmi les deux cent cinquante hommes de l'équipage, elles sentaient qu'elles n'avaient que des admirateurs et des amis.

« Vraiment, dit Sœur de Jaurias, ces quelques jours de traversée, quoique rudement secoués par le mauvais temps, m'ont paru courts et délicieux.

« C'était pour moi une joie de me trouver au milieu de ces soldats français que je sentais sympathiques et bons. »

La petite colonie apostolique arriva à Ning-Pô le dimanche 15 décembre 1855.

CHAPITRE IV

NING PÔ — DÉBUTS D'APOSTOLAT

Ning-Pô. — « Européens, la fleur de la canaille ». — Protestants. — Vingt temples, quarante pasteurs. — Affaire de Shang-Haï. — Bouddhisme. — Taoïsme. — Diabolisme. — Confucianisme. — Indifférentisme. — Le portier du couvent. — La maison Saint-Vincent. — « Le vieux médecin ; le jeune médecin ». — Empoisonnements. — *Stella maris*. — Aventures d'une chaise à porteurs. — Le fils du Taotaï. — Processions chinoises. — Abandons d'enfants. — Opinions de voyageurs et de missionnaires.

A cent cinquante kilomètres au sud de Shang-Haï, à l'extrémité de la péninsule bordant, au midi, la baie de Tché-Kiang, sur le fleuve Yung, s'élève la ville de Ning-Pô.

C'est une des agglomérations les plus importantes de la province de Tché-Kiang. Son nom signifie « cité des vagues pacifiques. »

Sa vaste rade est abritée contre les vents du large, par les îles de l'archipel de Tchousan, autour desquelles la mer Jaune vient se confondre avec la mer de Chine orientale. La ville de Ning-Pô est considérée comme la capitale et la gardienne des riches campagnes qui s'étendent, à l'ouest, jusqu'au fleuve Bleu.

Tous les avantages s'y trouvent réunis : bon ancrage, abondance d'approvisionnements, facilités de défense. Nulle position n'est plus importante, au point de vue stratégique, dans cette région de la Chine.

Aussi, le district de Ning-Pô est-il fameux dans les fastes militaires de l'Empire du Milieu. En 1130 les Tartares furent mis en déroute, à huit kilomètres de la ville, par les paysans chinois. En 1554 des pirates japonais s'y établirent. Enfin en 1841, pendant la guerre de l'Opium, les Anglais s'emparèrent de la ville et du port et en firent le point d'appui de leurs opérations contre Nankin.

Ning-Pô, qu'entoure une muraille de huit kilomètres, compte de 150.000 à 200.000 habitants. La ville s'élève au centre d'un paysage ravissant. Les campagnes qui l'entourent sont d'une fertilité merveilleuse, et vont, s'étendant des remparts jusqu'au pied des montagnes Bleues, qui sont célèbres, dans toute la Chine, par la fraîcheur de leurs ombrages et le pittoresque de leurs sites.

Ning-Pô est une ville essentiellement commerçante. Elle expédie partout les produits de l'industrie locale : meubles incrustés ou laqués, nattes d'orties, émaux cloisonnés, tapis ou porcelaines.

Mais, une de ses supériorités, c'est sa prééminence, non contestée, dans le commerce du poisson, « des fruits de la mer. » Aussi, la population de Ning-Pô est-elle composée, en majeure partie, de bateliers et de pêcheurs qui exercent leur industrie sur le fleuve Yung, le long des côtes, et surtout, entre les rochers à fleur d'eau, qui forment, autour de l'archipel de Tchousan, une dentelure irrégulière et capricieuse.

C'est à Ning-Pô que Sœur de Jaurias commença son apostolat en Chine.

La grande majorité de la population était composée de Chinois ; les Européens n'étaient qu'un petit nombre. Cette minorité, au point de vue moral, était peu recommandable. Elle était composée, surtout, d'aventuriers en quête d'une fortune rapide et peu difficiles dans le choix des moyens ; de trafiquants sans scrupules ; de négociants plus ou moins tarés, et désireux de se refaire, en pays lointains, une virginité commerciale.

Aussi, la présence de ces compatriotes, un peu compromettants, loin d'apporter aux missionnaires aide et sécurité, était-elle un obstacle sérieux à leur action. Sœur de Jaurias en gémit : « Les Européens que nous avons ici sont, en grande partie, la fleur de la canaille. De sorte que si les Chinois nous jugent par ces quelques échantillons, ils doivent avoir de nous une bien triste idée. »

Mais, missionnaires et religieuses n'avaient pas

seulement à protéger la morale contre ces étranges chrétiens ; ils devaient aussi défendre le dogme.

En face de l'autel de la vérité, l'hérésie avait dressé le sien. Les sociétés bibliques, sous le couvert du pavillon britannique, redouté entre tous, depuis la guerre de l'Opium et le bombardement de Ning-Pô, avaient envoyé leurs prédicants.

Forts de la protection effective de l'Angleterre et des sommes considérables mises à leur disposition, ils essayaient de recruter des prosélytes parmi la population misérable de pêcheurs qui grouillait sur les rives du fleuve Yung.

En même temps que leurs bibles, ils répandaient à profusion les sapèques et s'efforçaient d'acheter les consciences ; mais leurs convertis étaient rares, et les indigènes s'éloignaient d'eux, instinctivement. Dieu sait cependant ce qu'on peut obtenir d'un Chinois avec des sapèques !

Leurs temples étaient multipliés dans tous les quartiers de la ville et les pasteurs nombreux. « Nous comptons ici, écrit Sœur de Jaurias, quarante ministres protestants et une vingtaine de temples. Nous n'avons à leur opposer que quatre misérables églises. Cependant, nous convertissons un plus grand nombre d'infidèles, et les âmes que nous gagnons sont sérieusement gagnées.

« Les Chinois prétendent que les protestants veulent faire d'eux des sujets anglais et leur prendre leurs biens, tandis qu'ils s'aperçoivent que nous, catholiques, nous n'avons d'autre souci que d'enseigner notre religion et d'exercer la charité. »

En Extrême-Orient, en effet, comme dans tous les pays où la science ethnologique est encore rudimentaire, protestant signifie anglais et catholique veut dire français. Les prédicants bibliques sont souvent victimes de la haine que l'Angleterre a le talent d'exciter partout contre elle, et les Français bénéficient de l'affection et de l'estime que savent s'attirer les missionnaires et les religieuses.

Lorsqu'éclata l'affaire de Chang-Haï, cette antipathie entre Chinois et protestants s'accentua et prit un caractère aigu.

On connaît l'origine et les détails de cette affaire. Des coolies chinois, « le rebut de la population », avaient été embarqués, de leur plein gré, sur un navire français à destination de la Guadeloupe.

En cours de route, ils organisèrent un complot, et tentèrent de massacrer l'équipage pour s'emparer du navire. On fut obligé de tirer sur eux.

Beaucoup furent tués, et les autres, pour échapper au châtiment, se jetèrent à l'eau et se noyèrent. Deux seulement parvinrent à se sauver.

Cet événement, illustré de détails atroces, que l'imagination orientale n'a point de peine à inventer, fut bientôt connu dans toute la Chine. A toute autre époque, il n'aurait excité nulle émotion et n'aurait pas dépassé les proportions d'un banal fait divers : les mœurs chinoises faisant considérer comme toute naturelle la cruauté dans la répression.

Mais, les flottes unies de France et d'Angleterre venaient de subir un échec sous les forts de Takou. C'était l'heure, pour les Chinois, de s'indigner et de courir sus aux barbares étrangers, puisque ces derniers cessaient d'être vainqueurs.

Des placards, contenant de terribles menaces contre les Européens, furent affichés sur les murs de Ning-Pô. A cette occasion Sœur de Jaurias écrit : « Je ne suis pas émue de ce bruit, car, maintenant, je suis accoutumée à ces alertes.

« D'ailleurs on fait une différence entre nous, catholiques, et les Anglais protestants. Ce qui le prouve, c'est que, au fort de cette agitation, nous avons continué nos œuvres comme à l'ordinaire ; nous avons visité nos infirmes et nos malades et, partout, on nous a accueillies avec respect. Ce sont les protestants qu'on déteste et qu'on insulte ; et c'est contre eux seuls qu'étaient dirigées les injures et les menaces que contenaient les placards. »

Malgré cette impopularité, la propagande protestante entravait l'œuvre catholique, par le trouble que jetaient, dans l'âme simpliste des Chinois, ces contradictions d'enseignement et ces divergences de dogme. Ils n'avaient, pour discerner la vérité de l'erreur, que la façon inégale dont pratiquaient la vertu ceux qui leur prêchaient l'une et l'autre.

Aussi Sœur de Jaurias avoue-t-elle, franchement,

qu'elle voudrait être délivrée de leur présence.
« S'ils s'en allaient, déclare-t-elle, ils nous débar-
rasseraient bien, et le salut des âmes en serait, de
beaucoup, facilité. »

Mais, l'hérésie protestante était comme sub-
mergée au milieu des superstitions locales et nationales. Celles-ci étaient des citadelles à démolir,
autrement imposantes et fortes, fondées qu'elles
étaient sur des siècles d'ignorance et de crédu-
lité. Les masses qui vivaient insouciantes à leur
ombre, satisfaites de leur maigre ration d'idéal
et de science religieuse, formaient une immense
armée, que la seule force d'inertie pouvait rendre
longtemps infrangible.

Le Bouddhisme est la principale de ces superstitions, par le nombre. Il est répandu et entretenu
par les bonzes, dont les monastères, épars dans
toutes les provinces de la Chine, enveloppent l'Empire du Milieu d'un immense réseau religieux,
dont les mailles se nouent partout.

A côté du Bouddhisme, un peu en décadence,
fleurit la religion des sectateurs de Laotsé ou
Taoïsme.

Les prêtres de cette religion enseignent l'existence et l'intervention incessante des Génies et des
Démons. Ils sont jongleurs, magiciens, astrologues,
chiromanciens et se vantent d'être en relation directe avec le diable.

Sœur de Jaurias a été à même, plusieurs fois, de

constater la vérité de cette affirmation : « Nous trouvons souvent des malheureux qui sont malades par suite des mauvais traitements qu'ils ont eu à subir de la part du démon. Nous n'avons pu encore nous assurer si, vraiment, le diable les bat ou si c'est leur imagination qui le leur fait croire. Ce qu'il y a de certain, c'est qu'ils nous arrivent souvent tout meurtris et éclopés, en invoquant cette cause. »

En Chine, d'ailleurs, l'action diabolique se manifeste, extérieurement, par des possessions nombreuses. « Nous entendons souvent parler Satan par la bouche des possédés. Un saint missionnaire, qui est ici depuis vingt-deux ans, me disait qu'il lui avait entendu déclarer, par l'organe d'une femme possédée, que la Chine était son empire préféré, et qu'il n'était pas un endroit de ce pays où il ne fût adoré ! Hélas ! ce n'est que trop vrai !..... »

Le Taoïsme est la religion du peuple ; le Confucianisme est la religion des lettrés. C'est plutôt une doctrine philosophique qu'une religion.

Elle a ses superstitions cependant. L'intervention des génies de l'air, de l'eau, du feu, des montagnes, y joue un rôle, qui n'est pas sans importance, et, parfois, sans inconvénients.

« Plusieurs fois, raconte Mgr Favier, les màndarins ont obligé les missionnaires à arrêter, à une certaine hauteur, les clochers de leurs églises, afin que les génies de l'air ne soient pas exposés à les heurter dans leur vol. » L'élévation maximum des édifices ne doit pas excéder quatre-vingt-dix-neuf pieds.

Mais, le principal obstacle à l'apostolat en Chine, c'est la suprême indifférence des Chinois en matière religieuse. Il ne leur coûte point de changer de religion, ou même de les pratiquer toutes, successivement. Chez eux, chacun possède la liberté absolue de professer le culte qu'il veut et comme il veut ; et les persécutions qui, parfois, ont ensanglanté l'Empire, n'ont jamais eu une cause purement religieuse, mais une cause politique.

Les missionnaires étaient massacrés, non comme chrétiens, mais comme Européens, et les indigènes convertis se voyaient englobés dans la persécution, simplement, parce qu'on les considérait comme les partisans des étrangers et les ennemis de l'Empire.

Il serait étrange, en effet, de rencontrer la persécution exclusivement religieuse, dans un pays où la simple politesse exige qu'on fasse le plus pompeux éloge de la religion de son interlocuteur, même au détriment de la sienne propre. Cet assaut de courtoisie se termine, d'ailleurs, par la formule que tout le monde répète en chœur : « Les religions sont diverses, la raison est une : nous sommes tous frères. »

Cependant, lorsque ces indifférents devenaient croyants, ils le devenaient tout à fait. Ils pratiquaient leur religion avec un parfait mépris du respect humain : « Hier, écrit Sœur de Jaurias, nous avons fait la procession du Saint-Sacrement. Tous nos chrétiens étaient là. En tête marchait la croix, puis nos jeunes filles, les femmes chrétiennes, les Sœurs, nos garçons, les hommes, et enfin le clergé ; les chrétiens et nous, chantions tour à tour. Il y avait un ordre et un silence que l'on rencontrerait difficilement en France.

« Toutes nos femmes, en venant ici, marchaient les mains jointes et les yeux baissés en disant aux païens qui les interrogeaient : Nous allons adorer le bon Dieu. Il faut rendre cette justice à nos chrétiens qu'ils ne connaissent pas le respect humain. »

Ailleurs elle ajoute : « On voit des ouvriers, au milieu de leur travail, chanter la prière, refuser de violer le dimanche, et assister aux offices sans crainte des moqueries. »

« Nous avons comme portier, raconte-t-elle encore, un brave et saint vieillard de soixante-quinze ans, qui, dans ce moment-ci, est très malade. Il se prépare à la mort avec le calme que nous mettrions à préparer un petit voyage. Le voyant très souffrant, je l'engageai à se confesser. Il me répondit qu'il désirait se confesser à l'évêque. Comme il ne voulait pas déranger Monseigneur, et avait l'intention d'aller lui-même le trouver, je fis venir une chaise à porteurs. Le bon vieux se confessa et fit la sainte communion le lendemain. Tous les jours il demande l'Extrême-Onction. Il veut être enterré près de notre maison. Son âme est bien préparée et il est heureux de mourir, car, il lui tarde d'aller au ciel, et aussi, un peu, d'étrenner le beau cercueil que nous lui avons promis. »

Protestantisme, Bouddhisme, Taoïsme, Confucianisme, Indifférentisme, tels étaient les ennemis que Sœur de Jaurias était venue combattre en Chine, et, avec une belle crânerie bien chrétienne et bien française, elle se promet de les vaincre : « Il faut que le triomphe du démon cesse et que le vrai Dieu prenne sa place, dussions-nous y mourir. D'ailleurs les Filles de la Charité n'ont pas pénétré en Chine pour rien. »

A ces temples, nombreux et bien rentés, où s'abritait l'hérésie, à cette multitude de pagodes consacrées au culte de Satan, les missionnaires catholiques n'avaient à opposer, nous l'avons vu, que deux pauvres églises et les chapelles des deux maisons, dirigées par les Sœurs de Charité.

L'une, avait été fondée, huit années auparavant, lorsque les Filles de Vincent de Paul avaient débarqué, pour la première fois, à Ning-Pô. L'autre, la maison Saint-Vincent, de construction toute récente, était à peine terminée quand Sœur de Jaurias en prit possession, comme supérieure.

Lorsqu'elle y entra, elle y trouva tout à faire et à organiser. « Notre établissement est construit en bois et en briques, sur le bord de la rivière. Il n'y a rien encore; je vais m'occuper de le meubler sommairement. Un bois de lit, une natte de paille, et une couverture, composeront l'unique ameublement de nos chambres. »

Un des premiers soucis de Sœur de Jaurias, fut d'assurer à ses compagnes tout le bien-être qui pouvait se concilier avec la pauvreté religieuse et les modestes ressources dont elle disposait.

Elle se préoccupa d'abord de leur santé, et de leurs estomacs, habitués à la cuisine européenne. « Nous ne mangeons, presque, que du riz et du bœuf. La loi chinoise défend bien de tuer cet animal, considéré comme un auxiliaire précieux de l'agriculteur. On en tue quand même, mais, seulement, lorsqu'il est hors de service ou très vieux. C'est cette viande que nous achetons. Elle est coriace et dure, mais bon marché. Nous tâchons de la rendre mangeable en l'accommodant à la française. Je m'en occupe, moi-même, lorsque j'ai le temps. Et mes Sœurs prétendent, en riant, que je suis bonne cuisinière. On vient nous offrir aussi du mouton, du porc, de la volaille. Mais nous sommes trop pauvres pour en acheter. »

Sœur de Jaurias, qui savait que rien n'est vulgaire dans le service de Dieu, s'astreignait à veiller aux plus humbles détails de la vie matérielle de ses compagnes. D'autant, que celles-ci, absorbées par leur mission de charité, s'oubliaient facilement elles-mêmes. Mais la supérieure, vigilante et maternelle, était là : « J'ai charge d'âmes et de santés et je me préoccupe des unes comme des autres. »

Elle a l'ambition de former une basse-cour, de posséder une vache : « Le lait est rare et cher ici, c'est à peine si nous pouvons nous en procurer pour nos petits moribonds. »

Elle voudrait organiser un jardin potager dans les terrains dépendant de sa maison. Elle confesse son incompétence en la matière : « Il faut que je m'occupe de jardinage et je n'y entends rien. Le consul anglais a eu la bonté de me prêter le « Bon Jardinier » qui m'est très utile. »

Mais, Sœur de Jaurias n'était pas venue en Chine pour se laisser absorber par les soucis d'une organisation matérielle. Il lui tardait de travailler, activement et directement, au salut des âmes et à la conversion des infidèles.

La maison Saint-Vincent, sitôt ouverte, avait reçu un certain nombre d'orphelins.

L'ancienne maison, devenue insuffisante, lui avait fait part de son trop-plein. Mais, ces petits, fraîchement baptisés, n'avaient qu'à grandir, encore inconscients, à l'ombre maternelle des cornettes.

Il y avait, tout à l'entour, des âmes en perdition : âmes de malades, d'infirmes, de malheureux.

Sœur de Jaurias se hâte à leur conquête.

Accompagnée de Sœur Perboyre, la sœur du martyr, déjà en Chine depuis huit ans, elle va de bouge en bouge. Toutes deux, elles visitent les malades qui leur sont signalés et s'attardent, de longues heures, à leur chevet.

Tandis que Sœur Perboyre, au courant de la langue, parle aux moribonds de leur âme et de leur salut, Sœur de Jaurias panse les plaies, distribue des remèdes, nettoie les grabats, et s'efforce de les débarrasser de la vermine, innombrable et féroce, qui pullule, en Chine, dans les logis des pauvres.

Bientôt, les deux religieuses sont connues et populaires. « Les Chinois ne peuvent pas croire que nous soyons des femmes ; les leurs sont ici dans une situation si humiliée et si misérable ! Ils nous appellent les médecins français. Sœur Perboyre est le *vieux médecin* et moi le *jeune médecin*. »

La réputation des charitables infirmières ne tarda pas à franchir les murs de Ning-Pô et à se répandre dans les campagnes environnantes. Partout on réclamait leurs soins ; elles se multipliaient dans l'espoir de guérir les âmes, en soignant les corps.

Elles avaient à traiter toute sorte de maladies, mais, comme à l'aide de l'émétique, il leur était arrivé, plusieurs fois, de combattre avec succès des cas d'empoisonnement, elles étaient appelées, souvent, auprès de gens qui avaient tenté de se suicider par le poison.

Ce genre de suicide est très fréquent en Chine. Le Chinois ne redoute pas la mort ; il professe à son égard une indifférence qui serait une force redoutable, si elle n'avait sa source dans l'apathie de sa nature et la lâche résignation de son fatalisme.

Il se suicide pour les causes les plus futiles : pour échapper à la misère, pour se soustraire à un procès, parfois, par vengeance. Lorsqu'il veut perdre un ennemi, il pénètre dans la demeure de ce dernier ou s'assied simplement sur le seuil de sa porte et avale une fiole de poison. S'il meurt, la loi chinoise veut que celui, chez qui il est mort, soit considéré comme responsable. Il est condamné à une forte amende envers l'Etat et à des dommages-intérêts, plus ou moins considérables, au profit de la famille du suicidé. « On vient journellement nous chercher pour des malades de ce genre. Nous en sauvons beaucoup par le moyen de l'émétique. Ils savent très bien que nous avons la possibilité de les sauver ; aussi, parfois, prennent-ils des doses si fortes que nous n'y pouvons rien. Oh ! qu'il est triste alors de les voir se débattre sans pouvoir rien faire, ni pour leurs âmes ni pour leurs corps !

« Quelle souffrance pour le cœur d'une Fille de la Charité ! Oh ! que Satan est cruel pour ces pauvres Chinois, et que d'âmes il entraîne au fond des abîmes ! Nous lui en arrachons le plus que nous pouvons. Les petits enfants, surtout, nous donnent de la consolation. Hier, dans nos visites à domicile, nous en avons baptisé cinq, en l'espace de deux heures. Pauvres petits anges ! Au ciel, ils plaident la cause de la malheureuse Chine. »

Mais, les forces humaines ont des limites. Malgré son ardeur, Sœur de Jaurias n'avait pas tardé à ressentir les atteintes de la fatigue, et Sœur Perboyre, surtout, le *vieux médecin*, « traînait la jambe à faire pitié ».

Elles avaient particulièrement éprouvé l'action débilitante de ces mois de l'été chinois, « pendant lesquels, dit Sœur de Jaurias, on ne peut faire un mouvement sans être inondé de sueur, de telle sorte que les vêtements de dessus, eux-mêmes, ruissellent comme si on les avait trempés dans l'eau. »

Sœur de Jaurias, avec son esprit d'initiative, eut vite fait de trouver un moyen de continuer son apostolat et ses visites charitables, avec plus de célérité et moins de fatigue.

Les maisons des pauvres gens, clients habituels de la Sœur, s'étendaient sur les deux rives du fleuve qui baigne Ning-Pô. Pour les visiter plus facilement, elle acheta une petite barque qui fut baptisée *Stella Maris*. « Nous allons ainsi jusqu'à trois ou quatre heures de la ville, accompagnées d'un batelier chrétien qui nous conduit par charité. »

Mais la *Stella Maris* ne suffisait pas toujours à ces courses lointaines : témoin l'aventure suivante.

« Un dimanche, on vint nous avertir que, dans un village fort éloigné, il y avait une pauvre femme qui se mourait et désirait le baptême. Auprès d'elle, il n'y avait personne pour le lui administrer. Nous nous informons. On nous dit qu'il fallait huit heures de navigation pour aller et revenir. Nous décidons de faire le voyage. Après avoir vogué trois heures, notre conducteur nous dit que nous n'arriverions que le soir, et qu'il faudrait coucher en route. La perspective nous souriait peu. Nous déclarâmes que nous voulions rentrer le soir même et, pour stimuler le zèle du batelier, nous lui promîmes quelques sapèques. Aucun Chinois ne reste insensible à pareille promesse. Mais il nous avoua que la marée était contraire et rendait presque impossible la marche du bateau. Nous prîmes le parti de descendre à terre et, après une heure et demie de marche sous un soleil ardent, nous arrivâmes près de notre pauvre malade, qui nous reçut comme le bon Dieu. Nous l'instruisîmes, la disposant de notre mieux, et il fut convenu que, le lendemain, le missionnaire viendrait la baptiser.

« Au moment où nous allions partir, nous fûmes abordées par des Chinois qui nous proposèrent de nous porter sur leurs épaules jusqu'à notre barque. Nous refusâmes. Mais ils nous firent remarquer que si nous nous obstinions à aller à pied, nous n'arriverions pas le soir à Ning-Pô. Nous nous décidâmes à accepter. Quelle ne fut pas notre stupéfaction lorsque nous vîmes l'instrument sur lequel on s'apprêtait à nous porter !

« Imaginez deux longs bambous parallèles, avec, au milieu, une planchette suspendue au moyen de cordes, et, derrière, comme dossier, une grosse barre de bois mal équarrie. Il fallut, bon gré mal gré, monter sur cette espèce de brancard et être portées en triomphe à la vue de tout Israël. Nous n'en étions pas plus fières pour cela, et pensions plutôt à notre dos, meurtri par les nœuds des bambous, qui nous écorchaient les omoplates.

« Jusqu'à notre barque, nous avons été suivies par une troupe nombreuse de curieux qui n'avaient jamais vu de Sœurs de Charité, surtout en si grotesque équipage. Pour moi, j'avais des porteurs d'une taille gigantesque, de sorte que j'étais balancée sur ma planchette à près de deux mètres de terre.

« J'avais une peur atroce de tomber, et ne parvenais à conserver mon équilibre qu'en me cramponnant aux traverses.

« Enfin, nous arrivâmes saines et sauves à notre barque. Nos bons anges nous fournirent les voiles avec leurs ailes, puisque, contre toute attente, nous étions chez nous une heure après. Ce fut une journée pénible mais charmante, parce qu'elle avait été fructueuse.

« Nous étions surtout heureuses en pensant que

nous avions sauvé une âme ! Cette pauvre femme va mourir, mais j'espère qu'elle ira au ciel. Elle le devra à une brave chrétienne qui lui a parlé de notre sainte religion et lui a appris à l'aimer. »

Sœur de Jaurias consacrait, surtout, ses forces et son temps au service des pauvres. Cependant, les riches et les mandarins eux-mêmes ne dédaignaient pas son concours et, parfois, réclamaient ses soins, pour eux ou les membres de leur famille.

« Ces visites, écrit la Sœur, sont pour moi sans consolations. Je soulage les corps, mais je ne peux rien sur les âmes. C'est lamentable de voir combien ces mandarins et ces lettrés sont rebelles à l'idée religieuse. »

Un jour, même, elle fut appelée au palais d'un des principaux fonctionnaires chinois de Ning-Pô.

« Dernièrement, je me suis rendue chez le Taotaï, un grand personnage dont la dignité correspond à celle d'amiral en France. Son fils était malade. Nous l'avons soigné et, grâce à Dieu, guéri.

« Le Taotaï a voulu nous exprimer, en public, sa reconnaissance. Il nous a reçu en audience solennelle. Tous les officiers de sa suite se sont prosternés jusqu'à terre sur notre passage, et se sont tenus, ensuite, respectueusement debout autour de nous. Il n'y avait que le Taotaï et nous qui étions assis.

« La dame, ou plutôt les dames de la maison, n'ont point paru ; car il y a pluralité de femmes parmi

les riches. Le luxe consiste à en avoir beaucoup.
Ce sont de pauvres créatures ignorantes et
avilies. »

La charité désintéressée de ces humbles religieuses excitait l'admiration des Chinois et, en
toute occasion, ils leur manifestaient la reconnaissance qu'ils éprouvaient pour les services rendus.
Elles étaient entourées du plus profond respect, et
jouissaient de privilèges, inouïs en Chine, qu'elles
ne demandaient pas, mais qu'on leur accordait
spontanément.

« Ces jours derniers, les Chinois faisaient une
procession en l'honneur de leurs trois principaux
dieux : celui qui donne la santé, celui qui protège
les biens de la terre, et celui qui préserve de la
peste et de la guerre.

« La procession a duré quatre jours. Les dépenses
ont été considérables : trente mille ligatures (une
ligature vaut 7 ou 8 francs de France). Si on rencontre cette procession, on est tenu de s'arrêter
jusqu'à ce qu'elle soit passée ou de marcher dans
la même direction qu'elle. Souvent, dans nos visites de malades, nous avons rencontré de ces
sortes de cortèges. Toujours les commissaires nous
ont laissé passer, avec grande complaisance ; ce qui
est très étonnant, car les Chinois sont excessivement sévères sur cet article. »

La visite des malades et des infirmes n'était
qu'une des formes, la moindre, de l'apostolat de

Sœur de Jaurias en Chine. Elle y était allée, surtout, pour s'occuper des enfants abandonnés, les recueillir, les soigner, les instruire, leur apprendre à connaître le vrai Dieu et à l'aimer.

L'œuvre de l'enfance abandonnée était une des œuvres préférées de saint Vincent de Paul, et tous ceux qui ont connu Sœur de Jaurias, avouent qu'ils n'ont jamais rencontré une Fille de la Charité plus imprégnée qu'elle de l'esprit du saint Fondateur de la Compagnie.

Nous avons vu que, dans ses tournées charitables, il arrivait fréquemment à la zélée religieuse de baptiser de petits enfants moribonds. Mais il ne lui suffisait pas de faire, selon son expression, « de petits voleurs de ciel » ; elle avait l'ambition, plus haute, de former « des conquérants du ciel », c'est-à-dire des chrétiens vigoureux et vaillants qui pussent l'emporter d'assaut.

Pour cela, il lui fallait des enfants à elle, dont elle pût pétrir l'âme toute neuve, pour y mettre le levain de la grâce divine.

Ces petits candidats à sa sollicitude et à sa charité étaient légion. Elle n'avait qu'à se pencher pour en recueillir des centaines.

Mais, s'il y avait de la place dans les murs de la maison neuve, il y avait aussi de larges trous à la bourse de la pauvre supérieure, par où ses maigres ressources s'enfuyaient bien vite, malgré la stricte économie qui présidait à son administration. Elle avait une foi absolue et touchante en la Providence, mais elle trouvait déraisonnable d'abuser d'elle en lui demandant, à chaque instant, des miracles. « Nous logeons à l'enseigne de la Providence. Nous savons que nous pouvons compter sur elle et qu'elle ne nous abandonnera pas, mais nous n'avons pas le droit de la tenter. »

Les enfants abandonnés, en Chine, sont nombreux. Des voyageurs, et même des missionnaires, ont contesté ou nié l'abandon et l'exposition des enfants dans l'Empire du Milieu.

Ils étaient de bonne foi. Mais la Chine est si grande, les différences de mœurs, de coutumes et de tempérament sont si profondes entre les diverses provinces, que, ce qui est parfaitement vrai pour une région de ce vaste empire, peut être parfaitement faux pour une autre.

Il est certain que, dans la Chine du nord, sur les frontières de la Tartarie, et surtout dans la province du Setchouen, les abandons d'enfants sont assez rares. Mais il est sûr aussi, que, dans les provinces méridionales, ils sont extrêmement fréquents. Et, selon que l'on a vécu dans le nord ou dans le midi, on peut affirmer ou nier, avec la même bonne foi, l'habitude, sinon de l'infanticide, du moins des abandons d'enfants en Chine.

Les ennemis des missionnaires ont mis à profit cette apparente contradiction. Ils en ont tiré argument pour attaquer les œuvres qui soutiennent les missions. Ces calomnies contre la Propagation de la foi et la Sainte-Enfance ne datent pas d'hier ; elles ne sont point le triste privilège de notre époque.

On les trouve penchées sur le berceau de ces œuvres naissantes, cherchant à les étouffer en les déshonorant.

En 1857, M. Dardé, alors directeur de la Sainte-Enfance au diocèse de Périgueux, écrivit à Sœur de Jaurias pour lui demander, sur la question des infanticides, des notes exactes et précises.

La Sœur lui répondit. Sa lettre a été perdue ; et nous le regrettons, car nous savons que la vérité y était affirmée avec cette conscience, cette sincérité, cette rectitude d'appréciation et de jugement, aussi ennemie de l'exagération que de l'atténuation, que Sœur de Jaurias s'efforçait d'apporter en toutes choses.

Il serait d'ailleurs insensé de nier la situation lamentable faite, en général, à l'enfance en Chine. La misère est grande parmi le peuple. Pour la plupart des Chinois, la question du pain quotidien est une question toujours douloureusement actuelle. A ce point que, lorsque deux Célestes se saluent, à quelque classe qu'ils appartiennent, ils ne se demandent pas : « Comment vous portez-vous ? » mais : « Avez-vous mangé ? »

Quand, sur cette misère, vient peser la charge de nombreux enfants, on comprend que la tentation vienne facilement, au père de famille, de se débarrasser de ces petits êtres qu'il ne peut nourrir.

De la tentation à l'action il n'y a pas loin.

Et cela s'explique. Le Chinois est égoïste et vicieux ; son sens moral est oblitéré, et le tumulte de ses passions mauvaises l'empêche d'entendre la voix de la nature. D'ailleurs, quel motif serait capable d'arrêter des hommes qui n'ont aucune croyance religieuse, dont l'intérêt personnel est l'unique règle, qui vivent au milieu d'une société sceptique, avec des lois athées n'ayant d'autre sanction que les verges ou la potence ?

Avons-nous bien, nous-mêmes, le droit de nous scandaliser et de nous indigner contre ces pères assez dénaturés pour abandonner ou tuer leurs enfants ? Dans notre société civilisée et chrétienne, n'avons-nous pas à déplorer des désordres presque aussi nombreux et révoltants ? Chaque jour, n'entendons-nous pas parler de suppressions d'enfants et d'infanticides ? Et nos orphelinats et nos crèches ne regorgent-ils pas de petits sans-famille ?

Si les nombreux établissements charitables fondés en leur faveur n'existaient pas, ou s'ils venaient à disparaître, on serait exposé à rencontrer autant d'enfants abandonnés dans les rues de nos grandes villes, qu'aux carrefours de Ning-Pô, de Hang-Tchéou ou de Pékin ; et les rives de nos fleuves verraient passer autant de petits cadavres qu'en charrient les flots du fleuve Rouge, du fleuve Jaune, ou du fleuve Bleu.

« La Chine, écrit Sœur de Jaurias, est le royaume de Satan, homicide dès le principe. Nous sommes venues le combattre chez lui, soustraire les corps à ses coups et, surtout, arracher les âmes à sa tyrannie. »

CHAPITRE V

A L'ÉCOLE ET AUX AMBULANCES
L'EXPÉDITION DE 1860 — PRISE DE PÉKIN

Le Chinois et ses filles. — Village où il n'y avait que des garçons. -- Petite fille dans un fumier. — Nourrices chinoises.
— Modes féminines : mutilation des pieds, coiffure. — L'instruction en Chine. — Ignorance des femmes. — Fondations
d'écoles. — La langue chinoise. — Monnaies d'Extrême-
Orient. — La science de la sapèque. — Supplices d'été. —
Visite de compatriotes. — Le capitaine de frégate de Plas.
— L'expédition de 1860. — Prise de Pékin. — Rétablissement de la liberté religieuse. — Soins aux soldats blessés.
— Mort du commandant de Kenny. — La révolution dans
le Kouang-Si.

Sœur de Jaurias était venue en Chine pour exercer toutes les œuvres de miséricorde. Mais il en est
une qui devait surtout l'absorber et la passionner :
c'était l'éducation des enfants, et, principalement,
des petites filles. Elle devait consacrer la plus grande
partie de sa vie à former des générations de femmes
chinoises, conscientes de leur dignité d'être humain et des immortelles destinées de leur âme.

Depuis des siècles, la femme vivait en Chine dans l'ignorance et la servitude. On ne lui reconnaissait aucun droit. Elle ne pouvait prétendre, ni au respect de son mari, ni à l'affection de ses enfants.

Sœur de Jaurias s'attacha à procurer l'amélioration matérielle du sort de ces malheureuses et leur relèvement moral, en faisant d'elles des épouses et des mères, dignes de ce nom, par la culture de leur esprit et le développement des qualités de leur cœur.

Mais elle n'avait pas la pensée de les dresser en face de l'homme, comme des émules, par l'usurpation de ses attributions et la revendication impérieuse de droits égaux. Elle avait affaire à des femmes orientales, destinées à vivre dans une société régie par les coutumes et les mœurs d'Orient. Aussi, ne manifestait-elle point l'intention de les arracher à leurs gynécées et à leur situation pour longtemps inférieure. Elle voulait, simplement, rendre leur vie moins triste et moins humiliée, et, surtout, sauver leur âme.

Parmi les enfants recueillis par Sœur de Jaurias, il y avait, nous l'avons dit, un certain nombre de garçons, mais la grande majorité étaient des filles.

Le Chinois est très prolifique ; il est mis, quelquefois, par la misère dans l'obligation d'abandonner ses enfants. Ce n'est qu'à la dernière extrémité qu'il se sépare de ses garçons ; il éprouve moins de répugnance à abandonner ses filles.

La naissance d'un garçon, en effet, est considérée comme un bonheur et une bénédiction pour la famille. Le garçon perpétue le nom, et seul, à la mort de ses parents, il a le pouvoir d'accomplir les rites funéraires.

Au contraire, la naissance d'une fille est regardée comme une calamité, surtout parmi les Chinois peu aisés. Un garçon est bientôt capable de travailler et d'aider ses parents ; une fille ne peut être qu'une charge.

D'après les mœurs chinoises, en effet, elle doit être renfermée jusqu'à l'époque de son mariage. Durant ce temps, elle n'exerce aucune industrie et ne saurait dédommager ses parents des peines et des dépenses qu'elle occasionne. Aussi, lorsqu'un enfant vient de naître dans une maison, on demande au chef de la famille : « Qu'avez-vous reçu aujourd'hui, un diamant ou une tuile ? » Une fille, c'est une tuile.

« Il y a quelque temps, écrit Sœur de Jaurias, un missionnaire alla évangéliser un grand village, à dix heures de Ning-Pô. Il s'aperçut que, dans presque toutes les familles, il n'y avait que des garçons. Il en demanda la raison. On lui répondit qu'on ne voulait pas de filles, et que toutes celles qui naissaient étaient jetées dans l'étang voisin. Dans ce village, trois familles seulement avaient des filles ; c'étaient trois familles chrétiennes. Avant d'être convertis, les parents faisaient comme les autres. »

6

A Ning-Pô, les Sœurs de Saint-Vincent-de-Paul étaient connues et leur influence s'étendait, tout autour de la ville, dans un rayon assez considérable. Aussi les crimes contre l'enfance y étaient-ils devenus moins nombreux. « Ici l'infanticide est en décroissance ; on connaît nos maisons, et on s'habitue à nous porter les petites filles que l'on tuait auparavant. Plus que jamais, je m'estime heureuse d'être venue en Chine pour contribuer, avec le secours de la grâce, au salut de ces petites victimes. »

Cependant, malgré la réputation de charité que s'étaient faite les Filles de Saint-Vincent, et le zèle avec lequel elles allaient à la recherche des enfants abandonnés, beaucoup leur échappaient. Quelques parents, se laissant aller à cette apathie chinoise qui confine au fatalisme, ne prenaient pas la peine de porter les pauvres petits jusqu'au seuil des maisons hospitalières ; d'autres encore, pour obéir à la coutume barbare ou à quelque superstition odieuse, les abandonnaient dans les champs ou sur les chemins.

« Hier, en faisant mes visites de malades, j'aperçus un panier suspendu à un arbre. J'allais passer sans m'en occuper, lorsque je sentis l'inspiration de voir ce qu'il contenait. Il y avait une petite fille à moitié morte de faim et de froid. Des parents indignes l'avaient accrochée là pour s'en débarrasser. Je l'ai mise dans mon tablier et je l'ai emportée. Pauvres gens ! S'ils savaient combien je suis heureuse, lorsque la cloche du tour m'annonce l'arrivée d'un enfant, ils n'hésiteraient pas à me porter tous ceux qui sont victimes de leur cruauté. »

« L'autre jour, raconte encore la Sœur, j'ai vu au milieu de notre cour la jambe, encore toute fraîche, d'un petit enfant. Un chien, sans doute, l'avait apportée là, ou un oiseau de proie l'y avait laissé tomber.

« Ce spectacle m'a remplie d'horreur, et, toute la journée, j'en ai été attristée et bouleversée. Saint Paul avait bien raison de dire que le païen n'a pas de cœur. »

Les petits abandonnés que Sœur de Jaurias recueillait en ses tournées charitables étaient, parfois, sains et bien portants, car, sitôt que les Sœurs étaient signalées, les pauvres gens se hâtaient de déposer sur leur passage les enfants dont ils voulaient se défaire ; mais, le plus souvent, ces pauvres petits étaient dans un état lamentable.

« Il y a quelques jours, au coin d'une rue, j'avisai un petit tas de paille que je crus voir remuer ; je m'approchai, et je trouvai une fillette de sept ou huit ans qui se mourait. Je la questionnai ; mais elle était si malade qu'elle put à peine me répondre. Nous étions loin de notre maison, l'enfant était lourde, et je ne me sentais pas la force de la porter jusque chez nous.

« La chrétienne qui nous accompagnait appela une femme chinoise en lui promettant des sapèques.

Mais, lorsque nous soulevâmes la paille, il s'en dégagea une telle odeur, que la femme se sauva.

« Cette pauvre petite était couchée dans d'infectes ordures ; ses membres étaient couverts d'ulcères, et l'on voyait s'agiter, sur elle et autour d'elle, toutes les variétés de vermines.

« Je fis chercher une chaise à porteurs. Personne ne voulut se charger de ce répugnant fardeau.

« Ce débat dura bien une demi-heure, pendant laquelle une foule de curieux s'était rassemblée autour de nous.

« J'allais essayer d'emporter moi-même cette malheureuse enfant, lorsque la divine Providence m'envoya un homme qui se chargea de notre chère trouvaille, moyennant un bon salaire.

« Cette pauvre petite a vécu encore dix jours. Elle est morte dans d'excellents sentiments. Celle-ci mérite bien le titre de « voleuse de Paradis ».

Les enfants recueillis par Sœur de Jaurias étaient, en général, des enfants à la mamelle, jetés à la rue quelques jours après leur naissance. Elle était obligée de les confier à des nourrices chinoises. La surveillance de ces pauvres abandonnés et de leurs nourrices, était une des principales occupations et un des plus graves soucis de la Sœur.

« Les femmes chinoises n'ont aucune tendresse et aucune pitié pour leurs enfants. Lorsqu'ils sont malades et qu'elles croient qu'ils vont mourir, elles les enveloppent dans une mauvaise natte et les jettent à l'eau. Selon leur croyance, les petits enfants n'ont pas encore d'âme ; il ne vaut donc pas la peine de les soigner et de leur acheter un cercueil.

« Si nous n'y veillions attentivement, elles agiraient de même à l'égard de nos pupilles. Elles les laisseraient sans leur rien donner, sous prétexte qu'ils vont mourir, et, qu'en les soignant, on irriterait les esprits qui veulent leur vie. »

« En visitant mes enfants en nourrice, dit encore la Sœur, je trouvai une petite fille de quelques mois qui ne cessait de pousser des cris perçants. Je demandai à la femme qui la gardait ce qu'elle avait. Elle a faim, me répondit-elle, et, comme elle est trop malade pour qu'on puisse la sauver, je ne lui donne plus rien ; nous en serons plus vite débarrassés. »

« Les enfants que recueillent nos maisons, dit Mgr Favier (1), ont presque tous beaucoup souffert de la faim, du froid et du manque de soins. Aussi, la mortalité est-elle grande dans le premier mois de l'arrivée : cinquante pour cent environ. L'enfant est aussitôt mis en nourrice, où il reste jusqu'à l'âge de cinq ans. Ces nourrices reçoivent de deux à trois francs par mois et sont surveillées avec soin. Si l'enfant meurt, on lui achète un petit cercueil et il est enterré dans un cimetière spécial ; s'il vit, on le place dans un orphelinat. Les Sœurs euro-

(1) *Pékin*, par Mgr Favier.

péennes et indigènes s'occupent des filles et leur apprennent tout ce que doit savoir une femme chinoise.

« Les Frères, chargés des ateliers, prennent soin des garçons, et leur enseignent un métier qui leur permettra de gagner leur vie. »

A l'âge de six ou sept ans les petites filles quittent la crèche pour passer à l'asile. C'est alors que commence, sérieusement, l'action de leurs mères adoptives. On s'occupe de leur éducation, qu'on veut aussi parfaite que possible ; mais, on se garde bien de les élever à l'européenne. Elles sont soumises à toutes les coutumes chinoises, même à celles qui paraissent ridicules et barbares. « Nos petites filles de l'asile sont bien intéressantes, et je ne puis dire combien je les aime. Si nous pouvions les élever à la française, elles seraient aussi gentilles que les petites filles de chez nous. Mais il est indispensable de les soumettre aux vilains usages de leur pays. »

Parmi ces usages, auxquels ne peut se soustraire une femme chinoise, le principal et le plus caractéristique est la déformation des pieds.

Les Chinois ne renferment pas leurs femmes comme les autres peuples d'Orient, mais ils semblent avoir adopté une sorte de claustration, mitigée et hypocrite, en leur imposant la mutilation des extrémités inférieures. Ils comptent les retenir à la maison, et les empêcher de se répandre au dehors, en leur rendant la marche difficile, sinon impossible.

Il semble, d'ailleurs, qu'ils n'aient pas atteint leur but, car, les femmes chinoises, avec leurs petits pieds martyrisés, n'éprouvent pas, à marcher, autant de difficulté qu'on se l'imagine. Si elles s'en vont, à pas menus et hésitants, en se balançant sur leurs hautes semelles avec une grâce étudiée et mièvre, c'est par pure coquetterie. Car cette allure vacillante, accompagnée de gestes précieux et de savantes ondulations du corps, constitue, aux yeux des Célestes, la suprême beauté de la femme.

Les femmes de la campagne, elles-mêmes, sont soumises à cette formalité gênante. Cela ne les empêche pas de travailler auprès de leurs maris, de soulever de lourds fardeaux, et de les porter avec aisance.

« L'exercice favori des jeunes filles chinoises, dit M. Huc (1), est le jeu de volant ; mais au lieu de se servir de raquettes, c'est avec le revers de leur petit brodequin qu'elles reçoivent et se renvoient, mutuellement, la balle emplumée. Elles sont donc toujours à cloche-pied et, comme il leur arrive de passer de longues heures à ce jeu, il est permis de présumer que leurs moignons ne leur causent ni beaucoup de gêne ni grande fatigue. »

Cependant, les débuts de l'opération sont très douloureux. « C'est vers l'âge de six ans, écrit Sœur de Jaurias, que commence le martyre de ces

____

(1) *L'Empire chinois*, par M. Huc (Gaume).

pauvres enfants. On serre fortement les pieds avec une grande bande de toile. Les orteils sont repliés de telle façon qu'ils sont collés à la plante des pieds, et, en-dessous, on fait un gros nœud. Ainsi, seule, la pointe du pied peut s'appuyer à terre. Après cette cérémonie, on amarre à ces pauvres pieds comprimés un tout petit soulier, qui ne doit être quitté ni jour ni nuit, et ne dépasse pas, en longueur, sept ou huit centimètres. Avant cette opération, nos enfants sont gaies, ouvertes, bruyantes. Sitôt qu'elle est commencée, elles deviennent tristes et guindées. Il faut cependant les soumettre à ce cruel traitement, sans quoi, elles ne trouveraient pas à se marier, et passeraient pour des personnes de mauvaise vie. »

Seules, les femmes chinoises de race pure, sont soumises, par la coutume, à la compression des pieds. Cependant cette mode est si tyrannique, et la démarche chancelante et incertaine qu'elle impose est si appréciée de tous, dans l'empire du Milieu, que les femmes mandchoues, tout en conservant l'usage des grands pieds, l'ont adoptée, dans une certaine mesure. Elles portent des souliers dont la semelle, extrêmement élevée, imite la forme de deux cônes renversés se rejoignant par le sommet. Ces chaussures, en exigeant une grande attention pour conserver l'équilibre, rendent la marche excessivement périlleuse et occasionnent de nombreux accidents.

Les Chinoises, si orgueilleuses de leurs petits pieds, les cachent avec soin. La pudeur féminine, et, peut-être aussi, une vague conscience de la difformité de ces moignons, imposent de ne jamais les montrer, surtout nus. Aussi, les missionnaires éprouvent-ils, parfois, de réelles difficultés à donner les derniers sacrements aux femmes chrétiennes; tant est grande la répugnance qu'elles éprouvent à se laisser faire l'onction des pieds.

Sœur de Jaurias devait modifier, selon le goût chinois, les pieds de ses petites orphelines. La tête elle-même, aussi bien des garçons que des filles, avait à subir des transformations. « Nous faisons raser entièrement la tête de nos garçons sauf une petite mèche qui se tresse, et est attachée avec un cordon rouge. Dans les premiers temps, on dirait une queue de rat qui s'agite et frétille sur leurs épaules, à chaque mouvement. Pour les petites filles, seul le sommet de la tête est épilé, afin que le front soit largement découvert. Les cheveux, conservés uniquement sur le derrière de la tête, sont partagés par une large raie et forment deux tresses ou s'entremêle un ruban rouge. Ceci jusqu'à l'âge de neuf ans. Passé cet âge, la coiffure change, et les cheveux, noués en chignon, sont enfermés dans une résille plus ou moins riche. Celles de nos enfants sont très simples; nos maigres ressources ne nous permettent pas le luxe. »

Il est une autre chose qui caractérise le Chinois et le distingue de tous les autres peuples de la terre, c'est cette odeur forte et musquée, qui est le propre de la race jaune, et dont les exhalaisons sont si désagréables aux odorats européens. Ce parfum national, les pupilles de Sœur de Jaurias le possédaient naturellement, et ne manquaient pas de le répandre.

Sœur de Jaurias s'était résignée à imposer à ses enfants la déformation nationale, afin de pouvoir les faire bénéficier, plus facilement, d'une formation intellectuelle et morale, aussi complète que possible.

Elle n'avait point la prétention d'en faire des savants; mais elle voulait leur donner une instruction convenable. Elle se préoccupa de fonder des écoles.

En Chine, l'instruction est très répandue ; cependant elle n'est ni gratuite ni obligatoire. Les Chinois qui ne savent pas lire sont excessivement rares ; presque tous savent écrire. Les ouvriers, les paysans, les hommes de la classe inférieure, sont capables de tenir note de leurs affaires journalières et de faire leur correspondance.

On en trouve même, parmi eux, qui ont un vrai talent de calligraphes.

Dans tout l'empire Chinois l'enseignement est entièrement libre. Le premier venu peut tenir école, avec ou sans diplômes, sans que le gouvernement intervienne, autrement que par les examens qu'il impose pour la collation des grades. Il n'est pas de bourgade, d'agglomération si petite soit-elle, qui ne possède son instituteur. Ce sont généralement des lettrés n'ayant pas les ressources nécessaires pour acheter une charge. Ils sont payés, en argent ou en nature, par ceux qui les emploient, et font l'école, ordinairement, dans la pagode.

En Chine, les écoles de garçons sont très nombreuses et très peuplées ; les écoles de filles n'existent pas. « Il est inouï, dit Sœur de Jaurias, de trouver, même dans les classes élevées de la société, une femme qui sache lire ».

La Bible dit que l'homme est « un peu au dessous de l'ange »; Confucius et Laotsé professent que la femme « est à peine au-dessus de la bête. »

Mgr Huc raconte une conversation avec un mandarin, qui, si elle n'est pas vraie, est au moins très vraisemblable : « Je vous ai ouï dire, dit le mandarin, qu'on se faisait chrétien pour sauver son âme ? — C'est exact. — Et alors pourquoi les femmes se font-elles chrétiennes ? — Pour sauver leur âme. — Mais elles n'ont pas d'âme, s'écria le Chinois, tout le monde sait cela, les femmes n'ont pas d'âme ! — Nous essayâmes de le convaincre. Il nous écouta poliment, mais d'un air sceptique, et il conclut en disant : — Quand je serai de retour dans ma famille je dirai à ma femme, que, selon vous, elle à une âme; elle sera bien étonnée. »

Sœur de Jaurias, qui savait que les femmes chinoises ont des âmes, voulait sauver ces âmes, et faciliter leur salut en les ouvrant à la vérité. Mais, pour enseigner la vérité, pour faciliter la science de la doctrine, il était nécessaire d'apprendre aux petites filles la signification de ces caractères chinois, qui, pour la généralité des femmes païennes, est un mystère qu'elles ne songent pas à percer. Pour cela il fallait des écoles.

Ce rôle d'institutrice, si important et si délicat, Sœur de Jaurias comprit qu'elle ne pouvait le confier à personne. « Je ne connais ici aucune femme qui sache lire et soit capable d'enseigner. Quant aux instituteurs chinois, ce sont plutôt des professeurs de fourberie, de mensonge et de vol. Ils apprennent à leurs élèves un peu de lecture et d'écriture, et, surtout, beaucoup de vices. »

Mais, avant de devenir maîtresse, il fallait qu'elle fût écolière; avant de se mettre à enseigner, il était nécessaire qu'elle s'astreignît à apprendre.

« Me voici revenue à l'A B C. Cette langue chinoise est diabolique. J'ai appris assez vite à la parler, mais j'ai beaucoup plus de difficulté à la lire. C'est avec peine que je parviens à faire entrer dans ma grosse tête la signification de ces caractères grimaçants. J'espère que l'Esprit-Saint m'aidera! J'ai bien besoin de son secours! »

La langue chinoise, en effet, se divise en deux

parties bien distinctes : la langue parlée et la langue écrite.

La langue parlée est monosyllabique et se compose de quelques centaines de monosyllabes. La pauvreté de cet idiome oblige les Chinois, comme d'ailleurs tous les autres peuples parlant une langue monosyllabique, à changer le sens des mots suivant l'intonation avec laquelle ils les prononcent. Chaque mot a sa modulation propre. Ces modulations se modifient, quelquefois, de province à province, et il faut l'oreille exercée du Chinois, pour saisir l'intonation fondamentale, au milieu des variations dont la différencient les hommes du nord ou ceux du midi. Les Européens n'arrivent à ce résultat qu'après de longues études et un exercice soutenu.

« Nous étudions tous les jours, mais il faut travailler beaucoup pour apprendre peu de choses. Une infinité de mots sont les mêmes au coup d'œil ; ils ont une signification différente si on les prononce sur un ton différent. Tel mot, qui doit être prononcé du gosier, perd son sens si on le prononce du nez. Nous disons quelquefois, sans nous en douter, des choses ridicules. Nous faisons rire nos interlocuteurs qui se moquent de nous ; car le Chinois est très moqueur. Nous en sommes quittes pour faire un petit acte d'humilité et retenir mieux la leçon. Le récit de ces petites aventures égaie nos récréations. »

Grâce aux intonations diverses, les Chinois peuvent obtenir, avec les quelques centaines de mots qu'ils possèdent, des milliers de significations.

Leur langue parlée fournit, pour exprimer les besoins ordinaires de la vie, une série de clichés, de phrases stéréotypées, que toute la nation sait par cœur. Mais, elle est tout à fait insuffisante pour exprimer les divers mouvements de l'âme et les idées abstraites.

C'est, pour suppléer à cette indigence, que les Chinois ont inventé l'écriture idéographique qui compte quarante ou cinquante mille caractères. « Aucun Chinois, dit Sœur de Jaurias, ne peut se vanter de les connaître tous, et les lettrés les plus réputés meurent avec l'humiliation de n'avoir pu apprendre complètement leur langue. »

Chaque signe, ou plutôt chaque hiéroglyphe de cette écriture, représente une idée différente ou désigne un objet déterminé. En dehors de la chose spéciale qu'ils représentent ou expriment, les mots de cette langue ne se prêtent pas, comme ceux de nos langues européennes, à des combinaisons capables d'en modifier le sens et d'aider à l'expression d'idées différentes.

La langue écrite est complètement indépendante de la langue parlée. Aussi les habitants des provinces les plus éloignées les unes des autres, malgré les diversités de modulations qu'ils emploient, lorsqu'ils lisent un caractère de la langue officielle, rangent, de la même façon, sous ce caractère, l'idée unique qu'il·exprime.

Il ne faut pas croire, cependant, qu'il soit nécessaire de connaître les cinquante mille signes pour lire couramment les ouvrages chinois. Quatre ou cinq mille suffisent. Et l'on trouve peu de citoyens de l'Empire du Milieu en sachant davantage. « Nous sommes obligées d'apprendre par cœur des milliers de caractères chinois. Les catéchismes, les livres de prières et d'instruction, que nous mettons entre les mains de nos enfants, sont imprimés en cette langue. »

La difficulté avait été grande, et les efforts avaient dû être assez prolongés, puisque, vers la fin de 1858, Sœur de Jaurias écrivait : « Je viens d'apprendre mon troisième volume de catéchisme. Il ne m'en reste plus qu'un à étudier, et je saurai toute la doctrine en caractères chinois. Je connais cinq cents caractères. J'ai encore à beaucoup piocher pour être savante. Je dois cependant reconnaître que le bon Maître m'accorde beaucoup de grâces, sous ce rapport. J'avoue franchement, qu'avec ma tête dure, je ne croyais pas pouvoir apprendre, comme je le fais, cette langue du diable. »

Il faut croire, cependant, que la persévérance et l'application de Sœur de Jaurias avaient produit des résultats remarquables, puisque, au témoignage de Mgr Favier, peu d'Européens pouvaient

se flatter de parler la langue chinoise aussi bien
que la supérieure du Jen-Tse-Tang.

Un autre apprentissage s'imposait à la Sœur.
Elle devait parfaitement connaître la valeur et
les nombreuses fluctuations de la monnaie chinoise.

Un mot détourné de son sens, une intonation
fausse, un barbarisme, ne pouvaient que lui attirer
quelques moqueries, et occasionner une blessure
d'amour-propre, bien vite guérie. Mais, une erreur
dans le compte ou la valeur de l'argent, était chose
plus sérieuse. Elle avait la charge d'une nombreuse
famille, à qui elle devait procurer le pain de chaque
jour. Le succès de ses œuvres spirituelles même,
dépendait, dans une certaine mesure, de sa bonne
administration. Un peu plus d'argent dans sa
bourse, et c'étaient un plus grand nombre de misères soulagées, quelques enfants de plus arra-
chés au vice ou à la mort.

Aussi, avait-elle le devoir de connaître parfaitement le secret des évaluations monétaires. D'autant,
qu'elle avait affaire, ordinairement, à des fournisseurs chinois, en général fripons et voleurs. Il est
vrai que les fournisseurs européens ne valaient
pas beaucoup mieux, au témoignage de la Sœur.

Elle avait, d'abord, à surveiller le change, et à
déjouer les roueries des changeurs. Car les sommes
que lui envoyaient d'Europe l'œuvre de la Sainte-
Enfance et les autres associations charitables, de-

vaient passer par les mains de ces derniers, pour
être converties en monnaie chinoise. Les pertes
provenant de cette opération, même régulièrement
faite, étaient déjà considérables. La Sœur devait
veiller attentivement à ce que la fraude ne vînt
pas les augmenter. « Les allocations que nous recevons d'Europe sont assez fortes, mais elles sont
diminuées d'un bon tiers par le change. »

La seule monnaie, proprement chinoise, est la
sapèque. Toutes les autres unités monétaires, plus
ou moins usitées en Extrême-Orient : piastres,
taels, etc..... s'y ramènent invariablement. Leur
évaluation se fait toujours en sapèques.

« La sapèque, dit Sœur de Jaurias, est une petite
pièce ronde, en cuivre, du diamètre d'une pièce de
deux centimes. Sa valeur ordinaire est d'un demi-
sou de France. Elle est percée, au milieu, d'un trou
carré qui permet de l'enfiler à une corde et de faciliter son transport. Mille sapèques, ainsi enfilées,
forment une ligature et une ligature vaut, environ,
une once d'argent. Car, en Chine, l'or et l'argent
ne sont jamais monnayés. On coule ces métaux
précieux en lingots, plus ou moins gros, qu'on livre
ensuite à la circulation. Ces lingots se pèsent
comme une denrée ordinaire, et, selon leur poids,
sont payés en ligatures de sapèques.

« C'est cette opération qui exige la plus grande
surveillance.

« Le Chinois, négociant ou changeur, cherche à

tromper : soit sur le poids du lingot, avec des balances truquées ; soit sur le cours de l'argent, qui se modifie, selon la rareté ou l'abondance de ce métal en circulation ; soit, enfin, sur le nombre des sapèques que doit contenir chaque ligature.

« Les lingots faux ne sont pas rares, et j'ai même entendu dire que, maintes fois, lorsque ses caisses étaient vides, le gouvernement n'hésitait pas à se faire faussaire et à payer ses fonctionnaires en lingots de plomb revêtus d'argent. Ceux-ci ne protestaient pas, et affectaient de se laisser prendre à la ruse, se réservant de faire payer la différence à leurs administrés, en les pressurant un peu plus. Ces derniers, connaissant la raison de ces exactions supplémentaires, les considéraient comme légitimes, et les supportaient sans protester. »

Au milieu de toutes ces complications monétaires, la pauvre Sœur se débat désespérément : « Cette monnaie chinoise me fait perdre la tête. Je suis sans cesse en discussion avec mes fournisseurs. Quand je veux les payer, ils prétendent que l'argent a changé de cours, mais toujours à leur avantage. Ces pauvres Chinois ont une telle passion pour ce vil métal que, pour une ligature, ils n'hésiteraient pas à vendre leur âme.

« Ce qui complique le plus les choses, c'est que, à Ning-Pô, nous avons trois sortes de sapèques, qui n'ont pas toutes la même valeur. Quel malheur d'avoir besoin de tout cela pour faire le bien !

Dire que le soulagement d'une souffrance et, peut-
être, le salut d'une âme, dépendent d'une minute
d'inattention ou d'une négligence de ma part ! »

Sœur de Jaurias acceptait sans se plaindre, et
pour le bon Dieu, les responsabilités et les soucis
inhérents à l'administration d'une grande maison.
Cependant, le corps pliait, parfois, sous le poids de
la tâche, et les atteintes d'un climat, auquel elle
n'était pas accoutumée, lui imposaient de menues
souffrances qui n'étaient pas sans mérite.

Le climat général de la Chine est sujet à des variations extrêmes. L'hiver y est sibérien et l'été
y est tropical. Selon qu'il s'agit du nord ou du
midi, l'un ou l'autre est plus ou moins long, et partant plus ou moins redoutable, non pas tant par
son intensité, que par sa durée.

Dans le Tche-Kiang, où se trouve Ning-Pô, une
des provinces méridionales du bassin du Yangtze,
l'hiver est bref et dur ; mais l'été s'y montre surtout
brûlant et long. « Ici il fait très froid pendant
trois mois, beaucoup plus froid qu'en France. Pendant cinq mois, de mai à septembre, il fait une
chaleur étouffante. Vos journées les plus chaudes
nous paraîtraient délicieusement fraîches. Ainsi,
sans rien faire, sans marcher, on transpire de manière à avoir, même les habits de dessus, aussi
mouillés que si on les avait trempés dans l'eau. »

Avec une chaleur pareille, la bure des pauvres
Sœurs de Charité ne tardait pas à devenir un cilice.

Sœur de Jaurias le reconnaît avec simplicité :
« Les Chinois ne comprennent pas que nous puis-
sions supporter nos gros habits de laine; il faut
avouer, en effet, qu'ils sont un peu lourds. »

Le corps, débilité par une chaleur terrible,
souffre un vrai martyre, qui, d'ailleurs, est un
martyre indispensable et salutaire : « Lorsque
règnent les grandes chaleurs, on éprouve un dégoût
tel pour la nourriture, qu'il faut faire un effort et
un acte de vertu pour se résoudre à manger. Le
corps se couvre d'une infinité de petits boutons
rouges, semblables aux éruptions de la suette. On
éprouve une démangeaison insupportable et qui
ne se calme ni jour ni nuit; il semble qu'on est
enfermé dans un sac plein d'orties. Et il faut re-
mercier Dieu d'être soumis à ce supplice. Les Européens qui y échappent, paient infailliblement
leur tribut par la fièvre typhoïde, la dysenterie ou
le choléra. Je trouve bien à plaindre ceux de nos
compatriotes qui sont venus ici, conduits par la
cupidité ou par l'ambition. Si je n'y étais pas pour
le bon Dieu, je repartirais tout de suite; car c'est
pour moi une souffrance, toujours nouvelle, de
vivre loin de mes parents et de mon pays. »

« La Chinoise », comme Sœur de Jaurias aimait
à s'appeler, avait gardé un cœur bien français.
Lorsque, dans son exil, elle avait la joie de voir un
de ses compatriotes, venant de France, missionnaire fraîchement débarqué ou marin de passage,

il lui semblait, selon son expression, que « le parfum de la patrie, qu'il portait dans les plis de son vêtement, lui faisait oublier l'odeur chinoise, et que, tant qu'il était là, le terrible soleil de Ning-Pô lui semblait tempéré et doux comme le soleil de France. »

Elle n'avait pu, en effet, s'habituer à l'exil. Après de longues années il lui semblait aussi dur qu'aux premiers jours, et cette souffrance, qu'elle ne dissimulait pas, rendait son sacrifice plus méritoire. « Je me demande comment j'ai pu quitter ma chère France, comment j'ai eu la force de déchirer mon cœur, en l'arrachant à tout ce qu'il aimait. J'ai fait cela, poussée par la grâce, qui me disait de me consacrer, pour l'amour de Dieu, au soulagement et au salut de mes frères. Lorsque je quittai Amiens, un saint missionnaire, me voyant inquiète et effrayée, me dit ces paroles que je n'ai pas oubliées, et dont chaque jour je constate la vérité : « Je peux tout en celui qui me fortifie. »

Un jour, la bonne Sœur eut une grande joie ; un officier de marine vint frapper à sa porte. C'était un Français, mais un Français de chez elle, né, comme elle, sur cette frontière indécise, où se rencontrent et se compénètrent le Périgord et la Charente, et où les populations, insoucieuses de limites conventionnelles, parlent le même idiome, ont les mêmes mœurs, et vivent de la même vie. Leurs deux familles se connaissaient et avaient des relations communes. « M. le capitaine de frégate De Plas, commandant la corvette *La Capricieuse*, et dont la famille habite Aubeterre, est venu nous voir. Il m'a donné des nouvelles du pays, et, en particulier, de mes oncles qu'il connaît beaucoup. Il a logé chez les missionnaires, avec vingt-sept de ses camarades. Tous ces messieurs, accompagnés du Consul de France, sont venus visiter nos établissements. Quand ils sont repartis, j'ai senti mon cœur se serrer, et, je l'avoue, j'ai pleuré, en pensant qu'ils allaient revenir dans ce cher pays que je ne reverrai probablement jamais. »

Sœur de Jaurias ressentait une fierté patriotique lorsqu'elle entendait faire l'éloge de la France et des Français. Un jour, au mois de novembre 1857, elle entend dire que les Anglais se sont emparés d'une des îles de l'archipel de Tchousan, mais qu'ils n'ont pu vaincre que grâce à l'intervention des Français. Elle doute un peu de la chose qui, ne lui paraît pas très probable ; car elle sait qu'en Chine, les nouvelles courent vite, et, en route, se transforment, se déforment, s'enjolivent de fioritures qui les rendent méconnaissables. Mais elle s'enorgueillit des commentaires qui encadrent le récit de ces exploits, vrais ou faux. « Les Chinois ont peur des Français car ils les savent courageux, mais ils les aiment parce qu'ils les reconnaissent bons. La conduite de nos soldats, en Crimée, a excité leur admiration. J'aime à les entendre parler

de mon pays. Ils disent que « Flanci-Ko, le
royaume de France » est, après la Chine, le
royaume le plus puissant et le plus noble. Aussi,
je me fais gloire de mon titre de Française, et je
ne manque pas de faire remarquer combien nous
sommes « Ko-Yan », différents des Anglais. »

Cet orgueil patriotique allait trouver un aliment
nouveau dans les exploits et les victoires, qui firent
si glorieuse l'expédition anglo-française de 1860.

Les divers traités qui réglaient les conditions
d'existence des Européens, dans le Céleste Empire,
étaient, depuis de nombreuses années, cyniquement violés par les Chinois, avec la complicité ta-
cite et hypocrite des mandarins. Dans nombre de
provinces, les missionnaires et les voyageurs
étaient maltraités et massacrés. La liberté du
commerce était entravée, même dans les ports ouverts.

La France et l'Angleterre résolurent de s'unir
pour un effort commun. Mais cette communauté
d'action n'était pas inspirée par un sentiment
identique. La France, fidèle à ses traditions, prenait
en mains la cause du progrès moral et de la civilisation, en défendant les missionnaires. L'Angleterre, utilitaire et mercantile, combattait, seulement, pour la protection de ses négociants.

Une petite armée franco-anglaise fut formée.
Le contingent français, sous les ordres du général
Cousin de Montauban, se joignit aux Anglais, com-

mandés par sir Hope-Grant. La concentration eut lieu sous les murs de Pé-tang, ville fortifiée au nord-est de Takou.

Au premier choc, les troupes chinoises se débandèrent, et, en quelques jours, les grands forts de Takou furent pris. La marche vers Pékin commença.

Voyant la capitale menacée, les Chinois demandèrent à traiter. Des négociateurs anglo-français furent envoyés; mais leurs efforts ne purent venir à bout de la fourberie chinoise. En revenant vers le camp des alliés, ils furent attaqués, par trahison; presque tous furent massacrés. Un des rares qui parvinrent à se sauver, fut le capitaine Chanoine, devenu, depuis, général et ministre de la Guerre.

Les alliés reprirent leur marche en avant. A la bataille de Tchang-Kia-Ouan, trente mille Chinois furent battus par trois mille Anglo-Français, et à Pa-Li-Kao, douze cents Français, seulement, taillèrent en pièces cinquante mille cavaliers tartares, commandés par le fameux San-Ko-lin-Sin. Le Palais d'été fut pris et livré au pillage. Le 9 octobre, les alliés campèrent sous les murs de Pékin et, le 15, pour la première fois, l'étranger entra en vainqueur dans la capitale inviolée de l'Empire du Milieu.

La vieille cathédrale catholique, fermée depuis plus de trente ans, dévastée, en ruines, décou-

ronnée de la croix qui la surmontait, fut rendue au
vénérable évêque de Pékin, Mgr Mouly. En quelques jours, la croix était replacée ; et l'église, re-
mise en état par les soldats du génie, retentissait
des accents du *Te Deum*.

Par un traité, signé à Pékin, la liberté fut accordée à la religion chrétienne, et la protection
des autorités chinoises assurée aux missionnaires
et à leurs chrétiens.

En apprenant ces nouvelles, Sœur de Jaurias ne
peut contenir son enthousiasme : « Que je suis
fière d'être Française ! Que le bon Dieu est bon de
se servir de mes compatriotes pour établir son
règne dans cette pauvre Chine, et la délivrer de la
tyrannie de Satan ! Qu'il est beau, pour la France,
d'ouvrir à la religion et à la civilisation les portes
de ce vaste empire où règne la plus affreuse barbarie. »

Aussi, lorsque, dès le début de la guerre, les généraux eurent la pensée d'attacher, comme infirmières, quelques religieuses au corps expéditionnaire, Sœur de Jaurias eut-elle la pensée de se
proposer. « Si j'osais désirer quelque chose, ce
serait d'être désignée pour aller sur le champ de
bataille, relever nos soldats blessés, les soigner,
leur servir de mère, et leur parler de Dieu, dont
ils sont, en ce moment, les champions. »

Cette faveur ne lui fut pas accordée. Le devoir
et l'obéissance l'enchaînèrent à sa tâche quoti-

dienne, plus obscure, et qui semblait moins répondre à son désir d'héroïsme et de sacrifice immédiat.

Car malgré son humilité, elle avait conscience
de son courage. « Les Chinois, écrivait-elle, mé-
prisent les femmes. Ils ne font à notre sexe l'honneur de le croire capable ni de bien ni de mal.
On voit bien qu'ils ne savent pas ce que c'est que
d'avoir du sang français dans les veines, et, sur
les épaules, un front baptisé. »

Mais, si elle ne put se consacrer au service des
blessés français, lors de l'expédition de 1860, il
lui fut donné de prodiguer ses soins aux soldats
qui faisaient partie du corps franco-chinois, envoyé, en 1861, contre les rebelles qui désolaient
Ning-Pô et les environs. « Nous avons établi une
petite ambulance pour nos compatriotes blessés ou
malades. Pauvres soldats! Comme ils nous mani-
festent leur joie d'être soignés par nous, et combien
nous sommes heureuses de leur prodiguer nos
soins! »

A ces soins, les Filles de la Charité savaient
ajouter des attentions touchantes et une tendresse
maternelle qui rendaient, à ces pauvres gens,
plus supportable la souffrance et la mort plus
douce.

« Nous avons eu la douleur de perdre plusieurs
de nos bons Français, entre autres le commandant
de Kenny. Nous l'avons soigné quelques jours,

au bout desquels il est mort comme un saint.

« Nous avons suppléé auprès de lui, autant que nous avons pu, sa bonne mère. Dans son délire, il me prenait pour elle et me disait des choses touchantes et navrantes. Il s'est éteint entre mes bras, et mes larmes se sont souvent mêlées aux sueurs de son agonie. J'ai écrit, à Chartres, à sa malheureuse mère, pour la consoler un peu, en lui donnant des détails sur la mort si édifiante de son fils. »

Sœur de Jaurias avait désiré exercer, au milieu du tumulte de la guerre, sa mission de charité apaisante et sereine. Dieu devait l'exaucer, dans une certaine mesure. Durant de longs mois, en effet, il lui sera donné d'entendre crépiter à ses oreilles le bruit de la fusillade. Le grondement du canon, éclatant soudain, viendra couper ses nuits de réveils épouvantés. En faction sur la terrasse de sa maison, elle passera de longues heures à surveiller, d'un œil inquiet, le rougeoiement des incendies, marquant les étapes sinistres de la révolution en marche. A son oreille, elle entendra retentir la plainte ininterrompue des mourants, et les cris horribles des vaincus, massacrés avec des raffinements de barbarie. Elle verra se presser, à sa porte, la triste foule des victimes de la guerre : femmes, enfants, et vieillards, mourant de faim et de misère, et venant implorer d'elle, un remède, un lambeau d'étoffe, ou quelques poignées de riz.

Dans ces circonstances critiques, il nous sera donné, encore une fois, de voir Sœur de Jaurias ne se départant jamais de ce calme, de cette sérénité, de cette inébranlable confiance en Dieu, dont le spectacle encourageait· et rassurait ceux qui étaient placés sous son autorité, ou venaient se réfugier sous sa protection.

CHAPITRE VI

LES REBELLES TAÏPINGS. — SIÈGE DE NING-PÔ

Les révolutions en Chine. — Les Taïpings. — Causes et prétextes de la rébellion. — Tien-Tse (vertu céleste). — Les Tchang-Mao (hommes aux grands cheveux). — Assassinat de M. Montels. — Les Taïpings à Ning-Pô. — La ville chinoise et le quartier européen. — Sœur de Jaurias abandonne ses établissements. — Installation dans le quartier européen. — Incendies et massacres. — Jeune fille crucifiée. — Evasion de Benito. — Affluence d'enfants abandonnés. — Intervention des troupes européennes. — Défaite des rebelles. — Le choléra. — Retour à la maison Saint-Vincent. — Pécheurs chinois et leurs auxiliaires. — Départ pour Chang-Haï.

Les rébellions partielles sont nombreuses et incessantes, dans l'empire chinois. A chaque instant, dans l'une ou l'autre des dix-huit provinces, se produisent des soulèvements, occasionnés, soit par la misère poussant au désespoir les populations affamées, soit par la violation d'un droit séculaire

ou d'une coutume traditionnelle, soit, plus rarement, par les exactions des mandarins.

Dès que la rébellion est signalée, des troupes
sont envoyées contre elle ; la répression ne se fait
pas attendre, et elle est atroce. La révolte est rapidement étouffée dans le sang et ensevelie sous des
ruines. De vastes espaces désolés, où furent jadis
des cités populeuses et florissantes, devenus, du
jour au lendemain, des déserts où peut se prome-
ner la charrue, se rencontrent, dans toutes les provinces de l'empire, et sont, comme une sinistre
menace à l'adresse des révoltes futures.

Mais, si les rébellions locales sont fréquentes
en Chine, les vraies révolutions, soulevant un
peuple tout entier, renversant un état des
choses pour le remplacer par un autre, sont très
rares. Dans l'histoire du Céleste Empire on n'en
compte que quelques-unes, aux changements de
dynastie. Et encore... !

Le peuple chinois ne fait pas son souverain ; il le
subit. Peu lui importe, que celui qu'enferme
le palais mystérieux qui s'élève au sein de
la Ville Interdite, appartienne à la dynastie
des Yuen, des Ming ou des Tsing ; il sait que son
sort ne changera pas beaucoup, que les impôts
seront toujours lourds, la misère toujours grande,
et les mandarins toujours voleurs. Le fracas des
écroulements sociaux et des bouleversements
politiques le secoue à peine de sa torpeur ; il y

prête une attention passagère et insouciante, et se
replonge, aussitôt, dans son fatalisme sceptique,
n'étendant pas son ambition au delà de la conquête
du pain quotidien. Il porte, avec une indifférence
passive, le deuil de son empereur et ne s'inquiète
pas de celui qui le remplace. Les changements politiques les plus graves prennent, en Chine, tout
juste la proportion d'une révolution de palais, dont
la répercussion est à peine ressentie dans la capitale, et dans quelques grandes villes de l'Empire ;
le reste du pays continue à les ignorer. La Chine,
il faut le reconnaître, n'est pas le pays des révolutions.

Cependant, dans le milieu du dix-neuvième
siècle, l'Empire fut ébranlé par un mouvement
révolutionnaire, le plus formidable assurément, et
le plus désastreux de tous ceux qui avaient précédé. Il dura près de vingt ans, coûta la vie à des
millions de victimes, et ne laissa partout, sur son
passage, que des cadavres et des ruines.

Il eut pour origine une révolte fomentée, dans
le Kouang-Si, par un maître d'école, à propos d'une
question de rites. Dès le principe, les rebelles,
grâce à une série de coups de main heureux,
eurent l'avantage. Encouragés par ces premiers
succès, ils chassèrent les mandarins, s'emparèrent
successivement des principales villes, et étendirent,
bientôt, leur domination sur toute la province.

Le bruit de ces exploits se répandit au loin, et

attira à la rébellion des auxiliaires nombreux. De toutes parts, on vit accourir dans le Kouang-Si, et prendre rang dans l'armée révolutionnaire, des mécontents et des spoliés, avides de changement ou de vengeance ; des ambitieux, assoiffés du pouvoir ; des miséreux sans gîte et sans pain ; des brigands de profession, attirés par l'espoir du pillage ; en un mot cette tourbe de gens suspects, que l'on voit courir, d'instinct, au désordre, et qui surgissent par milliers, aux heures de crise, des bas-fonds d'une nation.

Afin que cette révolte prît vraiment les allures et la forme d'une révolution, il fallait lui donner une idée qui en fût l'âme, assez simple pour être comprise du peuple et assez vivante pour le passionner. Ceux qui étaient à la tête du mouvement le comprirent, et, sans retard, réveillèrent la question dynastique, toujours actuelle dans la mémoire et le cœur de ce peuple, immobile et figé dans le souvenir d'un passé qui ne vieillit pas.

Il y avait deux cents ans que la dynastie chinoise des Ming avait été détrônée et remplacée par la dynastie tartare des Tsing. Les Chinois aborigènes s'étaient soumis assez facilement à leurs nouveaux maîtres, mais avaient gardé, au fond de leur cœur, avec une fidélité obstinée, l'amour et le regret de leurs anciens empereurs. On se transmettait, de génération en génération, le souvenir des traditions anciennes ; et, en secret, on maudissait l'étranger qui avait modifié les coutumes et imposé ses mœurs aux vaincus. Les ancêtres avaient parlé à leurs petits-enfants de cette époque reculée, où les pères de leurs pères, n'étaient pas astreints à l'humiliante formalité de se raser la tête et de porter la natte, marque d'infériorité et de sujétion, imposée, par la race conquérante, à la race conquise.

Les partisans de l'ancienne dynastie étaient, surtout, nombreux dans les provinces méridionales, moins accessibles à l'influence tartare, et plus essentiellement chinoises.

Le petit maître d'école, qui avait été le promoteur de l'insurrection, sentit qu'il y avait là une force considérable à mettre en jeu. Pour la faire servir à son ambition, il n'hésita pas à se déclarer descendant authentique de la vieille race impériale, et se fit proclamer empereur, sous le nom de Tien-Tse (Vertu Céleste).

Tien-Tse donna à ses partisans, comme signe de reconnaissance, l'ordre de couper leur natte et de laisser croître leur chevelure. Le territoire sur lequel s'étendit sa domination, fut appelé royaume des Taïpings, ou « royaume de la grande paix », et ses sujets furent désignés sous le nom de Tchang-Mao (hommes aux longs cheveux).

Porter les cheveux longs et non tressés, fut, désormais, un signe d'adhésion à la révolution ; de même que conserver la natte fut une marque de fidélité à la dynastie régnante. Pour éviter le massacre, les populations habitant le théâtre de la guerre, étaient forcées de modifier l'aspect de leur tête, selon qu'étaient vainqueurs les rebelles ou les réguliers. Les missionnaires, eux-mêmes, obligés d'aller de district en district visiter leurs chrétientés, emportaient, dans leurs bagages, une natte postiche, qu'ils adaptaient à leur crâne s'ils voyageaient en pays fidèle à l'empereur, ou supprimaient s'ils se trouvaient dans des régions occupées par les rebelles.

Un missionnaire, M. Montels, fut victime de cette obligation. Il traversait la province de Kouang-Si, foyer initial de la rébellion. Ses deux catéchistes et lui avaient supprimé leur natte. Malheureusement, leurs bagages furent visités, et, dans leur malle, on trouva les tresses prohibées. Ils furent accusés d'espionnage et de trahison, et massacrés avec la dernière barbarie.

Mais ces massacres ne furent que des exceptions, et se commirent à l'insu et contre la volonté des chefs.

Tien-Tse, en effet, qui était un homme intelligent, et paraît avoir possédé les qualités d'un fin politique aussi bien que d'un général audacieux, ne se contenta pas d'attirer à lui la population indigène, en ressuscitant la question dynastique. Il voulut aussi se concilier la faveur, et, au besoin, l'appui des nations européennes, dont l'influence commençait à être grande, en Chine, en adoptant, dans une certaine mesure, leurs idées sociales et religieuses.

On était en 1848, époque où toutes les nations occidentales subirent un ébranlement dans leurs antiques institutions. Les idées de liberté, d'humanité, de paix universelle, trouvaient partout des apôtres convaincus et éloquents. Des âmes généreuses se passionnaient pour la cause des opprimés, et trouvaient des accents indignés pour flétrir les oppresseurs.

L'écho de ces indignations et de ces enthousiasmes avait-il eu une répercussion dans ce pays fermé et exclusif qu'est la Chine? Il est permis d'en douter; et la masse du peuple, qui ignorait même l'existence de l'Europe, ne pouvait être ébranlée par les passions qui la secouaient. Mais les lettrés, plus cultivés et moins obstinément rebelles à toute influence extérieure, étaient au courant des idées et des aspirations occidentales. Elles avaient pénétré jusqu'à l'entourage de Tien-Tse, et avaient inspiré quelques-uns des décrets rendus au cours de son règne agité et précaire; et même on retrouve, dans leur rédaction, le style un peu redondant et sonore de l'époque.

La religion chrétienne fut reconnue bonne et sainte par les rebelles. La liberté fut donnée, à tous, de l'embrasser et de la pratiquer; et la personne des missionnaires fut déclarée inviolable. Tien-Tse

se proclama frère cadet de Jésus-Christ. La Bible
fut mise au nombre des livres sacrés; et les
rebelles peignirent même la croix sur quelques-
uns de leurs étendards.

Malgré ces avances, les chrétiens ne se mêlèrent
jamais à l'insurrection. Sur les conseils des missionnaires, ils restèrent neutres ; n'échappant, pas
plus que les autres, du reste, aux exactions des
bandes de brigands, qui marchaient dans le sillage
de l'armée insurgée, et achevaient de rançonner
le pays, déjà ruiné par la guerre civile.

En peu de temps, les Tchang-Mao s'emparèrent
de toutes les provinces du sud de la Chine, se ré·
pandirent dans le bassin du Yangtze, et montèrent,
vers le nord, jusqu'à Tsien-Tsin. Dès l'année 1851,
le Royaume de la Grande Paix (Taïping) était fondé
et, en 1853, Nanking reprenait son antique rang de
capitale, sous le nom de Tien-Kong (Résidence
Céleste).

Mais, cette conquête demanda de longues années, qui furent, pour le pays conquis, des années
de désolation et de ruine. Le joug des libérateurs
se fit plus dur et plus lourd que celui des oppresseurs. Les populations, excédées, réclamaient à
grands cris le retour de leurs anciens mandarins,
dont les cruautés et les ravages des révolutionnaires, faisaient regretter les exactions, moins
brutales.

Seules, les villes du littoral, ouvertes aux Européens, avaient été respectées par les rebelles. Les canons des navires de guerre, stationnant dans le port, leur inspiraient une crainte salutaire et les tenaient à distance.

Un jour, cependant, ils se hasardèrent jusqu'à Ning-Pô.

Les habitants de la ville et des environs, réduits à la famine par la cherté des vivres, et mécontents de l'augmentation des impôts, refusèrent de les payer. Les mandarins voulurent les y contraindre par la force. Les réfractaires appelèrent alors les Taïpings à leur aide. Ceux-ci se hâtèrent d'accourir.

A leur grand étonnement, les canons européens restèrent muets. La diplomatie leur imposait silence. L'Angleterre et la France étaient en pourparlers avec la Chine, pour la conclusion des traités. Il ne déplaisait pas, aux deux nations, de voir le gouvernement chinois aux prises avec de graves difficultés intérieures, et elles espéraient que les succès des Taïpings faciliteraient les efforts des diplomates alliés.

Les navires de guerre du port de Ning-Pô reçurent l'ordre de rester neutres, se bornant à protéger leurs nationaux. En cela leur rôle était facile.

Ning-Pô, en effet, se compose de deux villes distinctes : la ville chinoise et la ville européenne. La ville chinoise se divise, elle-même, en trois parties, ou, si l'on veut, en trois quartiers différents.

D'abord le quartier des pêcheurs, avec ses cabanes s'entassant sur les rives du Yung, au point
de les rendre inaccessibles. Quelques-unes, même,
empiètent sur le fleuve, conservant, sur des po-
teaux inégaux et vermoulus, un équilibre effrayam-
ment instable.

Ensuite le quartier des commerçants et des ouvriers qui forme le centre de la ville. Les maisons
en torchis, encadrées d'une légère armature de
bois, semblent chevaucher, les unes sur les autres,
le long des rues étroites, dans l'enceinte resserrée
des remparts.

Enfin, les faubourgs, s'étendant à l'infini, grou-
pant dans un pittoresque pêle-mêle, des bouges
de mendiants, des paillotes de cultivateurs, et de
riches villas, faisant miroiter au soleil leurs tuiles
vernies.

La ville européenne, mieux bâtie et plus confortable, étendait ses comptoirs le long des quais,
et groupait ses maisons d'habitation dans le voisinage du port.

Seuls, les établissements des missionnaires, les
deux maisons des Sœurs de Saint-Vincent, et la
triste masure qui servait d'hôpital, que Sœur de
Jaurias appelait « une bicoque qui fait horreur »,
se trouvaient dans la ville chinoise. Le voisinage
du port importait peu aux missionnaires et aux religieuses. Ils étaient venus en Chine, non pour
faire du commerce, mais pour sauver des âmes.

De tous les établissements religieux de Ning-Pô,
le plus éloigné du centre européen était l'orphelinat de Sœur de Jaurias. Il se dressait près des
remparts, à l'extrémité du quartier commerçant et
du quartier pêcheur, à l'orée des faubourgs. C'était
le plus exposé; ce fut aussi le premier atteint.

Pendant plusieurs jours, les rebelles rôdèrent
autour des murailles de la ville, hésitants et sur
leurs gardes, s'attendant toujours, à voir étinceler
les baïonnettes des marins et à entendre gronder
les batteries du port.

« Depuis huit jours les faubourgs sont en feu. A
chaque instant nous voyons éclater, non loin de
nous, des incendies, et le vent porte quelquefois
des flammèches jusque dans notre cour. »

Toute la population valide de Ning-Pô s'était
enfuie. Seules, quelques familles, obstinément
fidèles à leur foyer, étaient restées, ainsi que les
gardiens des maisons de commerce chinoises. La
ville, quelques jours auparavant, animée et
bruyante, était silencieuse et presque déserte.

Le danger devenait pressant. Le consul de France
à Chang-Haï, accouru à Ning-Pô pour assurer la
protection des établissements religieux, ordonna
aux Sœurs d'abandonner leurs maisons et de se réfugier, avec tout leur personnel, dans le quartier
européen. Sœur de Jaurias, toujours résignée et
courageuse, prépara et dirigea l'exode de sa nombreuse famille, avec ce calme, ce sang-froid, qui

lui permettaient de tout prévoir et de ne rien oublier. Ce fut, cependant, les larmes aux yeux qu'elle abandonna cette chère maison qu'elle avait organisée, augmentée, embellie, et qui, vraisemblablement, allait disparaître dans la tourmente.

Les bâtiments mis à sa disposition, dans le quartier européen, étaient étroits et incommodes. « Nous sommes ici dans une maison qui appartient à Mgr Delaplace. Le missionnaire qui l'habitait a délogé et s'est retiré dans une pauvre masure. Nous y sommes les uns sur les autres. »

Le nombre des habitants de la petite maison de Hang-Pô ne devait pas tarder à s'accroître, car, à quelques jours de là, Sœur de Jaurias écrit : « Nous sommes déjà trois cents, et notre nombre s'augmente tous les jours. Ce qui me navre, c'est de voir qu'on nous apporte des enfants, encore à la mamelle. Toutes nos nourrices chinoises nous ont rendu ceux que nous leur avions confiés ; et il nous est impossible de nous procurer une goutte de lait. Nous sommes obligées de laisser mourir de faim ces pauvres petits. Leurs cris me brisent le cœur. Je viens d'en recevoir un, tout à l'heure, né ce matin même ; il mourra comme les autres, après avoir reçu le saint baptême. »

Après l'évacuation des orphelinats, les rebelles n'avaient pas tardé à entrer dans la ville abandonnée. Ils y commirent leurs atrocités accoutumées. « Pendant quinze jours, écrit Sœur de

Jaurias, les incendies ne se sont pas éteints. Presque tous les habitants, restés dans la ville, les malades, les infirmes, les enfants, ont été massacrés. Les cadavres jonchent les rues et pourrissent sans sépulture. Les rebelles, pour se débarrasser de l'infection, les jettent dans les brasiers. Une horrible odeur de chairs brûlées arrive jusqu'à nous. Toutes les portes des maisons sont enfoncées et les charpentes démolies pour alimenter les incendies.

« Une jeune fille chrétienne, restée pour soigner sa mère malade, a été martyrisée d'une façon épouvantable. Ayant refusé de se prêter aux fantaisies des brigands et d'assouvir leur passion infâme, ils l'ont étendue sur le plancher et crucifiée avec des sabres. Ensuite, ils l'ont brûlée affreusement, en promenant, sur tout son corps, des tisons ardents. La pauvre enfant n'a pas tardé à expirer, emportant dans le ciel, avec la palme du martyre, la couronne de sa virginité conservée. »

Les bandits (car la rébellion explicable et, en apparence, légitime au début, sombrait dans un vaste brigandage), les bandits, ne massacraient pas indistinctement tous les habitants des régions conquises. Ils faisaient un choix parmi leurs victimes. Ils promettaient, à ceux qui leur paraissaient avoir de l'argent ou du crédit, la vie et la liberté, contre le payement d'une rançon, toujours élevée. De ce nombre fut Benito, un jeune chrétien dont

Sœur de Jaurias nous raconte l'évasion mouvementée et dramatique.

« Benito est un de nos enfants. Nous l'avons élevé, instruit et placé, comme commis, chez un grand négociant chinois. Malgré son jeune âge, vingt ans, il était devenu l'homme de confiance de son patron. Lorsque les rebelles entrèrent dans la ville, il n'abandonna pas son magasin, et resta pour garder les marchandises qu'il contenait. Elles n'échappèrent pas au pillage général, et lui-même fut saisi, garrotté, et mis en prison, avec menace d'avoir la tête coupée, s'il ne trouvait la somme de mille piastres pour se racheter.

« A cette nouvelle, nous fûmes consternés. Nous n'avions pas les mille piastres, et les eussions-nous possédées, nous ne les aurions pas données, car, c'eût été exposer nos nombreux enfants à mourir de faim, pour sauver la vie d'un seul.

« Les missionnaires firent démarches sur démarches ; tout fut inutile. Nous prîmes le parti de prier. Benito, de son côté, se consacra à la sainte Vierge et la supplia de venir à son secours.

« Après être resté huit jours en prison, n'ayant pour nourriture qu'un peu de riz sec, auquel la pitié de son geôlier ajoutait, en cachette, quelques douceurs, il lui sembla entendre, en lui-même, une voix qui lui disait de s'évader. La chose paraissait impossible. Il était gardé à vue, et une douzaine de brigands couchaient, sur des nattes, dans la pièce qui précédait la prison. Une seule lucarne, garnie de grilles solides, prenait jour sur cette pièce.

« La nuit qui suivit, il essaya de se faufiler entre les barreaux. Avec des précautions infinies et quelques meurtrissures, il parvint à passer la tête; mais l'épaisseur de ses habits empêcha le reste du corps de suivre. Sans hésiter, il les quitte, les attache au bout de sa ceinture et les jette devant lui. Après beaucoup de peine et d'efforts, il parvient à les rejoindre. Dans la demi-obscurité, il heurte du pied un des dormeurs. Celui-ci se dresse sur son séant, regarde le pauvre Benito, que glace l'épouvante, et se recouche en grommelant; il n'avait pas reconnu le fugitif. Benito s'habille prestement, et s'étend au milieu de ses gardiens. Le lendemain, au petit jour, il se lève, s'enveloppe la tête d'un mouchoir bleu, prend à la main un morceau de papier, et sort d'un pas hâtif, comme un envoyé qui va porter une dépêche. Le factionnaire, de garde à la porte de la prison, prend la lettre, la regarde, et comme il ne savait pas lire, il laisse passer.

« Plus loin, d'autres rebelles l'interpellent, et lui demandent où il va. Il ne répond pas, mais, sans s'arrêter, brandit la lettre, en faisant signe qu'il est chargé d'un message très pressé. Il arriva chez nous vers six heures du matin, juste à l'heure de la messe, qu'il servit, et entendit en actions de grâces.

« Hier, dimanche, ce cher enfant a fait la sainte communion. Il reconnaît que son évasion tient du miracle, et est due à la protection évidente de la sainte Vierge. »

Au milieu de ces déprédations et de ces brigandages, seuls les établissements des missions étaient respectés. Il est vrai qu'ils n'étaient pas complètement abandonnés. Sur les instances du consul de France, les religieuses et leurs enfants s'étaient retirées à Hang-Pô (quartier européen). Mais les missionnaires étaient restés, et les œuvres se continuaient quand même, avec les lacunes inévitables, qu'expliquait la diminution du personnel qui y était attaché.

« Notre maison Saint-Vincent est gardée par un Père qui est resté seul, courageusement, et, jusqu'ici, aucun rebelle n'a osé en franchir le seuil. Des missionnaires sont installés dans nos autres établissements. Ils s'occupent de notre hôpital, qui regorge de malades, parmi lesquels sont plusieurs rebelles.

« Déjà deux y sont morts, après avoir été convertis et baptisés. A la porte de notre maison de la ville, des milliers de bols de riz sont distribués chaque jour. Les rebelles, eux-mêmes, viennent quelquefois tendre leur écuelle. Ils sont encombrés d'objets de valeur, fruits de leurs pillages, et manquent de nourriture. Ce n'est pas étonnant. Ils ravagent les récoltes, chassent ou massacrent les cultivateurs, détruisent et brûlent toutes les provisions qu'ils ne peuvent conserver, et, en ruinant le pays, ils se réduisent eux-mêmes à la famine.

« Si ces horreurs entravent le commerce de mes compatriotes, les négociants de Hang-Pô, elles font prospérer le mien. Tous les soirs, nos bons missionnaires nous reviennent les bras chargés d'enfants, qu'ils ont ramassés dans la rue, ou que des parents infortunés leur ont confiés, pour ne pas les voir mourir de misère. Les rebelles admirent tout haut cette charité et, de certaine façon, la favorisent. Il n'est pas rare de voir quelques-uns d'entre eux aider les missionnaires à porter leur précieuse trouvaille jusqu'aux limites du quartier européen, où il leur est interdit d'entrer, sous menace de fusillade. Je suis bien heureuse de recevoir ces pauvres petits, mais aussi, souvent, bien inquiète. Je me demande où je trouverai les grains de riz suffisants pour nourrir toutes ces petites bouches. Et ils mangent bien les pauvres enfants, je vous l'assure; ils se rattrapent de la longue diète qu'ils ont subie ! »

Mais, ce n'était pas seulement de Ning-Pô que lui venaient des enfants abandonnés; on lui en apportait de partout où les Taïpings avaient promené la dévastation.

« Lors de la prise de Hang-Tchcou, une famille de commerçants, pour éviter les exactions des bandits, résolut de s'empoisonner. Le père et la mère prirent le breuvage mortel. Lorsqu'ils voulurent en faire prendre à leurs enfants, au nombre de cinq, ceux-ci se débattirent, de telle sorte, que les parents moururent avant d'avoir réussi dans leur funeste projet. Un jeune homme de Ning-Pô était commis dans la maison. Il eut pitié de ces pauvres orphelins et résolut de nous les conduire. Mais, lorsqu'il voulut les emmener, il n'en trouva plus que quatre. Le cinquième, une petite fille, s'était blottie, apeurée, dans un de ces énormes vases où les Chinois recueillent l'eau de pluie, et n'en voulait plus sortir. Nous l'avons recueillie, ainsi que ses frères. Une de nos filles, mariée il y a deux ans, l'a adoptée et l'élève chrétiennement. »

Sœur de Jaurias, aspirait après le jour où il lui serait donné de réintégrer sa chère maison Saint-Vincent.

« Mes pauvres enfants s'étiolent. Ils n'ont ni air, ni espace, et, les jours de mauvais temps, nous sommes si serrés que nous trouvons à peine la place pour nous asseoir. Il faut accomplir des prodiges de symétrie, la nuit, pour parvenir à donner à chacun un bout de natte, ou même un coin de plancher. »

Des symptômes de dissolution se manifestaient parmi les rebelles. Les troupes impériales avaient remporté quelques succès, et les populations, lassées, excédées par la tyrannie des révolutionnaires, se tournaient contre eux, et se préparaient à les

combattre, avec une énergie qu'aiguillonnaient la
misère et la faim. « Beaucoup, dit Sœur de Jaurias,
qui avaient été enrôlés de force, dans les rangs de
l'armée insurgée, désertent. Soixante-dix sur cent,
paraît-il, se sont enfuis et abandonnent la lutte. »

Cependant, la rébellion était puissante encore,
et le gouvernement chinois, réduit à ses propres
forces, aurait mis de longues années à en triompher. Les Européens se décidèrent à intervenir.
Les traités étaient signés et les desiderata accordés.
De plus, les négociants dont les affaires péricli-
taient, et qui voyaient approcher, à grands pas, la
banqueroute et la ruine, réclamaient, avec ins-
tance, l'intervention de leurs gouvernements. Il
n'y avait plus de raisons d'hésiter.

L'amiral Protet, qui attendait avec impatience
l'ordre de marcher, débarqua quelques troupes ; le
Commodore anglais en fit autant. Des soldats français, qui avaient fini leur temps et s'étaient enrôlés au service de la Chine, unis à des Manillois et à
quelques volontaires indigènes, formèrent un corps
franc, sous le commandement de MM. Lebreton et
d'Aiguebelle. La petite troupe comptait trois cents
hommes ; les rebelles étaient trente mille. A la
première rencontre ces derniers furent culbutés.

Mais la victoire fut achetée cher. L'amiral, frappé
d'une balle en pleine poitrine, expira quelques
heures après, le soir du combat.

La ville délivrée, Sœur de Jaurias, avec tout son

personnel, put enfin retrouver la maison Saint-Vincent, après huit mois d'exil. Il était temps. « Les
grandes chaleurs, écrit-elle, nous ont amené le
choléra. L'espace resserré où nous étions obligées
d'entasser nos enfants, le manque d'air et la mauvaise qualité de l'eau, n'ont fait qu'activer le fléau.
Les ravages ont été grands. Nous avons eu jusqu'à
cinq cas par jour. Heureusement, qu'en retrouvant
notre chère maison, nos pauvres petites ont retrouvé
ce qui leur manquait tant ici. »

En rentrant dans sa demeure, Sœur de Jaurias
s'attendait à la revoir saccagée et ruinée. Il n'en
était rien. « Les brigands connaissaient très bien
notre maison. Elle est grande et se distingue facilement des maisons chinoises. Lorsque les Européens entrèrent en ligne, le missionnaire qui la
gardait se réfugia à Hang-Pô, par crainte de représailles. Eh bien ! malgré cet abandon, malgré que
pendant quinze jours elle ait été environnée d'incendies, les brigands l'ont respectée et les flammes
ne l'ont pas atteinte. C'est une protection visible
de la bonne Providence. »

Cependant, la sécurité n'était pas parfaite dans la
ville délivrée ; un retour offensif des rebelles était
à craindre. Pour protéger les religieuses et leurs
orphelins, le commodore anglais avait envoyé une
canonnière, qui jeta l'ancre dans le fleuve, sous
les murs de la maison.

La sécurité relative, qu'assurait la présence des

marins, attira autour de la maison Saint-Vincent,
de nombreux Chinois, revenus à l'annonce de l'intervention Européenne.

« Ces pauvres gens campent par milliers autour
de nos murs, en plein air, ou au milieu des
décombres des maisons incendiées. D'autres ont
construit de petites barques avec les poutres et les
planches ramassées parmi les ruines. Ils y logent
avec leur famille. Ceux-ci sont des pêcheurs de
profession. Le fleuve leur sert de demeure et de
garde-manger. A nos heures de loisir, nous nous
distrayons à les voir pêcher. Ils sont d'une adresse
remarquable et emploient, pour les aider, d'étranges auxiliaires. Ce sont des cormorans apprivoisés. On leur met autour du cou un collier de
fer ou de cuivre, assez large pour les laisser respirer, mais trop resserré pour leur permettre
d'avaler. Debout sur le bord du bateau, ils surveillent le cours de l'eau. Lorsqu'un poisson passe
à leur portée, ils plongent et le saisissent, et, comme
le collier les empêche de le manger, ils le déposent
au fond de la barque.

« D'autres pêcheurs ont dressé des loutres qui
plongent sur un signe, explorent les profondeurs
du fleuve, et rapportent, chaque fois, un poisson
dans leur gueule. La nécessité rend industrieux. »

Mais ces voisins, groupés par la crainte autour
de Sœur de Jaurias, ne lui procuraient pas seulement des distractions; ils lui imposaient aussi

des charges. La plus affreuse misère régnait parmi
eux. « Des femmes, des vieillards, sont sans asile
et couchent en plein air. Nous leur avons donné,
pour se vêtir, toute l'étoffe que nous possédions.
Tous les matins, nous leur distribuons sept ou huit
cents bols de riz. Mais ma bourse se vide rapidement, et je prévois le moment où je serai obligé de
cesser tout secours, si la bonne Providence ne vient
à mon aide. »

La Providence vint à son aide, en effet, en permettant à la sécurité de renaître.

Les affamés se dispersèrent pour chercher du
travail. Sur les ruines de la ville ravagée s'éleva,
comme par enchantement, une ville nouvelle : les
maisons chinoises, légères et simples, sont presque
aussi vite rebâties que détruites. Dans les rues
neuves, dédaigneuses de l'alignement, aussi tor-
tueuses et irrégulières que les anciennes, la foule
affairée circula de nouveau. Sœur de Jaurias voyait
la santé et la joie revenues dans sa maison pleine.
« Nous avons cent cinquante enfants à l'ouvroir,
trente à la crèche, et vingt-cinq en nourrice. » Elle
s'apprêtait à donner à ses œuvres une extension
plus grande, et à augmenter la somme du bien
qu'elle faisait, lorsqu'un ordre de ses supérieurs
vint l'arracher aux consolations que lui donnait le
présent et aux espoirs que lui promettait l'avenir.

Dieu voulait qu'elle exerçât tous les genres de
charité imposés par saint Vincent de Paul à ses

Filles. Après s'être adonnée, successivement, à la visite des pauvres, à l'éducation des jeunes filles, au soin des orphelins, elle allait consacrer quelques années de sa vie au service exclusif des malades. Elle était appelée à fonder l'hôpital international de Chang-Haï.

CHAPITRE VII

CHANG-HAÏ. — FONDATION DE L'HÔPITAL INTERNATIONAL

Chang-Haï. — Les concessions européennes. — Ravages des épidémies parmi les étrangers. — Fondation de l'Hôpital international. — Sœur de Jaurias en est la première supérieure. — Etude de l'anglais. — Affection des malades pour les Sœurs. — Conversions de protestants. — La — *malle!* Les religieuses et les marins français. — Les soldats irlandais. — Les Chinois exclus de l'hôpital. — L'annexe future. — Souscription des Irlandais. — Concerts et ventes de charité. — Popularité et modestie. — Assistante de la Visitatrice Générale.

Chang-Haï, dont le nom signifie « ville de haute mer », est la plus grande cité maritime de la Chine Orientale. Elle est située sur la rive gauche du Hang-Pou, rivière qui prend, à partir de là, le nom de Vou-Sang, et va se jeter, à vingt et un kilomètres plus bas, dans l'estuaire du Yang-tse, tout près de la mer.

Assise au débouché de l'immense et fertile vallée

du Fleuve Bleu, le plus grand fleuve de la Chine, qui traverse, ou arrose de ses affluents, toutes les provinces centrales ; située, d'ailleurs, à peu de distance du Grand Canal qui la met en communication avec le nord et le sud de l'Empire, la ville de Chang-Haï, est tout indiquée pour servir d'entrepôt au commerce, dirigé vers l'intérieur.

Cette situation, exceptionnellement favorable, a été vite comprise dès que le port à été ouvert aux étrangers, par le traité de Nan-Kin, en 1842.

La plaine où s'élève Chang-Haï est d'une fertilité prodigieuse.

Cette fertilité n'est égalée, dans aucun pays du monde, pour un district de pareille étendue. Par la nature de son sol, largement arrosé, elle rappelle, un peu, les campagnes de la Hollande. Les nombreux canaux d'irrigation, qui la coupent en carrés réguliers, lui donnent, vue de haut, l'aspect d'un immense damier.

Sur cette terre, merveilleusement riche, la population abonde. Presque sans interruption, se succèdent des bourgades populeuses et de grandes villes. Sou-Tchéou, Nan-Kin, Hang-Tchéou, rivalisent avec Chang-Haï pour le nombre de leurs habitants et l'activité de leur commerce. Chacune de ces villes a sa réputation particulière. Un proverbe chinois dit : « Pour être heureux il faut naître à Sou-Tchéou ; vivre à Chang-Haï ; et mourir à Hang-Tchéou ; car les plus beaux hommes sont

ceux de Sou-Tchéou ; les plus grandes facilités de
la vie se trouvent à Chang-Haï ; et les meilleurs
cercueils se fabriquent à Hang-Tchéou. »

Le port de Chang-Haï, avec ceux de Hong-Kong
et de Bombay, est le plus important de l'Asie.

Comme toutes les villes ouvertes aux étrangers,
Chang-Haï possède un quartier chinois et un
quartier européen. Cependant, à Chang-Haï, la
partie européenne a ceci de particulier, qu'elle est
placée en dehors des règles ordinaires du droit international.

Elle constitue, en fait, une véritable colonie que
les Anglais, les Français et les Américains se sont
partagée, et administrent, chacun selon ses lois, à
l'aide d'un conseil municipal et d'un maire, sous
l'autorité supérieure des consuls.

Cette organisation municipale, indépendante des
fonctionnaires chinois, a été, non sans raison,
jugée nécessaire. Instituée dans le temps où les
rebelles entouraient Chang-Haï, elle survit à ces
circonstances difficiles, et s'appuie, en les affirmant, sur deux principes : l'impuissance du gouvernement chinois, et l'incompatibilité des lois de
l'Empire avec la civilisation occidentale.

La ville purement chinoise renferme 125.000 habitants. — La ville européenne en compte
106.000 dont 100.000 Chinois.

Cette population européenne, était, en 1862,
décimée, tous les ans, par des épidémies ter-

ribles, engendrées et développées par l'humidité moite, qui montait des flaques d'eau croupie, conservées par l'imperméabilité du sol. La fièvre typhoïde, la petite vérole, le choléra, sévissaient d'une façon permanente. Il arrivait parfois qu'une maison de commerce, la veille ruche bruyante et active, était, le lendemain, silencieuse et déserte. Un germe de contagion, introduit on ne sait comment, avait fait, en quelques heures, son œuvre sournoise et terrible, et n'avait épargné personne.

Les malheureux Européens, exilés à des milliers de lieues de leur patrie, sans parents, isolés au milieu des égoïsmes féroces qui les entouraient, mouraient presque tous, faute de soins. C'étaient, en grande partie, des jeunes gens, employés dans les comptoirs ou les maisons de commerce, qui s'étaient expatriés dans l'espoir de trouver une situation lucrative, ou de rencontrer l'occasion d'une fortune rapide.

Les grands commerçants eux-mêmes, dont les capitaux, parfois considérables, étaient mis à chaque instant en péril par des guerres ou des soulèvements intérieurs, avaient laissé en Europe, ou dans des pays moins malsains, leurs femmes et leurs enfants, afin de ne pas ajouter, à leurs soucis commerciaux, des préoccupations de famille.

Aussi, lorsque la maladie les atteignait, n'avaient-ils à leur disposition que des serviteurs chinois, insouciants et égoïstes, qui « s'entendaient beaucoup mieux, dit Sœur de Jaurias, à les voler qu'à les soigner. »

En présence de cet état de choses, et du péril que faisait courir à la population blanche de Chang-Haï la persistance des épidémies, les trois municipalités se concertèrent, et résolurent de fonder un hôpital pour leurs nationaux.

A ce conseil, les Américains et les Anglais protestants étaient en majorité. Les Français, catholiques, moins nombreux, étaient trop absorbés par leurs intérêts matériels pour donner place, dans leur esprit, à une préoccupation confessionnelle. Cependant, lorsqu'il fut question de peupler d'infirmières l'hôpital futur, tous furent unanimes à réclamer le concours des Filles de la Charité. Pas un instant, les protestants ne songèrent à recourir aux diaconesses anglicanes.

Sœur de Jaurias fut chargée de cette fondation.

Ce ne fut pas sans un douloureux serrement de cœur qu'elle quitta ses petits orphelins de Ning-Pô. « Depuis sept ans que je vis au milieu d'eux, je les regarde comme mes enfants, et ils me considèrent comme leur mère. La plupart ont été portés ici, encore à la mamelle. Ils ont grandi sous mes yeux. Je les aime, et ils m'aiment, autant que peut aimer un cœur chinois. J'ai bien pleuré en les quittant. Au moment du départ, ils se cramponnaient à ma robe en criant. Il y a des jours où l'obéissance est bien méritoire ! »

Elle l'était d'autant plus, que l'humilité de la Sœur lui faisait considérer avec effroi sa nouvelle charge. « Je me demande pourquoi mes supérieurs sont allés chercher la dernière des Filles de Saint-Vincent pour la mettre à la tête d'une pareille œuvre. Je sais bien que Dieu soutiendra ma faiblesse et aidera mon incapacité ; mais j'ai peur d'être trop inférieure à ma tâche. »

Le genre d'apostolat que Sœur de Jaurias allait exercer, était tout différent de celui auquel elle s'était consacrée jusqu'alors.

Les difficultés n'étaient pas moindres, mais d'une autre sorte. Elles exigeaient, de la part de la supérieure, à un degré éminent, du tact et de la prudence.

La fondation que Sœur de Jaurias entreprenait était à peine ébauchée. Il n'en existait que le cadre. « On a mis à ma disposition une maison commode et belle, à la vérité ; mais c'est tout. Il n'y a que les quatre murs tout nus. Heureusement que les administrateurs, qui sont les chefs des principales maisons de commerce, me fournissent tout l'argent nécessaire. Malgré cela, j'ai toutes les peines du monde à me procurer les choses indispensables pour meubler mes salles et monter ma pharmacie. »

Grâce à l'activité et aux dons d'organisation de

la supérieure, le nouvel hôpital se trouva bientôt à
même de recevoir de nombreux malades.

Ces malades, d'origine et de nationalité différentes, parlaient tous, outre leur idiome maternel,
une langue commune, qui est la langue commerciale de Chang-Haï, l'anglais.

Or Sœur de Jaurias ne savait pas l'anglais. « On
m'a donné une Sœur irlandaise qui me sert d'interprète, mais je sens que cela n'est pas suffisant.
Pour la bonne administration de la maison, et
surtout, afin de pouvoir parler de Dieu à mes
chers malades, il faut que je sache l'anglais. »

Elle se plaint, plaisamment, de cette obligation
nouvelle. « Après avoir fait entrer dans ma pauvre
cervelle des mots chinois, voici qu'il faut que j'y
introduise encore des mots anglais. J'ai bien peu
de temps; je n'ai plus de mémoire; mon intelligence a perdu sa souplesse; et, cependant, le devoir m'oblige de me mettre à l'étude, comme une
enfant... une enfant de quarante ans. »

A peine installé, l'hôpital vit ses salles se peupler.
Ceux qui y venaient, réclamaient uniquement,
pour leurs corps brisés par la maladie, des soins
intelligents. Ils y rencontraient, par surcroît,
comme une oasis délicieuse, où ils pouvaient s'arrêter un instant, dans leur course ardente et fié-
vreuse après la fortune, pour y goûter la fraîcheur
et le charme d'une affection désintéressée et pure.

Ces hommes, dont l'amour du lucre avait desséché le cœur, qui ne connaissaient d'autre mobile et d'autre but que l'intérêt, dont l'âme endurcie ignorait la pitié, s'attendrissaient en voyant s'agiter silencieusement, autour d'eux, les grandes ailes blanches des cornettes. Il leur semblait avoir abordé le paradis et être servis par des anges.

Ils étaient touchés du dévouement de ces nobles femmes qui vivaient sans ambition, travaillaient sans salaire, qui avaient tout quitté pour servir des inconnus, au nom de Dieu, et qui mouraient, simplement, de la maladie contractée au chevet de leurs frères, sans rien regretter sur la terre, avec, seulement, l'espérance du ciel.

« Nos malades, écrit Sœur de Jaurias, sont très convenables et pleins de bons procédés à notre égard. Ils paraissent surpris des marques d'intérêt et d'affection que nous leur prodiguons. Ils ne peuvent croire que, ce que nous faisons, nous le faisons uniquement pour l'amour de Dieu. Ils n'aiment que l'argent, et ils sont très étonnés qu'on puisse se dévouer pour autre chose que pour de l'argent. A leur étonnement succède vite la confiance. On sent que leur âme se dilate au contact de l'affection véritable. Il y a si longtemps qu'ils en sont privés! Au bout de peu de jours, ils en arrivent à nous aimer comme leurs mères ou leurs sœurs, et nous avons, souvent, la consolation de les voir nous quitter le corps guéri et le cœur meilleur. »

Mais, dans ces cœurs qui semblaient vouloir s'animer et s'ouvrir au contact de la charité, Sœur de Jaurias avait l'ambition de faire pénétrer l'amour de Dieu et de la vérité.

Les malades de l'hôpital de Chang-Haï étaient, en grande majorité, protestants. Elle aurait ardemment désiré les convertir tous et les ramener au vrai bercail.

Mais la loyauté et la prudence lui ordonnaient d'agir avec circonspection. « D'ailleurs, écrit-elle, nous sommes surveillées de très près par les pasteurs et leurs femmes. Ils en sont pour leurs frais. Nous ne dépassons jamais les limites de la plus extrême discrétion.

« Nous prions, nous nous dévouons, nous glissons, çà et là, une bonne parole, et nous laissons faire la grâce. »

La grâce agissait parfois, et l'apostolat, en apparence aride, des infirmières de Chang-Haï, n'était pas sans consolations.

« Les catholiques sont bien peu nombreux chez nous; tous meurent bien. Ceux qui guérissent nous quittent dans d'excellents sentiments, et avec la résolution de mieux vivre désormais. »

De nombreux protestants, eux-mêmes, se laissaient toucher par l'abnégation et le dévouement de leurs gardes-malades.

Ils ne savaient guère résister à la suave éloquence de leurs paroles, lorsqu'elles leur parlaient de leur âme, et à la puissance mystérieuse de leurs prières, lorsque, à leur chevet, elles égrenaient le chapelet.

Ils demandaient, la plupart du temps, à professer la foi qui inspire de telles vertus et suscite de pareils héroïsmes. Ils voulaient mourir dans la religion des bonnes Sœurs.

Mais tous les convertis de Sœur de Jaurias ne mouraient pas ; au contraire. La mortalité qui décimait, naguère, la colonie européenne avait considérablement diminué. « Il semble que les épidémies reculent devant nous... Grâce à Dieu, nous en avons assez facilement raison, et nous guérissons presque tous nos malades. »

Ces succès étaient dus, certainement, aux soins inlassables des dévouées infirmières, mais aussi, à la situation, exceptionnellement salubre, de l'hôpital. « Notre maison est un peu petite, mais bien bâtie. Elle domine la rade, et est largement ouverte à l'air et au soleil. »

A cette salubrité, s'ajoutait, comme un élément précieux de guérison, la distraction que procurait aux convalescents l'animation du port et le va-et-vient des navires. C'était, surtout, l'arrivée du bateau des messageries, de cette bienheureuse *malle* apportant sous un pli, fébrilement décacheté, des nouvelles du pays, qui mettait toute la maison en rumeur, ranimait les moribonds, leur faisait monter un peu de sang aux joues et de chaleur au cœur.

» Les jours où la *malle* est attendue, nos galeries se peuplent de tous ceux qui peuvent se traîner. De longues heures, ils scrutent l'horizon. C'est à qui signalera le premier le navire et viendra nous annoncer son arrivée. Nos marins français triomphent en cela ; et ils n'en sont pas peu fiers. »

Sœur de Jaurias avait toujours, parmi ses malades, des marins de tous les pays. Les stationnaires du port, et les navires de guerre ou de commerce, de passage à Chang-Haï, débarquaient les hommes de leur équipage, atteints d'affections contagieuses, ou assez gravement malades pour réclamer des soins particuliers. Les équipages français fournissaient à l'hôpital un contingent, souvent nombreux, et, quelquefois, assez bruyant. La bonne supérieure ne s'en plaint pas, loin de là.

D'ailleurs, religieuses et marins s'entendaient à merveille. Une familiarité, faite de confiance et d'affection, s'établissait vite entre eux. Un geste, un regard, un sourire de la petite Sœur, subjuguaient ces natures frustes, mais bonnes ; et le vieux loup de mer, à l'âme aussi bronzée que le visage, arrêtait net sur ses lèvres, à la vue d'une cornette, le blasphème commencé.

« Ce sont de grands enfants, écrit la Sœur ; ils disent bien, parfois, de vilains mots et ne sont point trop fervents ; ils frondent et gouaillent volontiers ; mais ils sont si gais, si drôles, si loyaux, ils ont si bon cœur, qu'on ne peut pas ne pas les aimer. Ils nous considèrent comme leurs mères, et se laissent, volontiers, dorloter par nous. Une de leurs grandes joies, est de nous rendre quelques petits services. Je les avais priés d'aider à l'ornementation de la chapelle, pour le 15 août. Ils ont fait des merveilles d'ingéniosité et de goût. Ils ont voulu m'en faire la surprise, et ont travaillé en cachette.

« En voyant mon étonnement et ma satisfaction, ils gambadaient de joie, autour de moi, comme des gamins en récréation. »

Malgré les défauts qu'elle leur reconnaît, on sent qu'elle avait un faible pour les petits matelots français, la bonne Sœur française !

Cependant, son zèle d'apôtre trouvait une satisfaction plus grande dans ses rapports avec les soldats irlandais, composant la garnison de la concession anglaise. Mystiques et rêveurs, mélancoliques et silencieux, conservant, au fond de leurs prunelles, comme un reflet d'émeraude, l'image de l'île martyre, ils se montraient plus dociles à l'influence pieuse des Sœurs. Leur foi catholique, enracinée profondément dans leur cœur par la persécution, s'était conservée vivace et ardente. Chassés de leur pays par la misère, ils étaient venus offrir leurs services à la municipalité britannique de Chang-Haï, et, pour faire vivre leur famille, avaient vendu leur sang aux oppresseurs de leur patrie.

Car ces malheureux avaient femmes et enfants.

Dans le quartier irlandais la misère était grande.

Sœur de Jaurias s'attendrit au spectacle de cette fidélité résignée et courageuse. « Nos Irlandais nous donnent bien des consolations. Ils sont si pieux, si simplement religieux ! Pendant que nos Français s'amusent, nos Irlandais prient. Nous nous efforçons de soulager leur misère, et d'y intéresser les âmes généreuses. »

Sœur de Jaurias se consacrait, sans réserve, au service de ses malades européens : c'était le devoir, et elle avait l'habitude de faire toujours, simplement et complètement, son devoir.

Cependant, elle souffrait de ne pouvoir donner aux malheureux Chinois un peu de son temps et de ses soins. Mais, la volonté des administrateurs était formelle, et la race jaune était rigoureusement exclue des divers services de l'hôpital. Une fois, par extraordinaire, elle avait demandé et obtenu la permission de recueillir un malheureux manœuvre chinois, tombé d'un échafaudage, dans le voisinage, et qui s'était brisé la jambe. Dieu avait béni sa charité. Le pauvre homme, touché par la grâce, s'était fait baptiser, ainsi que toute sa famille.

Mais cette tentative n'avait pas été renouvelée. Et cependant, la Sœur n'abandonnait pas son rêve de faire bâtir une annexe à son hôpital, où seraient recueillis et soignés les malades chinois.

Un jour, il lui arriva, devant ses malades, de rêver tout haut. Ceux-ci résolurent de commencer, selon leurs moyens, de réaliser ce rêve. Les Irlandais, les premiers, organisèrent entre eux une souscription, et, quelques jours après, ils apportaient à la bonne supérieure cent cinquante francs, prélevés sur leur misère.

En les recevant, elle pleura d'émotion. « C'est, écrit-elle, l'aumône de pauvres à de plus pauvres. Dieu bénira ceux qui la font, et l'œuvre à laquelle elle est destinée. » Les marins français, un peu humiliés de s'être laissé prévenir et distancer, se hâtèrent de puiser généreusement dans leurs économies, et d'apporter leur contribution, plus forte.

Le désir de Sœur de Jaurias, timidement énoncé, ne tarda pas à franchir les murs de l'hôpital et à être connu dans le quartier européen. Selon toute apparence, il devait y être accueilli avec indifférence, car, c'eût été folie d'espérer vaincre l'insensibilité et le mépris des concessionnaires blancs pour la « vermine jaune ». Il était inouï, en effet, de voir un Européen s'intéresser à un Chinois.

Cependant, après le premier moment de stupéfaction causé par cette proposition inattendue, les esprits les plus prévenus commencèrent à s'habituer à l'idée de bâtir une annexe chinoise ; et la pensée de faire plaisir à la bonne Sœur, bienfaitrice passée ou future, ramena les plus récalcitrants.

Ce fut même, bientôt, dans toutes les concessions, un véritable engouement pour ce projet. Une fièvre de charité brûla les cœurs les plus insensibles et les plus égoïstes.

Deux concerts furent aussitôt donnés, en faveur de l'œuvre projetée. Les grands seigneurs du négoce, européens et chinois, les mandarins, les fonctionnaires indigènes, s'y rendirent en foule. Les grosses fortunes firent de grosses aumônes.

A quelque temps de là, pour augmenter les sommes recueillies, une vente de charité fut organisée. Les rares dames européennes de Chang-Haï s'y employèrent avec ardeur. « Elles ont été jusqu'à passer des nuits à travailler pour notre œuvre. Cependant elles sont toutes protestantes, sauf deux. La plus zélée est la femme du pasteur anglican. Son mari, d'ailleurs, ne tarit pas d'éloges sur l'hôpital et sur les Sœurs.

« Ce qu'il y a de plus touchant, c'est que de pauvres commis ont fait des heures supplémentaires de travail au profit de nos œuvres, et des ouvriers ont confectionné, gratuitement, des objets charmants pour notre bazar. »

Ce changement si surprenant dans les sentiments et les habitudes de la colonie européenne, ravit Sœur de Jaurias, mais ne la laisse pas sans inquiétude : « Nous sommes dans un moment très mystérieux pour moi. Je ne m'explique pas ce que le bon Dieu veut faire. Je ne comprends rien à l'élan qui soulève tout le monde en notre faveur. »

Elle s'effraie à la pensée que le désir de lui être agréable soit, peut-être, la raison principale qui pousse, quelques-uns, à accomplir leur acte de charité. Elle a peur d'usurper la place de Dieu dans le cœur des bienfaiteurs et dans la reconnaissance des pauvres. A cette pensée, son humilité s'effarouche et se révolte. Elle veut purifier les intentions de tous, et s'efforce de les diriger vers un but surnaturel : « C'est la Providence qui fait tout, répète-t-elle à chaque instant dans ses lettres, oui, c'est Elle qui fait tout, et moi je ne suis rien. »

Cependant, elle était trop intelligente et trop perspicace pour n'avoir pas conscience de sa popularité. Mais elle s'efforçait de s'y soustraire, en se tenant dans l'ombre, le plus possible.

A une de ses sœurs, qui lui demandait, depuis longtemps, son portrait, et insistait, avec une obstination qui ne veut connaître aucun obstacle, elle répond : « Je ne puis me résigner à me livrer au photographe. J'ai peur de rencontrer ma figure, un peu partout, dans les maisons où je suis connue. J'aimerais bien mieux y voir un crucifix. »

Grâce à Dieu, grâce au zèle et à la charité de tous, Sœur de Jaurias eut bientôt la consolation de jeter les premiers fondements de la future annexe.

Les murs s'élevaient lentement, sous l'active surveillance de la fondatrice. Elle voyait, dans un avenir prochain, ses chers Chinois accourant en foule lui demander de panser les plaies hideuses de leur corps, et, en même temps, la lèpre, plus hideuse encore, de leur âme, lorsqu'un ordre de ses supérieurs vint l'arracher brusquement à cette consolante perspective. On la réclamait à Pékin.

Elle obéit humblement, mais, ce ne fut pas sans souffrir, qu'elle brisa les liens qui l'attachaient à ses chères fondations de Chang-Haï. « La toute bonne Providence me déplace encore, pour m'envoyer à Pékin, où je vais assistante de la Visitatrice Générale. J'éprouve un immense chagrin d'être obligée de quitter mes bonnes compagnes et mes chers malades. Je les vois tous si désolés! Mais il faut bien vouloir ce que Dieu veut. La voie douloureuse est le chemin du ciel. »

CHAPITRE VIII

PÉKIN — LES MASSACRES DE TIEN-TSIN — LA GUERRE FRANCO-ALLEMANDE

Pékin. — Les trois villes. — Barques et véhicules chinois. —
Mgr Mouly. — L'évêque de Pékin et Napoléon III. — Les
novices indigènes. — L'acupuncture. — Massacres de Tien-
Tsin. — Les Chinois et la guerre franco-allemande. — Le
froid dans le Tché-ly. — La femme chinoise dans la famille.
— Agence matrimoniale. — Les « petits ménages » de
Sœur de Jaurias. — Cérémonies du mariage. — Exploits
de voleurs. — Douleur de Sœur de Jaurias à la mort de ses
compagnes. — Guérison miraculeuse.

« Vous désirez connaître mon opinion sur Pékin? Je vais vous la dire en trois mots : c'est laid,
c'est sale, c'est misérable. »

Cette appréciation de Sœur de Jaurias, laconique
et sévère, n'est point absolument injuste.

Lorsque, des collines du nord-ouest, on voit
s'étendre la plaine où s'élève Pékin, la capitale apparaît comme un immense parc envahi de verdures

luxuriantes, au milieu desquelles on voit poindre
les toitures jaunâtres des maisons basses.

A distance, en effet, la cité se montre colossale
et majestueuse, avec ses deux villes juxtaposées,
sa ceinture de remparts énormes, bouclée, par endroits, de tours massives ; elle apparaît, aussi, délicieusement parsemée d'ombrages, prometteuse de
fraîcheur et de parfums, comme il convient à la
capitale du « Royaume des Fleurs ».

Au centre de la ville, comme le point autour duquel tout gravite, se dresse une colline, appelée la
« Montagne du Charbon ».

Elle est formée d'immenses amas de houille, ac-
cumulés, jadis, en prévision de sièges prolongés.

Sur ses flancs, revêtus par les années d'une
épaisse couche de terre, s'enroulent des parterres
aux fleurs précieuses et étranges, et, au sommet, se
dressent des constructions élégantes, parmi lesquelles se distingue la tour de porcelaine blanche,
qui est considérée comme le Palladium de l'Empire.

Çà et là, tant dans la ville Chinoise que dans la
ville Tartare, s'élèvent, dans un splendide délabre-
ment, les édifices publics et les temples célèbres,
reconnaissables à leurs murs revêtus de faïences
peintes et à leurs toitures superposées.

De loin, il faut le reconnaître, Pékin a grande et
gracieuse allure.

Mais, lorsqu'on pénètre dans la ville par une des

nombreuses portes qui percent les remparts, si
larges, à leur sommet, que deux voitures peuvent
s'y avancer de front, l'enchantement cesse. Une
odeur nauséabonde soulève le cœur ; une laideur
lépreuse attriste le regard ; une misère malpropre
et cynique grouille de tous côtés, et semble impré-
gner de sa hideur morose les êtres et les choses.

Pékin, selon l'expression d'un voyageur, ressemble, surtout dans sa partie purement chinoise,
à un campement de foire immense et mal tenu.

On y rencontre des avenues larges comme des
places publiques, qui se prolongent, sans transi-
tion, en ruelles resserrées et sordides, que le soleil
ne visite jamais. A des vestiges de dallage, souvenirs somptueux de jours prospères, et dont la
résistance au temps et à l'incurie, proclame la perfection du travail primitif, on voit succéder des
ornières jamais comblées, des monticules d'im-
mondices jamais enlevés, des trous larges et pro-
fonds où séjournent, alternativement, des flaques
d'eau en hiver, et, en été, des monceaux de poussière.

Dans ces rues, circule une foule bigarrée et
bruyante : mendiants couverts de loques ou enve-
loppés de vieilles nattes ; commerçants et ouvriers,
en habit de cotonnade bleue ; mandarins, vêtus de
soie et entourés de leur escorte, promenant, au
milieu des manifestations d'un respect distrait,
leurs globules de couleurs diverses ; femmes aux

petits pieds, dirigeant leur marche chancelante et menue à travers les difficultés d'un sol inégal.

Au milieu de cette cohue, se croisent, incessamment, des chaises à porteurs, emportées, à toute volée, par des coolies infatigables ; des palanquins à mules ; des fiacres, car Pékin a ses fiacres, redoutables guimbardes sans ressorts, traînées, au hasard des fondrières, par de petits chevaux mongols hérissés et trapus ; de longues caravanes de chameaux mélancoliques et solennels, descendant des plateaux du Thibet ou remontant vers les steppes ; des chariots ; des brouettes ; voire même, depuis quelque temps, d'audacieuses bicyclettes ; en un mot, tous les instruments de transport, depuis les plus primitifs, jusqu'aux plus luxueux et aux plus modernes.

C'est miracle qu'il ne se produise pas un nombre plus grand d'accidents, qu'il n'y ait pas davantage d'équipages renversés et de passants écrasés. Mais, il semble que cochers et piétons aient fait un pacte avec les nombreux casse-cou des rues chinoises ; car ils passent, en se jouant, dans leur dédale, et paraissent les éviter d'instinct.

Des deux côtés de la chaussée, se prolongent les boutiques. De longues enseignes, aux inscriptions violemment colorées, attirent le regard et sollicitent l'acheteur. Sous des auvents, empiétant sur la rue, ou derrière des vitrines, s'étalent les marchandises offertes. Debout à l'entrée de son magasin, le négociant chinois, obséquieux, attend la pratique.

Parfois, pour arriver jusqu'à lui, il faut enjamber un large fossé, fragment d'égout dont la couverture s'est effondrée, et où coule une eau noirâtre et fétide.

Le commerçant ne paraît pas incommodé par cette odeur ; les clients non plus.

Sous de larges parasols, plantés au milieu de la rue, des barbiers en plein vent tressent les nattes et rasent les crânes, avec un calme et une sûreté de main, que ne parviennent pas à leur faire perdre le tourbillonnement et les heurts de la foule.

Tout à côté, s'installent de petits restaurants ambulants : « Dans une espèce de caisse arrondie, dit Mgr Favier, le restaurateur place sa marmite avec tous ses ustensiles. Il dispose, à l'entour, de petits bancs, et les amateurs d'accourir. Ces affreuses gargotes vendent des détritus de tous genres et les viandes les plus hétéroclites. Mulets crevés, chiens, rats, chevaux malades, intestins d'animaux, tout passe. Pour quelques sapèques, avec cette horrible mixture, on peut apaiser sa faim. »

Les maisons d'habitation s'entassent derrière les boutiques. Elles forment, le plus souvent, des îlots compacts, sillonnés de ruelles, ou plutôt de sentiers malpropres, où l'air ne circule pas et où ne peut pénétrer la lumière. Dans le voisinage, s'étendent de vastes terrains, de grands jardins, d'anciens cimetières, des parcs plantés de beaux arbres. A l'ombre de vastes palais, de pagodes somptueuses, se blottissent des paillotes sordides, étalant cyniquement leur misère. Plus loin, d'anciens monuments en ruine font ruisseler au loin leurs décombres, qui recouvrent, tous les jours, de plus vastes espaces.

A première vue, et eu égard à son étendue, Pékin paraît la ville la plus grande et la plus peuplée du monde.

Il n'en est rien cependant. Les anciens voyageurs lui ont attribué des chiffres de population fantastiques: jusqu'à dix-huit millions d'habitants. De nos jours, elle en compte à peine cinq cent mille.

Pékin occupe un vaste quadrilatère de vingt-quatre kilomètres de pourtour.

Au nord, s'étend la cité Mandchoue, qui se compose, elle-même, de trois villes distinctes, enclavées les unes dans les autres, et séparées par de hautes et larges murailles.

D'abord la Ville Tartare proprement dite, réservée jadis à la race conquérante, et dont le séjour était interdit aux indigènes. De nos jours, cette interdiction est tombée en désuétude; les Chinois y sont, au moins, aussi nombreux que les Mandchoux ; tout le commerce est entre leurs mains.

Au milieu de la Ville Mandchoue s'élève la Ville Impériale ou Ville Jaune, entourée de fortifications imposantes et percées de quatre portes s'ouvrant vers les quatre points cardinaux. Enfin, au centre

de la Ville Jaune, la Ville Violette ou Ville Interdite, composée du seul palais impérial et de ses
dépendances.

La ville Tartare est plus régulièrement percée
que la Ville Chinoise ; elle n'est pas mieux tenue ;
si ce n'est le long des avenues impériales, que re-
lient des ponts de marbre, jetés sur les lacs intérieurs, et autour des légations étrangères. Ces
légations sont, maintenant, ceintes de remparts,
qui en font une nouvelle citée murée, dans l'ensemble des villes qui composent Pékin.

La Ville Chinoise était, jadis, un simple faubourg s'étendant au midi, et réservé aux indigènes.
Un Mandchou serait déshonoré, et rejeté par ceux
de sa race, s'il s'avisait d'y habiter. La population
se compose de Chinois, de quelques rares commerçants européens, et des missionnaires chargés de
l'administration des églises, et que retiennent les
obligations de leur apostolat.

Le faubourg d'autrefois est devenu une immense cité, entourée d'une muraille de huit mètres de hauteur, et percée de sept portes. C'est la
partie de Pékin la plus négligée et la plus misérable ; la plus nauséabonde aussi, malgré le vent
qui souffle du désert de Gobi, sorte de mistral
glacé, qui en balaye perpétuellement les avenues ;
c'est, également, la plus active et la plus commerçante.

Pékin, lorsque Sœur de Jaurias y arriva, possédait plusieurs établissements appartenant aux missions catholiques. Le principal était le Pé-Tang, situé en pleine Ville Jaune, presque sous les murs de la Cité Interdite, et où se trouvaient l'évêché et la cathédrale. Dans le voisinage, Mgr Mouly, évêque de Pékin, avait fait bâtir une maison, confiée aux Sœurs de saint Vincent de Paul, et où étaient établies diverses œuvres de charité.

La Visitatrice Générale de la Compagnie, pour la Chine, y résidait. Sœur de Jaurias, devenue son assistante, vint l'y rejoindre.

Son voyage de Chang-Haï à Pékin ne fut pas sans péripéties et sans fatigues. Il dura douze jours. « Pendant douze jours, écrit-elle, j'ai été trimbalée en bateau à vapeur, en voiture, en barque. Ces barques sont de mauvaises gabares, recouvertes d'un abri en paille tressée. Elles marchent à force de rames ou sont tirées à la corde par des hommes ou des mulets. C'est dire la lenteur avec laquelle on avance. Au moindre obstacle on s'arrête, à la moindre menace de vent ou de pluie on jette l'ancre à proximité du rivage, et on attend, patiemment, que la bourrasque soit passée. Si encore on était installé confortablement ! Mais les voyageurs sont serrés les uns contre les autres, et trouvent à peine un petit espace pour s'accroupir et se coucher. On est empoisonné par une odeur épouvantable, provenant de restes de poissons pourris, logés dans les interstices des planches ;

on est dévoré par une vermine innombrable et féroce.

« Mais, malgré leur incommodité, je préfère encore les barques chinoises aux véhicules chinois. On peut compter ces derniers parmi les instruments de supplice du Céleste Empire. Ce sont de petites guérites en bois, percées de lucarnes grillagées, et posées, à même, sur un essieu reliant deux roues larges et solides. Point de ressorts ; c'est un luxe inconnu ici. Dans ces voitures il n'y a ni sièges ni bancs. On est obligé de s'asseoir sur le plancher les jambes croisées, à la façon des tailleurs. Comme les routes chinoises sont horriblement défoncées, coupées d'ornières et de trous, les pauvres voyageurs sont rejetés violemment d'une paroi à l'autre, au risque de se casser un membre, ou de se broyer le crâne. La voiture où j'ai voyagé, était capitonnée de nattes et de coussins. Malgré cela, la gymnastique que les cahots m'imposaient était tellement violente, que, plusieurs fois, j'ai failli être tuée. Je me suis, alors, procuré un matelas, où je suis restée étendue, comme une infirme. Malgré cela, à la fin du voyage, il me semblait que j'avais les os déboîtés. »

A son arrivée, Sœur de Jaurias trouva Pékin en deuil. L'évêque, Mgr Mouly, venait de mourir.

Cet intrépide missionnaire est regardé comme le second fondateur de la mission de Pékin. Il était entré dans cette ville, pour la première fois, trente ans auparavant, malgré de terribles dangers, déguisé en malade, et porté sur un brancard, « ayant bien soin, dit Mgr Favier, de se laver, tous les jours le visage, avec une forte infusion de thé, afin de le rendre jaune et pâle. »

Sa collaboration au traité de 1860 lui avait donné une grande notoriété dans toute la Chine, et une sérieuse influence à la Cour Impériale. Une seule fois, il était venu en France. « Son arrivée, dit Mgr Favier, fut un événement. Ce bon évêque, à longue barbe, à grosses lunettes chinoises, à l'air un peu dépaysé, était une curiosité ; on se le disputa. Il alla voir l'Empereur, qui, sur l'indemnité de guerre, lui avait alloué une forte somme pour reconstruire les anciennes églises détruites.

« Napoléon III, très affable, et très bien disposé pour ce vieil évêque qui était resté si français, lui dit : « Que pourrais-je faire encore pour vous être agréable ? — Sire, répondit-il, ce serait de me faire reconduire en Chine. »

Les funérailles du saint évêque furent magnifiques : « On n'a jamais rien vu de plus beau à Pékin, écrit Sœur de Jaurias. Toutes les légations européennes y étaient. Le prince Soun y représentait le Fils du Ciel, et répétait à tous, qu'il pleurait l'évêque, comme il aurait pleuré son père. Le cortège était composé de dix mille fidèles et de cinq cents voitures, contenant des dames chinoises chrétiennes. En un mot, ce fut un triomphe pour notre sainte religion. Au milieu de notre douleur, nous étions bien consolées ! »

Dans la maison en deuil, parce qu'elle avait perdu son chef, le travail ne manquait pas. A sa fonction d'assistante de la Visitatrice, Sœur de Jaurias vit bientôt s'ajouter la direction du noviciat des sœurs chinoises. Elle se mit à l'œuvre avec ardeur, et ne tarda pas à conquérir la confiance et l'affection de ses novices. « Je m'attache à leur faciliter l'accès de la vie religieuse, à leur rendre attrayants leurs devoirs futurs et les sacrifices qui doivent les accompagner. Je sens qu'elles répondent à mon action. Par leur docilité, leur piété, leur ardeur pour le bien, elles me donnent bien des consolations, mes petites Sœurs chinoises ! »

Au seuil de cette vie nouvelle, qui s'ouvrait devant elle, et devait se poursuivre, au sein des mêmes œuvres, durant de nombreuses années, Dieu voulut éprouver Sœur de Jaurias, en lui envoyant une terrible et longue maladie.

Au commencement de sa convalescence elle écrit : « C'est à peine si je puis tenir ma plume, mes doigts tremblent, et les mots que je trace dansent devant mes yeux. J'ai vu la mort de bien près. Mes compagnes ne m'ont quittée ni jour ni nuit. C'est, en très grande partie, à leurs soins et à leurs prières que je dois ma guérison, tout-à-fait inattendue. Je m'étais préparée à bien mourir. J'étais heureuse d'aller au ciel, mais j'éprouvais une certaine

peine à abandonner cette pauvre Chine où il y a
tant à faire. Aussi, quand j'ai senti que le bon Dieu
me laissait encore, j'en ai été contente, et je n'ai
pas refusé le travail, puisqu'il est dans les desseins
du bon Maître que je travaille encore !

« J'ai été traitée, avec beaucoup d'intelligence et
de dévouement, par un médecin chinois.

« Il m'a fait avaler des médecines atroces, des
mixtures nauséabondes, dont l'odeur seule soulève
le cœur. Quoiqu'il en soit, il m'a guérie. Il voulait,
paraît-il, me faire l'opération de l'acupuncture.
Mes Sœurs n'ont pas voulu y consentir. »

Cette opération de l'acupuncture, dont Sœur de
Jaurias parle avec tant de sérénité, participe, à la
fois, de la médecine et de la chirurgie. C'est une
des formes, les plus bizarres, de la médication chinoise. Elle consiste à enfoncer, dans certaines parties du corps du malade, de longues aiguilles, parfois rougies au feu.

Cet étrange remède, dont l'application n'offre,
paraît-il, aucun danger, produit, quelquefois, des
résultats merveilleux.

A ce sujet, Mgr Favier raconte le fait suivant :
« Un jour, un missionnaire tombe presque mort
sur la route de Pékin : il avait le choléra. Je me
rends près de lui et le trouve froid, exsangue, sans
connaissance. Deux médecins chinois lui enfonçaient, dans les bras et dans les jambes, des aiguilles en fer, à très grosse tête de laiton tressé.

Le sang ne sortait pas. Enfin, sous les genoux, on lui introduisit une aiguille de plus d'un pouce de long; une gouttelette de sang noir apparut. L'un des médecins dit alors : « Il est sauvé ! » Là-dessus, tous deux allumèrent leur pipe et burent le thé. Le malade ne bougeait toujours pas. Je leur dis : « Mais continuez donc si vous pouvez le soulager, vous voyez bien qu'il va mourir. — Soyez tranquille, répondirent-ils, le sang est sorti, nous avons le temps. » Impossible de les amener à continuer l'opération. Je brûlais d'impatience.

« Enfin, après leur troisième ou quatrième pipe, ils recommencent et font de nouvelles piqûres. Au bout d'un quart d'heure, le malade se dresse sur son séant, comme ressuscité, me regarde et dit : « Où suis-je ? Ah ! c'est vous ! Je fumerais bien une pipe. »

« Bref, j'ai voulu le faire porter, sur une civière, à la capitale, éloignée de douze kilomètres. Alors mes Chinois de dire : « Oh ! vous voulez l'emmener, c'est bien ! Mais il faut prendre quelques précautions. » Sans rien ajouter, ils lui enfoncèrent quatre aiguilles de huit centimètres de long (je les ai mesurées) autour du nombril. Ensuite, je le ramenai à Pékin. Pendant toute la nuit, il dormit paisiblement, et, le lendemain, il était complètement guéri. »

A peine revenue à la santé, Sœur de Jaurias vit s'augmenter ses charges et ses responsabilités : « Notre mère Visitatrice part pour la France. Elle restera absente un an, au moins. Elle me laisse son gouvernement, dont le poids paraît bien lourd à mes faibles épaules. »

Ses appréhensions eussent été bien plus grandes encore, si elle avait pu prévoir que son intérim allait être marqué par de graves événements et attristé par de terribles catastrophes.

Ce fut, en effet, le 21 juin 1870, quelques mois après le départ de Mère Azaïs, qu'eurent lieu les massacres de Tien-Tsin.

Le consul de France, M. Fontanier, M. Thomassin, chancelier de notre légation à Pékin, de passage à Tien-Tsin, avec sa jeune femme, deux missionnaires, dix Sœurs de charité et quelques négociants européens, furent égorgés par la populace soulevée, sous l'œil impassible et complice des mandarins. Les religieuses furent massacrées avec une particulière barbarie :

«... J'ai toujours devant les yeux l'image de mes chères martyrisées. Je les trouve bien heureuses, et cependant je les pleure, car ce sont mes sœurs !

« Elles ont été admirables d'héroïsme et de constance.

« Les incendies du consulat et de la mission les avaient averties du danger. En entendant les cris des forcenés, qui enfonçaient leur porte, elles s'étaient réfugiées dans la chapelle. Là, elles s'étaient communiées, en viatique, de leurs propres mains, afin de puiser dans l'Eucharistie, la grâce

et la force, et aussi, pour soustraire les saintes
espèces aux profanations des bandits. La supérieure, ma Sœur Marquet, s'avança au-devant d'eux
avec beaucoup de courage et de sang-froid. Elle
tenta de les calmer par de bonnes paroles. Elle fut
massacrée la première. Trois de ses compagnes
ont été brûlées vivantes, dans la crypte de la chapelle. Deux ont été empalées au bout de longues
lances, plantées des deux côtés de la grande porte.
Les autres ont été massacrées à coups de sabre.
Leurs corps étaient tellement hachés et déchiquetés,
que lorsque, sous la protection des canonnières
françaises, nous sommes venues pour les ensevelir,
nous n'avons pu mettre dans les cercueils que des
têtes, presque méconnaissables, et quelques lambeaux de membres, qui n'appartenaient peut-être
pas au corps dont ils accompagnaient la tête.
Nous n'avons conservé, comme reliques de nos
martyres, que des morceaux d'habits à moitié
consumés, et quelques chiffons de papier, tachés
de sang, où nous avons reconnu l'écriture de notre
Sœur italienne Marie Andréoni. »

La raison de ces atrocités demeura longtemps
inexplicable, car, on savait que les Filles de la Charité étaient vénérées et aimées à Tien-Tsin par la
population chinoise. On découvrit, enfin, qu'elles
avaient eu pour cause une calomnie ridicule, répandue par les lettrés parmi le peuple, et qui avait
obtenu une créance, d'autant plus grande, qu'elle

était plus absurde. On accusait les Sœurs d'arracher les yeux aux enfants qu'elles recueillaient, pour en composer des philtres et des remèdes. « Et pour le prouver, dit Mgr Favier, on montra, à Tcheng-Héou, des bocaux remplis d'yeux d'enfants qu'on avait trouvés chez elles. Or, c'était, simplement, des petits oignons conservés dans du vinaigre. »

A la douleur causée, à Sœur de Jaurias, par les massacres de ses Sœurs à Tien-Tsin, vinrent bientôt s'ajouter les plus poignantes angoisses à la nouvelle de nos défaites de 1870.

Il faut avoir vécu en exil pour savoir combien la patrie est chère, et quelle place elle tient dans le cœur. Il semble que loin d'elle, on participe plus intimement et plus vivement à ses douleurs, lorsqu'elle est malheureuse, parce qu'elle est une mère, et qu'un fils ne peut rester insensible aux souffrances de sa mère, et, aussi, parce que, en terre étrangère, on se trouve, tous les jours, en contact avec des ennemis ou des indifférents, et qu'on peut surprendre, dans leurs regards, l'expression d'une joie haineuse ou d'une pitié humiliante.

Et, en la circonstance, les Chinois ne se faisaient pas faute de faire sentir aux Français qu'ils les savaient vaincus.

Au moment de la déclaration de la guerre franco-allemande, les négociations étaient entamées, afin de fixer les réparations, dues pour les massacres

de Tien-Tsin. Les négociateurs chinois n'osaient
pas tout refuser, ouvertement, car ils savaient que
les débris de notre puissance étaient encore suffisants pour les écraser, mais, ils ne prenaient plus
la peine de dissimuler leur mauvaise foi et leur
mauvaise volonté.

Le peuple, lui-même, qui connaissait nos défaites, traduisait brutalement, à sa manière, le *væ
victis* : « Depuis que la nouvelle de nos désastres
est arrivée ici, les Chinois nous abreuvent d'ava-
nies. Lorsqu'ils passent devant la Légation de
France ou devant nos établissements, ils crachent
vers le drapeau qui les surmonte, en signe de bra-
vade et de mépris. »

Lorsqu'arrive la nouvelle du siège de Paris, le
cœur de la bonne Française se fend : « Pauvre
France ! Paris assiégé ! Quelle humiliation ! Oh ! je
vous en prie, écrivez-moi, donnez-moi des détails.
Dites-moi que les nouvelles que nous avons reçues
sont fausses, ou tout au moins, exagérées. Si vous
saviez comme nous souffrons de tout cela ! Nous
vivons tous, ici, dans un état qui équivaut à un petit martyre. »

La longue maladie que Sœur de Jaurias avait eu
à subir, à son arrivée à Pékin, n'avait pas laissé
de traces. Malgré son incessant travail et les rudes
soucis de son gouvernement, si lourd de responsabilités, et assombri, dès le début, par de si tragiques événements, la santé de la Visitatrice, par

interim, était devenue florissante : « Je ne me suis jamais si bien portée, écrit-elle ; Dieu mesure les forces au travail. »

Cependant, il était une chose qu'elle redoutait, entre toutes, et à laquelle elle ne put jamais s'habituer, c'était le froid, le terrible froid, qui, pendant quatre mois de l'année, sévit à Pékin : « Est-ce une suite de ma maladie ? Est-ce parce que l'hiver, dans le Tché-Ly, est plus dur et plus long que les hivers que j'ai dû subir à Chang-Haï et Ning-Pô, mais je constate que je suis devenue ridiculement frileuse. Je me sens toute bouleversée et engourdie à l'approche des premiers froids ; il me semble que je vais tomber malade. Je suis obligée de me couvrir beaucoup ; en quelques jours, je deviens énorme et ronde comme une tour. Je mets, sous mes habits, une grosse peau de mouton et des tricots de laine. C'est à peine si je peux me remuer. »

Cependant, malgré cette appréhension du froid, elle se défend énergiquement contre les précautions qu'on veut lui faire prendre, et qui lui paraissent exagérées. A sa sœur, qui avait manifesté l'intention de lui envoyer de la flanelle, pour son usage personnel, elle répond : « Tu auras la bonté de n'en rien faire. De la flanelle ! pense donc ! c'est chose trop chère et trop fine pour ma misérable carcasse ! J'aimerais bien mieux recevoir quelque pièce d'étoffe, bien chaude, pour vêtir mes petits choux de la crèche. »

Sœur de Jaurias n'avait pas tardé à être délivrée, sans l'avoir demandé, des responsabilités de l'administration générale. Elle était revenue, avec joie, à ses œuvres de prédilection : le soin des malades et l'éducation des enfants.

Cette dernière œuvre, surtout, l'attirait et l'intéressait. Elle se souvenait des paroles de son père saint Vincent: « Lorsque vous prenez soin des petits enfants, ne devez-vous pas vous estimer dans un paradis, si vous êtes unies ensemble par le lien d'une vraie charité, puisque vous vous trouvez en la compagnie d'une troupe d'anges, lesquels contemplent, sans cesse, la face du Père qui est dans le ciel. »

Sous sa direction, la maison de l'Immaculée Conception prospérait. Dans son orphelinat, les enfants affluaient; les garçons, un peu clairsemés, les filles, très nombreuses. Il y en avait de tout âge et de toutes tailles, depuis les bébés, encore à la mamelle ou marchant à peine, jusqu'aux grandes, déjà bonnes à marier.

C'est au moment de se séparer d'elles, et de les orienter vers un nouveau genre de vie, que s'affirmait davantage la sollicitude de la bonne Mère. Elle s'efforçait de procurer à ses pupilles un établissement convenable, et d'assurer leur avenir, sur lequel elle n'était pas toujours sans inquiétude : « La situation des femmes chinoises, dans le mariage, écrit-elle, est bien triste, surtout chez les païens. Leur existence n'est qu'un dur esclavage. Elles sont souvent maltraitées par leur mari ; toujours par leur belle-mère (en Chine paraît-il, les belles-mères n'ont pas meilleure réputation qu'ailleurs) ; maltraitées aussi, quelquefois, par leurs enfants, car le respect filial, si en honneur dans le Céleste Empire, n'est dû qu'au père et point du tout à la mère. »

Il est interdit, par l'usage, à cette mère, de s'asseoir à la table de famille. Elle doit manger après son mari et ses enfants mâles, et se contenter de leurs restes. Sa personnalité n'existe pas, et la loi l'ignore. Elle est considérée, simplement, comme l'ombre de son mari, et n'a de valeur que par lui ! Un proverbe chinois lui fait dire : « Si j'épouse un oiseau il faut que je vole après lui ; si j'épouse un chien je dois le suivre à la course ; si j'épouse une motte de terre, je dois m'asseoir à côté d'elle et la garder. »

Le mari a tous les droits sur sa femme, y compris celui de la battre ; et, naturellement, il en use.

D'ailleurs, ceux qui seraient tentés de déroger à cette coutume, s'exposeraient aux railleries et aux quolibets. La femme supporte, sans se plaindre, ces brutalités traditionnelles. D'ailleurs, à qui se plaindrait-elle ? Le législateur n'a pas pensé à elle, et les tribunaux ne sont pas armés pour réprimer les sévices à son égard. Au reste, la femme chinoise ne songe même pas à protester contre la situation qui lui est faite. De longs siècles d'avilissement et de servitude ont déprimé son âme, éteint sa sensibilité morale et même, considérablement atrophié sa sensibilité physique.

La femme, maltraitée par son mari, est exposée à être tuée par lui, sans qu'il soit passible de bien graves châtiments. Le code chinois a des trésors d'indulgence pour les maris meurtriers de leurs femmes.

Mgr Favier raconte le trait suivant : « Il y a quelques années, on put voir, en plein jour, dans la rue Léou-Li-Tchang, une des plus populeuses de Pékin, un furieux trancher la tête à sa femme, avec un couteau de boucher. Plus de mille personnes étaient présentes ; aucune ne se dérangea ni fît un geste pour empêcher le crime. Le mari, paraît-il, ne fut pas inquiété, moyennant le paiement d'une amende de quelques centaines de francs. »

Pour soustraire ses filles à une existence si misérable, Sœur de Jaurias s'efforçait de les faire entrer, de préférence, dans des familles chrétiennes. Mais ces familles ne suffisaient pas à recueillir les nombreuses orphelines que la bonne Sœur avait, tous les ans, à placer.

« Nous avons un certain nombre de nos filles qui ont atteint quinze ou seize ans. Il faut songer à les marier. Le mariage est encore le parti le plus sûr, en Chine, pour une jeune personne qui veut vivre honnêtement. Nous en plaçons tant que nous pouvons, chez des chrétiens, et aussi, quelques·unes, dans des familles païennes honorables, où j'espère qu'elles feront un peu de bien. Les Chinois sont très étonnés que nous ne vendions pas nos filles, comme c'est l'usage. Elles sont très recherchées, car on les sait instruites et bien élevées. »

Mais la grande joie de Sœur de Jaurias était d'unir ensemble deux de ses pupilles, de fonder ce qu'elle appelait : « ses petits ménages. »

« Je tiens, écrit-elle, une véritable agence matrimoniale ; et voici comment :

« Nos garçons, sont mis en apprentissage silôt qu'ils atteignent l'âge de travailler. Les patrons chinois aiment beaucoup à les avoir comme apprentis, car ils sont sages et dociles. Lorsque ces apprentis sont devenus ouvriers, et capables de gagner leur vie, il faut songer à les marier, car le Chinois se marie très jeune. Je leur trouve une femme, facilement, parmi mon petit personnel de candidates au mariage.

« On présente les deux futurs l'un à l'autre ; ils s'acceptent, et on les marie. Aussitôt mariés, nous les installons dans une petite maisonnette, nous leur donnons quelques meubles et quelques outils, et ils sont heureux.

« Il ne faut pas croire, cependant, que la chose se passe aussi vite que je le dis. Le Chinois est très formaliste, et toutes les grandes actions de sa vie doivent s'accomplir selon les rites.

« La cérémonie religieuse, qui se fait la première, contrairement à ce qui se passe en France, est très simple. La cérémonie rituelle chinoise est beaucoup plus compliquée et plus longue.

« La jeune fille, recueillie dans une de nos bonnes familles chrétiennes, y attend que le moment du mariage soit arrivé. Au jour convenu, on procède à la toilette nuptiale de la nouvelle épousée.

« Sur son front, soigneusement épilé, on place un diadème doré, ruisselant de pierreries, fausses, naturellement. Elle porte, comme costume, un grand manteau de satin rouge brodé de soies de diverses couleurs, une robe jaune, des pantalons bleus et des souliers rouges. Autour de sa taille on noue une ceinture, dont les bouts flottants sont garnis de petits grelots. Son visage est fardé à blanc ; ses lèvres et ses sourcils peints en vermillon.

« Lorsque tout est prêt, l'époux se rend, en palanquin, à la maison où se trouve l'épouse. Lorsqu'ils sont en présence l'un de l'autre, ils se font mutuellement un grand salut ; puis, ils se prosternent ensemble devant leurs parents, ou ceux qui en tiennent la place. L'époux fait monter ensuite l'épouse en palanquin et la conduit, en grande pompe, à sa demeure, où il l'introduit par la main. Après quelques prostrations, ils boivent tous deux à la même tasse. Et voilà ! D'après les rites chinois ils sont mariés. »

Mais, ces cérémonies ne pouvaient pas toujours

avoir lieu dans leur intégralité. Elles étaient sup-
primées ou écourtées pendant les deuils publics.
« A Pékin, nous sommes en grand deuil; une des
deux impératrices est morte. Le deuil consiste, ici,
surtout à être sale. Il est défendu, pendant trois
mois, de se raser et de se débarbouiller. Tout le
monde doit être revêtu d'habits blancs. Le petit
cordon qui lie la tresse, est de même couleur. Les
femmes ne mettent plus de fleurs dans leurs cheveux, et les mariages sont interdits pendant un
certain laps de temps. Les gens du peuple doivent
attendre trois mois; les Tartares et les Mandarins
de un à trois ans, selon leur grade. J'ai beaucoup
de filles à marier qui devront attendre trois mois,
et encore faudra-t-il les marier sans musique. »

Sœur de Jaurias restait en relations, constantes
et étroites, avec ses « petits ménages ». Elle allait
les voir souvent, et recevait leurs visites. Le premier jour de l'an chinois, ceux-ci ne manquaient
pas de venir lui offrir leurs vœux.

« Nos garçons et nos filles mariés viennent, en
cette circonstance, me saluer, et me présenter
leurs bébés; car je suis bien des fois grand'mère.
Ils revêtent, ce jour-là, une longue douillette de
soie ou d'étoffe fine. Les hommes saluent jusqu'à
terre, et les femmes se mettent à genoux en disant
en chœur : « To-Kou-guon Pa-chu, Grande fille
vierge, vivez cent ans et plus. »

Les vides laissés par ces mariages dans la petite

famille de Sœur de Jaurias, étaient vite comblés.

« J'ai plus de cinq cents enfants, écrit-elle. La maison est pleine, la crèche surabonde, et, tous les jours, je reçois de nouveaux arrivants. Je ne saurai bientôt plus où mettre tout ce petit monde. »

Dans cette maison qui regorgeait d'habitants, et dont toutes les pièces étaient encombrées, les voleurs chinois, les plus habiles et les plus audacieux de tous les voleurs, réussirent, quand même, à se faufiler. « Un de ces matins j'ai trouvé mon personnel en émoi. Les voleurs sont venus cette nuit. Ils ont emporté peu de choses; nous sommes si pauvres! N'importe, il faut que je les fasse rechercher et punir, pour leur ôter l'envie de recommencer. »

Les voleurs forment, à Pékin, une association nombreuse et puissante, dont les chefs exercent une autorité incontestée. Ils opèrent, en bande ou isolément, avec une dextérité merveilleuse. Ils sont rarement pris, car les mandarins chargés de réprimer leurs exploits sont, la plupart du temps, leurs complices.

Parfois, cependant, ils éprouvent quelques déboires. « Une nuit, raconte Mgr Favier, une bande attaqua un Mont-de-Piété, en dehors de la porte Tsien-Men. Les voleurs croyaient tout le monde endormi. Ils pratiquèrent un trou dans la muraille. Lorsqu'il fut assez large, un des plus jeunes de la bande s'y introduisit, les pieds en avant, comme c'est la coutume, et fut tout étonné de se trouver arrêté. De l'intérieur, on lui avait écarté les deux jambes, et il ne pouvait plus sortir. Ses compagnons vociférèrent de terribles menaces, sans faire céder les gens du Mont-de-Piété. Alors, de crainte d'être trahis par leur complice, ils lui coupèrent la tête et l'emportèrent. »

Sœur de Jaurias ne retrouva pas ses voleurs, mais elle rentra en possession des objets qui lui avaient été dérobés. « J'ai été voir le mandarin chargé de la police de notre quartier. Je lui ai dit que je le rendais responsable du vol dont nous avions été victimes. Je l'ai menacé de me plaindre au chargé d'affaires de France, qui s'adresserait à l'Administration supérieure. Le lendemain, tout ce qui m'avait été soustrait m'était exactement restitué. Je n'en ai pas demandé davantage, et ai laissé mes voleurs aller se faire pendre ailleurs. »

Ces petits incidents, et les petits ennuis qui en résultaient, n'altéraient pas la sérénité de Sœur de Jaurias. Elle les accueillait en souriant. C'était son pain quotidien de supérieure.

Mais, il y avait une sorte de peine que son cœur se refusait à accepter volontiers, et à laquelle, cependant, une longue et fréquente expérience aurait pu l'habituer : c'était de voir mourir ses compagnes.

L'affection mutuelle est le lien très doux qui unit, entre elles, les Filles de la Charité, et fait de

leur Compagnie un paradis sur terre. Elles aiment
Dieu et les pauvres, et elles s'aiment, en Dieu, dans
le service des pauvres. Et le bonheur que leur pro-
cure cette affection mutuelle est si grand, qu'il
n'est rien sur terre qui lui soit comparable.

« Qu'aimeriez-vous mieux, demandait M. Vincent
à une de ses filles, être une grande reine ou une Fille
de la Charité? » Et la Sœur de répondre avec élan :
« J'aime bien mieux être Fille de la Charité, mais j'y
trouve tant de satisfaction, que j'ai crainte pour
mon salut ! » Et le bon Père reprit, en souriant :
« Acceptez le don de Dieu. »

Lorsque la mort s'introduit dans une famille si
unie, et vient frapper un de ses membres, elle
plonge les autres dans une profonde douleur.

Sœur de Jaurias ressentait cette douleur plus
vivement que toute autre. Elle avait cela de commun avec la vénérable Louise de Marillac, qui, en
apprenant la mort de ses filles, éprouvait un tel
chagrin, qu'elle en tombait malade. M. Vincent
était obligé de lui écrire : « Je vous prie de ne
vous point laisser aller à la douleur. Pratiquez
l'acquiescement à l'aimable bon plaisir de Dieu.
J'avoue que cela est facile à dire ; mais les larmes
de Notre-Seigneur sur Lazare nous en font voir la
difficulté. Si vous pleurez, que ce soit peu, et, après
cela, fortifiez-vous. »

A peine installée à la maison de l'Immaculée-
Conception, Sœur de Jaurias vit trois de ses com-

pagnes emportées, à quelques jours de distance, par le typhus. « Mon cœur est brisé, et j'ai bien besoin de la force d'En Haut. Je viens de perdre trois de mes Filles de la fièvre typhoïde. N'y a-t-il pas de ma faute? Les ai-je soignées comme me l'imposait mon devoir de mère? Il me le semble ! Si une des ouvrières du bon Dieu succombait à la tâche, à cause de ma négligence, je ne m'en consolerais pas. Une quatrième a été à l'agonie, elle a reçu les derniers sacrements, et nous lui avons récité les prières des agonisants, pendant lesquelles, je la tenais dans mes bras, mettant une main sur son cœur pour voir s'il battait encore. Enfin, le Bon Maître a eu pitié de moi, et m'a rendu cette chère Sœur, qui est en pleine convalescence. »

Et la bonne Mère ajoute : « C'est dans ces pénibles circonstances que le « fiat » devient difficile. Cependant il faut bien se soumettre à la volonté divine, et dire comme Job : « Dieu me les avait données, Dieu me les reprend, que son saint nom soit béni. »

Dieu ne les lui prenait pas toujours et, une fois, il daigna lui rendre l'une de ses Filles, par l'intercession de la vénérable Louise de Marillac, d'une façon que l'on peut qualifier de miraculeuse.

Voici le récit qu'elle nous en fait, sincère et véridique:

« Je viens d'avoir une grande consolation. Une de mes compagnes, d'une santé délicate, était très

souvent malade, cet hiver surtout. Depuis trois
mois elle gardait, presque toujours, le lit ou la
chambre et ne pouvait rien faire. L'anémie la mi-
nait lentement. Elle était si faible, qu'elle ne pouvait rester plus de deux heures sans prendre un
peu de nourriture, qu'elle rejetait le plus souvent.
Elle était dans un état très pénible pour une Fille de
la Charité, car elle ne pouvait pas travailler. A l'approche du 15 mars, anniversaire de la mort de
notre Fondatrice Louise de Marillac, notre malade
se sentit inspirée de faire une neuvaine, pour demander de pouvoir encore se dévouer pour les
pauvres. Dès les premiers jours de la neuvaine, elle
fut encore plus souffrante qu'à l'ordinaire.

« Dans la nuit du cinquième au sixième jour, elle
sentit comme un craquement subit dans la poitrine.
Il lui semblait qu'on la débarrassait d'un poids
énorme. Le matin, à quatre heures, au lever de la
communauté, elle descendit à la chapelle, ce qu'elle
n'avait pu faire depuis de longs mois. Lorsque
j'entrai, elle s'approcha de moi et me dit joyeusement : « Je suis guérie. » En la voyant, à la chapelle, à cette heure, je fus si surprise que je la crus
en proie à un accès de fièvre chaude. Je lui dis :
« Allez vous coucher, ma pauvre petite, vous avez
perdu la tête. »

« Elle n'avait point perdu la tête, et elle était vraiment guérie. Maintenant, elle se porte à merveille.
Il y a des années que nous ne l'avons vue aussi

forte et alerte. Le bon Dieu nous fait bien des grâces ; tâchons de les mériter ! »

La bonne supérieure aimait tellement ses Filles, qu'elle semble ne voir en elles que des qualités. Dans ses nombreuses lettres, elle parle souvent de ses compagnes, et elle en parle toujours avec une admiration, dont la persévérance ne peut s'expliquer, que par la grande et maternelle affection qu'elle leur portait. « Lorsque, écrivait-elle, je vois mourir une de mes Sœurs, il me semble toujours que c'est la meilleure que je perds, et lorsque je me retrouve avec les autres, si affectueuses, si zélées, si pieuses, il me semble que j'ai été injuste, et que ce sont les meilleures qui sont restées. »

Mais ces douloureuses fauchées, faites par la mort dans les rangs des Filles de la Charité, n'étaient pas capables d'arrêter l'élan des survivantes. Après avoir pleuré sur la tombe des ouvrières, tombées en plein travail, elles repartaient, courageuses et infatigables, sillonnant en tous sens le champ du père de famille, doublant leur tâche pour remplacer les disparues, et n'hésitant pas à entreprendre le défrichement d'une parcelle, encore inexplorée et inculte.

CHAPITRE IX

FONDATION DU DISPENSAIRE DU JEN-TSE-TANG ET D'UN HOPITAL A PÉKIN

Le dispensaire du Jen-Tse-Tang. — Dureté de cœur des Chinois. — Fondation d'un hôpital. — Pékin la nuit. — Les mendiants. — Causes de la misère : la surpopulation, la passion du jeu. — Chrétien qui joue sa femme. — Pauvres, morts de froid. — Expulsion des vagabonds. — Le Kan. — Mines de houille. — Fondation d'une succursale du Jen-Tse-Tang. — Sœur de Jaurias et les églises. — Son respect du sacerdoce. — Le synode de la région du nord. — La soutane de l'Evêque. — Mgr Tagliabüe. — Dévotion pour les âmes du Purgatoire. — Voyage en France. — Souhaits du retour. — Retraites annuelles. — « Attendre et prendre patience ». — Incendie. — Les pompiers chinois.

Le 16 novembre 1871 Sœur de Jaurias écrivait : « Nous venons de commencer la fondation d'un petit hôpital. Il paraît que cela ne plaît pas au démon, car il nous suscite bien des difficultés. Mais nous ne perdons pas courage. Le Bon Dieu est content ; peu nous importe le reste. »

A la maison de l'Immaculée-Conception, selon la

tradition des Filles de la Charité, était adjoint un dispensaire. Il était tous les jours assiégé. Les malheureux venaient en foule raconter leurs souffrances, exposer leurs maladies, et recevoir quelques remèdes. Ils venaient, plus nombreux encore, solliciter le remède à ce mal, le plus commun en Chine, et qui fait tant de victimes : la faim.

Et, en dressant le bilan de l'année écoulée, Sœur de Jaurias pouvait écrire ces chiffres prodigieux : Malades soignés au dispensaire : 28.740; repas distribués aux pauvres : 69.203

Sa grande humilité lui faisait dire cependant : « Je ne fais pas la moitié du bien que je devrais faire. Ce n'est pas la faute de la Providence. Elle est ma ressource, et je puise à pleines mains dans ses greniers. Mon Père saint Vincent a fait tant de bien avec les fonds de cette bonne Mère! Mais il était saint! Voilà le secret de ses prodiges de charité. Et moi, son indigne fille, je suis pécheresse; je ne mérite pas d'être l'instrument du Bon Dieu, mais j'espère et j'ai confiance. »

Pour faire tant de choses, Sœur de Jaurias n'avait à sa disposition que quelques secours de la Sainte-Enfance, et les aumônes que lui envoyaient de France ses parents et amis.

Mais, ces maigres ressources étaient administrées avec tant de prudence et d'économie, qu'elles suffisaient à tous les besoins. Peut-être, aussi, la divine Providence collaborait-elle, un peu, avec la bonne Sœur. Car, on ne peut s'expliquer cette incompréhensible multiplication de sapéques et de grains de riz, qu'en se souvenant que l'humble supérieure travaillait pour la gloire de Celui qui avait multiplié les pains dans le désert.

Sœur de Jaurias savait, en effet, qu'elle ne pouvait compter sur la générosité des riches Chinois. Outre qu'ils n'étaient pas chrétiens, et que son influence sur eux était à peu près nulle, ils restaient absolument rebelles à toute idée de pitié et de bienfaisance.

« En Chine, nous ne pouvons demander aux riches. Ils ont le cœur dur, et ne comprennent pas que nous fassions du bien à nos frères pour l'amour de Dieu ; comme toutes les âmes vénales et basses, ils nous soupçonnent de chercher, en cela, un intérêt matériel. »

Les riches ne sont pas les seuls, d'ailleurs, à être insensibles aux souffrances de leurs semblables. Les pauvres, eux-mêmes, ne songent pas à s'aider mutuellement. Et, ce n'est pas en Chine que se vérifie l'adage, un peu paradoxal peut-être : « Heureusement pour les pauvres, qu'il y a des pauvres ! » Ils ne se rendent entre eux aucun service.

Sœur de Jaurias cite un exemple de cette insensibilité, dont elle fut témoin à Ning-Pô. « Les rebelles ont fait sauter une poudrière. Parmi les hommes qui la gardaient, neuf ont été tués, et une vingtaine d'autres grièvement blessés. Tous sont restés étendus au milieu des décombres. Parmi la foule des curieux, attirés par l'explosion, il ne se trouva personne pour songer à relever ces malheureux. Notre bon Frère coadjuteur, qui passait par là, proposa aux survivants de les conduire à l'hôpital des Sœurs. Ils acceptèrent avec reconnaissance ; mais, quand il s'agit de les transporter, tout le monde se récusa. On s'approchait d'eux, et on les regardait en disant : « Il ne vaut pas la peine de les soigner, on ne les sauvera pas ; c'est du temps et de l'argent perdus. » Le pauvre Frère fut obligé de nous les porter, lui-même, les uns après les autres, sur une brouette. »

Parmi les malades qui défilaient dans le dispensaire du Pé-Tang, beaucoup étaient dans l'impossibilité de continuer, chez eux, le traitement commencé par la Sœur infirmière, parce que leur chez-eux n'était le plus souvent, qu'une misérable paillotte, ouverte à toutes les intempéries, ou même, quelquefois, parce qu'ils n'avaient pas de chez-eux.

« Si vous parcourez Pékin, la nuit, dit Mgr Favier, vous apercevrez, peut-être, dans un coin, un paquet de loques. Approchez-vous, heurtez du pied cette masse informe, et vous la verrez s'agiter et grouiller. Toute une famille dort là, pêle-mêle, enveloppée dans une vieille natte. »

Un hôpital était nécessaire pour recueillir, dans

leurs maladies, ces sans-gîte. Sœur de Jaurias encouragée par l'évêque, Mgr Delaplace, entreprit de le fonder.

A peine installé, il fut pris d'assaut. « J'ai le cœur navré. Le seuil de notre hôpital est, tous les jours, encombré. Il y a des malheureux qui attendent, des semaines entières, qu'un de nos malades sorte, guéri où mort, pour prendre sa place. Lorsqu'une vacance se produit, ils se battent pour l'occuper. Nous n'avons que cent lits ; il nous en faudrait, au moins, mille. »

La misère et la famine règnent, à Pékin, à l'état endémique ; les meurt-de-faim y sont légion. « Les mendiants, dit Mgr Favier, y forment une corporation nombreuse et puissante. Ils obéissent à un chef qui porte le titre, ironiquement poétique, de « Roi des Enfants des fleurs ». Chaque bande a son quartier, d'où elle ne sort pas. Nul ne peut se soustraire aux importunités de ces parasites. Ils se placent devant les boutiques, et font un tapage infernal, jusqu'à ce qu'on leur ait donné une aumône. Si on les rudoie, ils crient encore plus fort et font une émeute. Il arrive même, quelquefois, que l'un d'eux se pend à la porte de la boutique, dont le patron, grâce à la terrible loi de la responsabilité, se trouve ruiné. C'est une puissance et une plaie. »

Le cynisme de leur audace s'explique par l'excès de leur misère. Ce sont de perpétuels affamés. Tout leur est bon pour apaiser leur faim. « Les pauvres, dit Mgr Favier, sont les concurrents des corbeaux, des milans et des chiens, ces agents-voyers de Pékin. Comme eux, ils cherchent leur nourriture dans les détritus de la rue. Rien d'écœurant comme de voir des misérables sans vêtements, disputer aux chiens un os ou un morceau de viande pourrie. Souvent, ils profitent de leur voracité, pour jeter un nœud coulant au cou de ces malheureuses bêtes, puis, ils se sauvent en les traînant, jusqu'à ce qu'elles soient étranglées. C'est un bon repas en perspective. »

Les causes du paupérisme, en Chine, sont multiples.

La race chinoise est une race admirablement prolifique. Dans les villes, aussi bien que dans les campagnes, les naissances dépassent, de beaucoup, les décès; aussi la surpopulation est-elle considérable. Les professions sont encombrées, et la propriété morcelée à l'infini. Nombreux sont ceux qui vivent, au jour le jour, des bénéfices d'un petit commerce, ou des récoltes d'un petit champ. Qu'une inondation ou une sécheresse surviennent, détruisant les moissons ; qu'un incendie éclate, brûlant les boutiques et les outils, et, aussitôt, le cultivateur sans économies, le commerçant, l'ouvrier sans crédit, sont ruinés.

A ces fléaux viennent, souvent, s'ajouter les guerres ou les insurrections, au cours desquelles, insurgés ou réguliers vivent sur le pays, et le rançonnent savamment. Là où ils ont passé, il ne reste plus rien.

Alors, s'organisent de grandes bandes, de véritables armées de mendiants, qui s'en vont, surtout dans les villes, chercher de quoi soutenir leur misérable existence.

Beaucoup, tombent d'inanition et meurent en chemin ; et, il n'est pas rare de voir les routes du Céleste Empire jalonnées de cadavres squelettiques. On passe à côté d'eux sans s'émouvoir, tant on est habitué à ces horribles spectacles.

Mais, une des principales causes de la misère, en Chine, c'est la passion du jeu. Un Chinois, mourant de faim, et ayant mendié quelques sapèques, songera plutôt à les jouer qu'à en acheter un peu de riz. Tout sert d'enjeu à ces joueurs effrénés. Quand ils ont perdu tout leur argent, ils jouent leurs champs, leur maison, leurs habits, leur liberté, et, quelquefois, leur femme.

« Un jeune homme, raconte Mgr Favier, quoique chrétien, avait joué sa femme, qui n'avait pas vingt ans, contre un enjeu de dix-huit francs environ, et l'avait perdue. Le missionnaire, prévenu, paya la dette et rendit la jeune femme à sa mère. Quelques mois après, elle avait rejoint son mari, et l'on ne pourrait affirmer que celui-ci ne l'ait pas jouée, et perdue de nouveau. »

Lorsque, à la maladie et à la faim, s'ajoute le

terrible froid de Pékin, le sort des pauvres devient épouvantable.

Pendant quatre mois de l'année, en effet, dans la capitale de l'Empire du Milieu, le thermomètre oscille entre 14 et 18 degrés au-dessous de zéro ; alors que, l'été, il monte jusqu'à 40. Le vent du nord, le vent de Mongolie, sec et glacial, souffle, presque sans discontinuer, sur la ville.

Les canaux et les fleuves sont pris par la glace, en décembre, pour ne dégeler qu'en mars.

Pendant ces quatre mois, chaque matin, on trouve dans les rues de Pékin, de nombreux cadavres de pauvres. Les malheureux, morts de froid, se comptent par centaines. « Une de nos Sœurs chinoises vient de me dire que sa mère a trouvé, ce matin, dans un jardin lui appartenant, sept cadavres de pauvres gens tués par le froid. »

« L'autre jour, raconte encore la Sœur, je revenais de notre hôpital, le cœur navré. Une centaine de malheureux m'avaient longtemps poursuivie, cherchant à m'apitoyer, et à obtenir une admission, hélas! impossible, en agitant, devant mes yeux leurs membres gelés et déjà envahis par la gangrène. Je voyais, depuis un moment, un homme qui marchait devant moi, en titubant. Il tombait, se relevait, chancelait un instant sur ses jambes, puis retombait. Je crus avoir affaire à un ivrogne. Lorsque je passai à côté de lui, il m'appela; je m'approchai.

« C'était un pauvre vieillard, chassé de son village par la misère, et qui n'avait pas mangé depuis trois jours. Il tombait de faiblesse et d'inanition. Après l'avoir restauré par un bon repas, je lui ai fait une petite aumône. S'il ne m'avait pas rencontré, il serait mort sur place. Ceux qui passaient auprès de lui, ne le regardaient même pas. »

Ce n'est pas, cependant, la faute de l'administration municipale, si les malheureux meurent de froid dans les rues. Des ordres sont donnés pour débarrasser la ville, pendant la nuit, des meurt-de-faim et des sans-abri, que le désespoir peut pousser au crime, et dont la présence est, pour les habitants, une cause d'inquiétude et d'insécurité.

« Il existe à Pékin, écrit la Sœur, un usage barbare, dont je ne peux entendre parler sans indignation. Les pauvres, qui n'ont pas de logis, cabane, paillote ou tente, n'ont pas le droit de rester dans la ville. Tous les soirs, des satellites parcourent les rues, armés de fouets, et chassent hors des remparts tous les malheureux qu'ils rencontrent. Ces infortunés couchent dans les champs, et, c'est miracle, qu'ils ne meurent pas tous de froid. » Et la bonne Sœur répète le refrain qui revient si souvent sous sa plume : « C'est bien du. pour une Fille de la Charité, de ne pouvoir soulager toutes ces infortunes. »

Aussi ne peut-elle s'empêcher de protester contre

le désir d'une de ses sœurs qui, lui envoyant une somme d'argent, lui demandait de l'employer à son usage personnel. « Tu veux que je l'emploie pour moi ; juge si j'en aurais le courage, moi qui ne manque de rien, et qui vois tant d'infortunés qui meurent de froid et de faim.

« Par l'horrible température qu'il fait ici, il vient souvent des malheureux qui n'ont qu'un habit de calicot sur le dos, tout élimé et déchiré. Imagine-toi ce qu'ils doivent souffrir. Moi qui suis couverte de peaux de mouton, je grelotte. Il est vrai que beaucoup meurent gelés. Oh ! ne m'enlève pas le bonheur de secourir et de soigner Notre-Seigneur, dans la personne des pauvres. »

Les Chinois, pour se mettre à l'abri du froid, contre lequel les défendent mal les murs trop minces de leurs maisons, ont inventé un système de chauffage, ingénieux et simple, qu'ils appellent le Kan.

Le Kan est installé partout, aussi bien dans les palais des grands mandarins, que dans les logis modestes des gens du peuple. Sœur de Jaurias le décrit en ces termes : « Le Kan est une large table, en maçonnerie, qui tient tout un côté de l'appartement. Au-dessous, on allume un peu de houille, et des tuyaux sont disposés pour répartir, également, la chaleur ou plutôt la fumée, à toute la surface de la maçonnerie. Ce même feu, sert à chauffer la maison et à faire cuire les aliments.

Pendant l'hiver, les Chinois s'établissent sur le
Kan, accroupis sur leurs talons, et ne le quittent
plus. C'est là qu'ils travaillent, qu'ils se reposent,
qu'ils mangent, qu'ils dorment. Les visiteurs viennent s'asseoir sur le Kan. C'est, sur les quelques
mètres carrés de ce calorifère, que se déroule la vie
hivernale du Chinois. »

Malgré l'économie qui résulte de ce système, il
arrive, parfois, dans les familles peu fortunées, que
le Kan reste froid. Certaines années, le combus-
tible est rare et cher. « Nous avons, écrit Sœur de
Jaurias, en 1880, une affluence extraordinaire d'enfants et de pauvres. Nous aurons, je crois, beaucoup de peine à nourrir, et surtout à chauffer tout
ce monde. Le charbon, cette année, est d'un prix
inabordable. »

Cette disette intermittente tient, non à l'absence
de gisements houillers, car, non loin de Pékin, les
mines sont nombreuses, mais aux défectuosités de
l'exploitation. « Pour exploiter une mine, dit
Mgr Favier, on creuse un chemin souterrain
descendant, en pente douce, jusqu'aux filons. Des
hommes, une lampe attachée au front, se glissent,
sans aucun vêtement, dans ces tanières, dont les
parois et la voûte sont à peine soutenues par de misérables poutrelles, et reviennent, portant à dos,
ou traînant après eux, un bloc de charbon. Ces
malheureux gagnent, à peine, un franc cinquante
par jour, et trois ans de mine tuent un homme. »

Depuis plusieurs années, quelques rares mines sont exploitées avec les perfectionnements européens, et sont reliées à la capitale par un chemin de fer. Elles appartiennent à la famille du fameux vice-roi Li-Hong-Tchang.

Encouragée par Mgr Delaplace, sœur de Jaurias avait fondé un hôpital à Pékin, qui, malgré son insuffisance, faisait le plus grand bien. Pour obéir à un désir de Mgr Tagliabüe, elle n'hésita pas à entreprendre, en 1885, une fondation nouvelle : « Nous allons commencer une autre maison de charité, qui dépendra de la nôtre. C'est Monseigneur qui en est l'inspirateur et le promoteur. Elle est placée, à la campagne, à proximité de Pékin. L'eau y est excellente et l'air très pur. Nous y transporterons nos enfants malades ; nous y établirons un autre dispensaire, et nous y aurons, j'espère, de nombreux baptêmes de nos petits moribonds. Nous y installerons, aussi, notre buanderie, qui est très considérable, à cause du linge des églises de Pékin que nous avons la consolation de soigner. »

Sœur de Jaurias, considérait, en effet, comme un honneur et une consolation, d'avoir à s'occuper des églises et des objets servant au divin sacrifice. Elle y mettait un grand zèle.

Sa discrétion était extrême ; elle ne savait pas mendier, et, très rarement, elle demandait pour ses œuvres. Mais, lorsqu'il s'agissait de l'ornementation des églises, elle n'hésitait pas à tendre la main. Elle trouvait qu'il n'y avait jamais assez, et que rien n'était trop beau pour le Bon Dieu. « Nous avons, écrit-elle de Ning-Pô, une lampe de sanctuaire, vieille et lourde. Une de ces nuits, elle est tombée et s'est brisée. Je serais bien heureuse, si quelqu'un avait la pensée de m'en offrir une autre. »

« Il y a, écrit-elle encore de Pékin, une jolie petite église de paroisse sous le vocable de Saint-Michel ; elle est très pauvre en ornements et en linges d'autel, pour mieux dire, en tout. Peut-être aurez-vous la charité de m'envoyer quelques corporaux et purificatoires, ou un peu de toile pour en faire. »

A ce culte pour la maison de Dieu, Sœur de Jaurias joignait, tout naturellement, une profonde vénération pour ceux qui en sont les gardiens et les ministres. Elle avait, au plus haut degré, le respect du sacerdoce. Dans le prêtre, elle ne considérait que son caractère sacré et sa mission surnaturelle.

Auprès de cet autre Jésus-Christ, elle acceptait, avec bonheur, le rôle de Marthe.

Lorsqu'elle était à Ning-Pô, elle voyait, chaque jour, descendre, des provinces centrales, des missionnaires chassés de leurs résidences. Ils arrivaient, débilités par les privations ou minés par les maladies. Elle implore la pitié en leur faveur : « Vous feriez une bonne œuvre en m'envoyant un peu de vin et d'eau-de-vie pour ceux de nos missionnaires qui viennent ici, de l'intérieur. Ces malheureux ne tiennent pas debout. Ils vivent, uniquement, de riz et de poisson salé, et ne boivent que de l'eau. Quelquefois, ils passent plusieurs jours sans manger, fuyant devant leurs persécuteurs, car ils sont traqués comme des bêtes fauves. Ce sont de vrais confesseurs de la foi. »

En 1892 s'assembla, à Pékin, le grand synode pour la région du Nord. Les évêques qui y assistaient vinrent, à tour de rôle, visiter le Jen-Tse-Tang. Sœur de Jaurias apprécie grandement cette faveur. « Le synode, écrit-elle, se compose de huit évêques et d'un abbé mitré de l'ordre des Trappistes. Ces bons prélats sont de l'intérieur. Il y en a trois de Mongolie, un de Mandchourie ; les autres viennent des provinces du nord de la Chine. Ils sont tous venus nous dire la messe, dans notre chapelle, et, après, ils voulaient bien accepter une tasse de café. Il me semblait servir les Apôtres. Le récit de leurs épreuves est effrayant, et donne une idée de leurs mérites et de la récompense qui les attend. »

Sœur de Jaurias saisissait, avec empressement, l'occasion de se dépouiller pour ces hommes, dont elle admirait la vie et les œuvres.

« Le beau châle que tu m'as envoyé, écrit-elle à une de ses sœurs, a reçu une destination que tu ne supposais pas. Monseigneur m'a envoyé une de ses soutanes, pour la réparer. Mais elle était si

usée que je ne voyais pas le moyen de la remettre
en état. J'en ai fait une neuve avec mon châle. Je
ne pouvais pas mieux l'employer qu'à vêtir un
saint. »

Ce qualificatif, si difficile à mériter, Sœur de
Jaurias, malgré sa réserve et sa circonspection habituelles, n'hésitait pas à l'appliquer aux divers
évêques de Pékin, sous la direction desquels elle
avait travaillé : Mgr Mouly, Mgr Delaplace, Mgr Tagliabüe, Mgr Sarthou. A leur mort, elle les pleure
comme des bienfaiteurs, et elle les prie comme des
bienheureux. Sa douleur est vive et profonde, et
c'est, à chaque instant, qu'on en rencontre l'expression dans sa correspondance.

Mais la mort de Mgr Tagliabüe lui fut sensible
entre toutes : « J'ai le cœur brisé ! Quelle perte je
viens de faire ! C'était mon soutien et mon conso-
lateur. Lorsque j'avais quelque difficulté, il me disait en souriant : « Notre-Seigneur frappe à votre
porte avec sa croix. » Jamais l'adorable Crucifié
n'avait donné à ma porte un aussi douloureux coup
de croix.

« Je réclame, pour mon évêque, des prières,
beaucoup de prières. Il le mérite, car quand il était
sur la terre, il avait un grand amour pour les âmes
du Purgatoire. Il célébrait souvent, en leur faveur,
le Saint-Sacrifice. Je me rappelle, qu'à la mort de
ma sœur Elisabeth, il a dit, ou fait dire, cent
messes pour le repos de son âme. »

Sœur de Jaurias professait que l'affection qui s'arrête au seuil de la tombe n'est pas la véritable. Aussi ne manquait-elle pas d'accompagner de ses prières les âmes de ses proches, qui entraient dans leur éternité. « Tous les jours, je prie pour les âmes que j'aime, et, toutes les fois que je le peux, je fais célébrer la messe pour elles. C'est avec bonheur que je vois combien les miens sont fidèles à cette dévotion. »

Les petites orphelines du Pé-Tang connaissaient les prédilections de leur bonne Mère. Aussi, lorsqu'un deuil de famille venait la frapper, mues par une pensée touchante, elles n'hésitaient pas à consacrer leurs petites économies à faire célébrer quelques messes pour l'âme que pleurait la Sœur. « J'avais recommandé celui que nous avons perdu à mes petites filles. Aussitôt, elles se sont cotisées, et ont réuni l'honoraire de deux messes. J'étais émue jusqu'aux larmes. Je ne voulais pas accepter, mais je les ai vues si tristes que je n'ai pas persisté dans mon refus. Dieu aura cette offrande pour agréable. C'est vraiment le denier du pauvre ; car ces chères petites n'ont point d'argent, sauf quelques sapèques qu'on leur donne, de loin en loin, comme récompense. En une seule fois, elles ont sacrifié toute leur fortune. »

Il semble, qu'en récompense de ce grand amour pour les âmes souffrantes, Dieu ait donné à Sœur de Jaurias un espoir, qui ressemble fort à une certitude, concernant l'avenir éternel de ceux qui lui furent chers. « Je crois que le bon Dieu, qui a promis le ciel aux hommes de bonne volonté, n'a damné aucun des miens. Mais ils sont peut-être en Purgatoire. Oh! comme je vais prier pour les en tirer! »

En partant pour la Chine, Sœur de Jaurias avait fait, douloureusement mais héroïquement, le sacrifice de ses affections les plus légitimes. Elle n'espérait pas revoir, sur cette terre, ceux qui lui étaient unis par les liens du sang; elle leur avait donné rendez-vous dans l'éternité.

Mais, la Providence en avait décidé autrement. En 1882, une dépêche appela en France la supérieure du Jen-Tse-Tang. On avait besoin de son expérience et de son jugement pour l'examen et la conclusion d'affaires importantes concernant les communautés de Chine. De plus, sa santé, trop longtemps négligée, réclamait un peu de repos et quelques soins.

Après un séjour, assez long, à Paris, elle eut la consolation, en se rendant à Luchon, de revoir sa maison paternelle, qu'elle avait quittée depuis trente-huit ans. « Nos vénérés supérieurs veulent bien faire une exception pour moi, à cause de mon long séjour à l'étranger, en me permettant d'aller vous faire une petite visite. Je leur en suis vivement reconnaissante. Je suis heureuse de vous revoir, encore une fois, ici-bas. »

Trois mois plus tard, elle s'embarquait de nouveau. « Je souffre, écrivait-elle, comme à mon premier départ. Mon cœur est brisé et je ne peux retenir mes larmes. On ne s'habitue pas à être séparé de son pays et de sa famille. Cependant, je reprends mon exil, sans me plaindre, en pensant que Dieu est glorifié au milieu de ceux que j'aime, et qu'un jour, nous nous retrouverons au ciel. »

Le jour où la bonne Mère reparut au milieu de sa famille chinoise retrouvée, fut un jour de fête... « Tous et toutes m'ont fait un accueil touchant. Tout le monde est venu au-devant de moi, depuis les petits bébés de la crèche, trottinant dans leurs minuscules brodequins, jusqu'à ma vieille Sœur Elisabeth, à qui la joie semblait avoir rendu ses forces. J'en ai eu pour une heure, avant d'avoir embrassé tous ces petits museaux jaunes.

« Le bruit de mon arrivée s'est rapidement répandu à l'extérieur. Mes petits ménages sont venus me saluer, en me demandant de ne plus repartir. Je le leur ai promis. Ces braves enfants ont paru satisfaits de cette assurance, et se sont retirés, en me souhaitant le bonheur dans la vie et, après ma mort, un beau cercueil pour mon corps, et aussi, pour mon âme, le ciel. »

Mais, en attendant l'heure du grand repos, Sœur de Jaurias reprit courageusement sa tâche. Après ces quelques mois de répit, les soucis de l'existence matérielle vinrent, de nouveau, l'assaillir.

Elle se donnait, sans réserve, à ce labeur ingrat et pénible que lui imposait le devoir. Mais elle était obligée de faire un effort méritoire, pour s'astreindre au terre-à-terre de ses occupations habituelles. Son âme, délicate et élevée, avide de contemplation, aurait voulu pouvoir s'abstraire plus souvent, des choses d'ici-bas, pour se rapprocher davantage de Dieu, dans l'oraison prolongée.

Aussi, combien Marthe était heureuse lorsque, pendant quelques jours, elle pouvait devenir Marie ! Longtemps à l'avance, la pieuse religieuse escomptait l'époque de la retraite annuelle. Elle l'attendait avec une impatience qui se manifeste à chaque page de sa correspondance.

« Encore deux semaines, écrit-elle, et je vais entrer en retraite. Oh ! qu'il me tarde de pouvoir vivre un peu en tête-à-tête avec le bon Dieu, et d'oublier tout le reste. Je vais faire l'égoïste, et travailler uniquement pour moi. Mais j'ai tant besoin de me sanctifier ! Je suis si mauvaise et si imparfaite ! »

Connaissant ses goûts, une de ses parentes lui avait envoyé les œuvres complètes de saint François de Sales. « Merci, écrivait-elle, je suis heureuse de posséder les écrits de ce saint si bon et si doux ! Si je n'étais pas tant bousculée, je les lirais jusqu'au bout, sans m'arrêter. Il faudra me contenter de les savourer, à petites tranches, durant les courts instants de mes récréations. »

Cette contemplative par tempérament et par goût, active par devoir, était loin d'être une agitée. Elle faisait toutes choses avec une sage lenteur. Elle ne se départait jamais de ce calme qui est la vertu des forts. On ne la voyait point courir ni se hâter ; et, cependant, on la rencontrait partout, son œil voyait tout, et son impulsion, ferme et douce, se faisait sentir en toutes choses.

Cette circonspection, cette attente du moment propice, Sœur de Jaurias l'apportait, surtout, dans la fondation et l'organisation des œuvres. « Attendre et prendre patience, écrivait-elle, c'est le moyen de faire du bien dans les œuvres de Dieu. Bien souvent, j'ai fait l'expérience de cette vérité. Quand on veut aller trop vite, on gâte tout, car on travaille seul. Mais, quand on se confie à Dieu, et que l'on sait attendre que sa volonté se manifeste, alors on trouve la grâce que Notre-Seigneur a promise à ceux qui travaillent à sa gloire, sans recherche d'eux-mêmes. »

Ce calme, ce sang-froid, n'abandonnait jamais sœur de Jaurias, même aux heures les plus tragiques. « Nous avons eu un incendie qui a failli anéantir notre maison. Le feu a pris dans une de nos dépendances. Les flammes, activées par un vent très violent, venaient lécher les toitures du bâtiment principal. Nos filles poussaient des cris affreux et couraient partout, comme des folles. Impossible d'en obtenir le moindre secours. La frayeur leur avait fait perdre la tête. J'ai fait, dans la circonstance, l'office de capitaine de pompiers. Avec mes religieuses et des voisins, accourus aux cris, nous nous sommes rendus maîtres du feu. Quelques seaux d'eau, bien envoyés, et quelques coups de hache, ont fait cesser le danger. De la sorte, nous avons évité la présence des pompiers chinois, qui ne sont qu'un ramassis de brigands, plus redoutables que l'incendie lui-même. »

« Les maisons de Pékin étant en bois et en papier, dit Mgr Favier, les incendies y sont fréquents. On se demande, même, comment ils n'y sont pas journaliers. Pour les combattre, chaque poste de police a une pompe rudimentaire, qui, quand elle marche, peut lancer l'eau à quinze ou vingt mètres. L'éveil étant donné, les agents de police et veilleurs, qui font l'office de pompiers, partent, sans se presser. On prend l'eau où l'on peut, et on commence à éteindre le feu ; on tâche, surtout, de protéger les boutiques voisines, après s'être entendu avec les marchands sur le prix à solder. S'ils refusent, leur maison sera démolie, sous prétexte de couper le feu. L'incendie est une bonne affaire pour les pompiers et les voleurs, qui ont vite déménagé la boutique.

« En général, les incendiés, comme consolation, reçoivent la bastonnade et sont envoyés en exil, à moins qu'ils ne puissent payer la forte somme. Telle est la coutume ; elle oblige chacun à une

grande vigilance et, sans cette sévérité, Pékin
flamberait tous les hivers. »

Jusqu'ici, nous avons vu Sœur de Jaurias aux
prises avec les petits incidents de vie intérieure,
inséparables de l'administration d'une grande maison. Nous allons l'admirer, continuant ses œuvres
avec une persévérance discrète, en fondant même
de nouvelles, au milieu des bouleversements intérieurs qui vinrent troubler l'empire chinois, et
des guerres qu'il eut à soutenir contre l'étranger.

CHAPITRE X

GUERRE DU TONKIN. — FONDATION DU NOUVEAU
PÉ-TANG

Guerre du Tonkin. — Abandon de la légation de France. —
Insolence des Chinois. — Fondation d'une école normale de
filles. — Expropriation du Pé-Tang. — Intervention de
M. Constans. — L'exode. — Le nouveau Pé-Tang. — Retraites
de dames chinoises. — Sœur de Jaurias et les dames des
légations : Madame Bourée, Madame Constans, etc... — Les
Grands jaunes et les Petits jaunes. — Guerre sino-japonaise.
— Les marins aux Légations et au Pétang. — La guerre ;
les inondations ; la famine. — Aumônes de cercueils. —
Causes premières du mouvement xénophobe. — Les novateurs au pouvoir. — Avidité des Européens. — La réaction.
— Coup d'Etat de l'Impératrice douairière. — Commencement des troubles.

Depuis de longues années, la France avait à se
plaindre de l'Annam. Maintes fois, nos nationaux
et nos sujets asiatiques avaient été molestés par
les Annamites, nos missionnaires et nos explora-
teurs massacrés. Des réparations avaient été exigées ; mais le gouvernement de Hué, soutenu et

encouragé par la Chine, mettait une mauvaise volonté évidente à les accorder, ou en différait indéfiniment l'exécution.

Le gouvernement français résolut d'appuyer par la force les réclamations des diplomates.

Mais, à cette intervention armée, il y avait, il faut bien l'avouer, une raison autre que la défense d'intérêts particuliers. Le Tonkin, la plus belle et la plus fertile des provinces de l'Annam, était depuis longtemps, de notre part, un objet de convoitise, à cause de sa richesse, et aussi, en raison des facilités de pénétration en Chine qu'offre le Fleuve Rouge qui le traverse. La France, se rendant aux instances des négociants et des colons, et surtout, obéissant à son désir d'expansion coloniale, y porta la guerre, sous le prétexte d'assurer la liberté de commerce, mais, avec l'arrière-pensée évidente de se l'annexer.

En 1882, le commandant Garnier y débarqua et enleva d'assaut Hanoï, la capitale. Mais il périt dans une embuscade, avant d'avoir débarrassé le fleuve des pirates, appelés Pavillons Noirs, qui l'infestaient et empêchaient tout trafic. Le commandant Rivière, qui lui succéda, fut tué, lui aussi, dans une sortie, sous les murs d'Hanoï. Il fallut se résoudre à une action plus sérieuse.

L'amiral Courbet parut, avec son escadre, devant Hué, capitale de l'Annam. L'empereur effrayé fit aussitôt sa soumission.

Les Pavillons-Noirs, que soutenaient des réguliers chinois, écrasés à Bac-Ninh et à Tuyen-Kan, furent chassés du Tonkin. La Chine, complice de l'Annam, se vit obligée de signer le traité de Tien-Tsin.

Une clause de ce traité portait qu'une garnison française devait occuper Lang-Son. Mais, lorsque nos soldats s'approchèrent de cette place, ils se heurtèrent, à Bac-Lé, à un corps chinois de dix mille hommes.

A la suite de ce guet-apens, la guerre fut déclarée à la Chine. Le ministre de France reçut ses lettres de rappel, et quitta Pékin ; la légation fut abandonnée, le pavillon amené et l'écusson enlevé.

Les missionnaires et les Sœurs ne virent pas, sans émotion et sans angoisse, disparaître le drapeau tricolore et partir les représentants de la France, leurs protecteurs naturels. Néanmoins, malgré le danger que pouvait offrir leur séjour dans un pays en guerre avec leurs compatriotes, ils ne songèrent pas, un seul instant, à quitter leurs chrétiens et à abandonner leurs œuvres. D'ailleurs ils n'étaient pas laissés sans protecteurs. « Nous sommes placées, écrit sœur de Jaurias, sous le patronage des Légations étrangères. Le ministre de Russie est chargé spécialement de veiller sur nous, et nous manifeste le plus grand dévouement. »

Peu de jours après la déclaration de guerre, l'amiral Courbet anéantissait, à Fou-Tchéou, la flotte chinoise et, en quelques instants, détruisait l'arsenal.

A cette nouvelle, la stupeur et l'épouvante se répandirent dans Pékin. Les courriers et les télégrammes se succédaient sans interruption, annonçant le débarquement des Français et leur arrivée prochaine dans la capitale.

Au milieu de l'émotion provoquée par ces bruits, les missionnaires et les Sœurs ne furent pas inquiétés, comme ils s'y attendaient. En cette circonstance, ils furent protégés, certainement, par le décret du septième prince, père de l'Empereur, disant « que les missionnaires ne faisant pas de politique, il fallait les laisser en paix, ainsi que leurs chrétiens », mais aussi, et surtout, par la crainte, qui, pour les Chinois en particulier, est le commencement de la sagesse.

Seule, une manifestation hostile se produisit, vite réprimée d'ailleurs. « A l'annonce du désastre de Fou-Tchéou, un attroupement s'est formé devant une de nos églises de Pékin. On a beaucoup crié et lancé quelques pierres. C'est tout. La police n'a eu aucune peine à disperser les manifestants, et la chose n'a pas eu de suite. Le lendemain, qui était un dimanche, on a célébré les offices, comme à l'ordinaire, dans le plus grand calme. Nous sommes étonnés nous-mêmes d'être si tranquilles. Nous continuons nos œuvres, mais prudemment et à petit bruit, afin de ne pas trop attirer l'attention. »

La panique, qui avait envahi Pékin, dura peu. La flotte française ne remontant pas vers le nord, la confiance revint. D'ailleurs, le gouvernement chinois affectait de considérer cette guerre comme de peu d'importance, et incapable d'occasionner la moindre inquiétude. Le peuple, à son tour, ne voyant pas apparaître l'ennemi annoncé, crut, sur l'affirmation des mandarins, à la défaite des étrangers. La retraite du général de Négrier, à Lang-Son, fut considérée, par la masse des Chinois, comme un désastre pour les armes françaises, et comme le dernier acte d'une lutte d'où le Fils du Ciel sortait vainqueur.

Ceux qui étaient plus au courant des événements parlaient de leurs défaites, et de la conquête qui en était la suite, avec un dédain superbe. « Les Chinois, écrit Sœur de Jaurias, sont d'une insolence qui n'a pas de nom. Leurs pertes paraissent les inquiéter fort peu. Ils disent tranquillement : les Français ont mis huit mois à prendre le Tonkin ; ils peuvent continuer. S'ils ne vont pas plus vite, dans cent ans ils n'auront pas occupé le quart de l'Empire. Ce qui les humilie le plus, c'est que le sceau donné par le Fils du Ciel à l'empereur d'Annam a été brisé. De plus, les Annamites ont reçu défense d'aller chercher, désormais, le calendrier à Pékin. C'est la fin de la suzeraineté séculaire de la Chine sur l'Annam. »

Malgré la circonspection imposée à Sœur de Jaurias par la gravité des événements, et la situation délicate que lui faisait l'ouverture des hostilités entre son pays et la Chine, elle avait trouvé le moyen de fonder, au sein de la capitale ennemie, une œuvre, religieuse assurément, mais, aussi, essentiellement favorable à l'extension de l'influence française.

Elle avait été inaugurée par Mgr Tagliabüe. Depuis quelque temps, il avait ouvert à Pékin un collège, dirigé d'abord par les Lazaristes, et ensuite par les frères Maristes de Saint-Genis-Laval.

Dans ce collège, de nombreux jeunes gens chinois faisaient leurs études, plus ou moins complètes, selon leur intelligence et la situation qu'ils étaient appelés à occuper ; mais tous, sans exception, apprenaient le français et arrivaient à le parler et à l'écrire couramment.

L'évêque désira qu'un établissement analogue fût ouvert pour les jeunes filles. Sœur de Jaurias se chargea de cette fondation. Et bientôt, dans la maison de l'Immaculée-Conception, fut établie une école d'instruction supérieure, qui était, en même temps, un catéchuménat. « Nous venons de fonder une école que nous appelons pompeusement Ecole Normale. Nous y recevons les jeunes filles qui veulent se consacrer à l'enseignement. Nous leur apprenons ce que doivent savoir les femmes chinoises, et, en surplus, nous leur enseignons notre belle langue française. Elles l'étudient avec zèle et l'apprennent avec facilité. Nous faisons ainsi, autour de nous, une petite France, avec des visages jaunes.

« A cette école profane, nous avons adjoint un cours spécial de religion pour les pauvres païennes qui veulent embrasser le christianisme, et trouvent difficilement le moyen de se faire instruire. Nous avons déjà neuf bonnes Chinoises qui se préparent au baptême, et étudient le catéchisme avec ardeur. »

Mais, la maison de l'Immaculée-Conception devenait insuffisante pour abriter des œuvres si nombreuses et si diverses. Elles s'y trouvaient à l'étroit, y étouffaient, et, sous la pression de leur entassement, menaçaient de faire éclater les murs. Sœur de Jaurias souhaitait leur donner de l'air et de l'espace. Elle caressait des projets d'agrandissement, en priant la Providence de l'aider à les réaliser. La Providence vint à son aide, en effet, mais d'une façon que la bonne Sœur n'avait pas prévue, et qu'elle fut longue, elle l'avoue elle-même, à comprendre et à accepter.

En 1885, l'empereur Kouang-Su, ayant atteint sa majorité, devait prendre en mains les rênes de l'État et aussi, selon la coutume, se marier. L'impératrice mère, la célèbre Si-Tae-Heou, qui avait exercé la régence de concert avec le septième prince, père de l'empereur, songea à quitter le palais pour céder la place à la nouvelle impératrice.

Les hauts mandarins et les ministres voyaient avec peine s'éloigner cette femme supérieurement douée, dont l'expérience et l'habileté pouvaient leur être d'un grand secours dans la direction des affaires de l'État. On chercha le moyen de la garder, sans violer les coutumes, à proximité de la ville Violette ; car seul, l'empereur, peut habiter cette enceinte réservée, avec ses femmes, ses eunuques, et les officiers de sa maison. Pour bâtir un palais à la vieille impératrice, on choisit, dans la ville Impériale, un emplacement, situé à l'ouest de la Cité Interdite, et séparé, seulement, de celle-ci par les lacs intérieurs, qui coupent en deux la ville Jaune.

D'après le plan dressé, le Pé-Tang, résidence des missionnaires et des Sœurs, devait être englobé dans les jardins du nouveau palais, ainsi que toutes les maisons environnantes, où logeaient plus de deux mille familles chinoises ou mandchoues. La difficulté que pouvait présenter l'expropriation de ces dernières fut promptement résolue. Chaque famille reçut cent cinquante francs d'indemnité, par logement confisqué, quel qu'il fût, et fut expulsée, sans autre forme de procès.

L'expropriation du Pé-Tang ne pouvait se faire avec une pareille désinvolture. L'empereur Kang-Si l'avait donné jadis aux missionnaires, et la France le considérait comme bien national.

Le fameux vice-roi Li-Hung-Tchang, fut chargé de négocier cette affaire. Il présenta un projet de convention par lequel le gouvernement chinois s'engageait à donner aux missionnaires un nouvel emplacement, plus vaste que l'ancien, et situé, de même, dans la ville Impériale. Il promettait, en outre, de fournir toutes les sommes nécessaires à la reconstruction des bâtiments.

Ce projet, soumis au Pape Léon XIII par M. Favier, alors simple missionnaire, reçut son adhésion. Il fut agréé, de même, par le Supérieur Général des Lazaristes et par le gouvernement français.

Le représentant de la France à Pékin était, alors, M. Constans, ancien ministre de l'Intérieur, demeuré célèbre par sa lutte contre le boulangisme. En quelques mois, il avait parfaitement deviné et compris les Chinois. A leurs ruses patientes, à leur tenacité obséquieuse, à leur souplesse enveloppante, il opposait sa bonhomie matoise, son obstination souriante mais inébranlable. Sous une apparence de rondeur et de franchise, il cachait une âme orientale, cauteleuse et subtile.

Défenseur officiel des intérêts religieux en Extrême-Orient, il prit son rôle à cœur et se prépara à se mesurer avec le négociateur chinois, le vieux Li-Hung-Tchang, le diplomate le plus réputé du Céleste Empire, si fécond en diplomates. La lutte entre ces deux adversaires, également habiles, ne devait pas manquer d'être intéressante.

La nouvelle du changement projeté, occasionna à Sœur de Jaurias une vive appréhension, partagée par tous les habitants du Pé-tang. « Quel étrange caprice de cette Impératrice, de vouloir nous chasser de chez nous ! Ce sera une vraie douleur, pour nous, si nous devons quitter notre vieux Pé-Tang, centre de tant de bonnes œuvres, et sanctifié par le séjour de nombreux confesseurs de la foi. Notre belle cathédrale, notre chère chapelle, vont être profanées et passer au service du diable. Mais rien n'est fait encore, et, espérons que rien ne se fera ; nous prions tant, que Dieu se mettra en travers, et renversera les projets des hommes. »

Cependant, Dieu ne s'était pas mis en travers et, loin de renverser les projets, il semblait les favoriser. La convention avait été signée, les fondations des établissements futurs, avaient été creusées, leurs contours se dessinaient, et leurs dimensions s'annonçaient grandioses. Sœur de Jaurias, en gémissant encore, se résigne, et commence à prévoir et à préparer la grande affaire du déménagement. « La pensée de tout ce bouleversement m'épouvante, moi qui déteste tant l'agitation et le trouble ! Comment ferais-je pour diriger et mener à bien ce formidable branle-bas? J'ai sept cents personnes à abriter et à nourrir, un matériel considérable à transporter. Le bon Dieu ne m'abandonnera pas dans ces difficiles circonstances. C'est un père, qui n'envoie jamais d'épreuves sans donner, en même temps, la grâce nécessaire pour les supporter. »

Un délai de deux ans avait été accordé pour la construction du nouveau Pé-Tang. Mais, l'Empereur, pressé de prendre le pouvoir, et l'Impératrice mère, désireuse d'habiter, sans retard, son nouveau palais, demandaient instamment que le temps fût abrégé.

M. Constans, après avoir pris l'avis de l'évêque, y consentit, et promit que les bâtiments de l'ancien Pé-Tang seraient évacués en février 1888. En retour, il exigea de nouveaux avantages en faveur des missionnaires, et une indemnité pécuniaire, qui fut immédiatement accordée. Mais, au bout de quelque temps, le négociateur chinois, talonné par Si-Taé-Héou, insista, de nouveau, pour que les travaux fussent activés et le délai abrégé.

Cette impatience, offrait un avantage précieux au diplomate français. Il ne manqua pas d'en profiter pour exiger une faveur, qu'on ne songeait même pas à demander, tant elle paraissait impossible à obtenir.

En face de la cathédrale en construction, se dressait une pagode, placée sous la protection directe de l'Empereur, et assidûment fréquentée. Ce voisinage était une gêne pour la mission, et offrait un réel danger, en attirant, autour des établissements catholiques, de nombreux fanatiques bouddhistes.

Les missionnaires déploraient cet état de choses, mais ne trouvaient pas le moyen d'y remédier; il eût été insensé, en effet, d'espérer la destruction de l'édifice. M. Constans n'hésita pas à la réclamer. En échange, il promettait de livrer le Pé-Tang avant la fin de 1887.

Le gouvernement chinois, stupéfait d'une exigence si inattendue, refusa, et s'efforça d'obtenir des conditions plus acceptables. Les instances, les prières, les promesses, les menaces même, à peine déguisées, ne parvinrent pas à modifier la résolution de M. Constans, qui maintint obstinément ses propositions.

Le Tsong-li-Yamen, à bout de lutte, finit par les accepter, au risque de mécontenter la population et d'exaspérer le fanatisme bouddhiste.

La réussite de cette étonnante affaire avait sacré M. Constans, grand homme aux yeux des Célestes. « Notre ministre, écrit Sœur de Jaurias, est plus Chinois que les Chinois. Leurs ruses n'ont pas de secrets pour lui, et il les déjoue sans peine. Ils ne cachent pas leur admiration pour son habileté, et il obtient d'eux tout ce qu'il veut. Ils ont trouvé leur maître. La force d'inertie, qui est leur grande ressource, ne peut rien contre l'énergie de sa volonté. »

Ce sacrifice si pénible, exigé des Chinois, méritait un effort particulier de bonne volonté, de la part des missionnaires. Quatorze cents ouvriers furent mis aussitôt en chantier, et travaillèrent jour et nuit. Au mois de décembre 1887, les bâtiments neufs se trouvèrent en état de recevoir le personnel de la mission, et l'évêque de Pékin pouvait remettre les clefs de l'ancien Pé-Tang aux membres du Tsong-li-Yamen.

Sœur de Jaurias n'avait pas attendu la fin des

travaux, pour préparer l'exode de sa nombreuse
famille. « Tout est pêle-mêle, ici, écrit-elle. Je suis
obligée d'être partout à la fois. J'opère par fractions,
et fais procéder au déplacement par petits groupes.
Malgré cela, il y a toujours un peu de désordre et
quelques oublis. Nous sommes campées comme
les Israélites dans le désert. Il ne nous manque
même pas la manne, mais sous forme de neige.
Pour compléter la ressemblance, on accepterait
bien, aussi, le soleil d'Arabie ; car, ici, il fait un
froid de loup. Songez donc, nous sommes en décembre! Je suis un peu inquiète au sujet de la
santé de mon petit monde. Les constructions sont
achevées, mais beaucoup de travaux intérieurs
restent à faire.

« Nous ne pouvons essuyer les plâtres, car il n'y
en a pas, mais nous essuyons l'humidité de nos
murs neufs. Il ne faut pas ménager le charbon, si
nous ne voulons pas mourir de froid. »

Le coup de feu du déménagement passé, Sœur
de Jaurias, revenue au calme de sa vie quotidienne,
ne se défend pas d'admirer sa maison nouvelle,
contre laquelle elle avait, dès le principe, tant de
préventions : « Notre nouvel établissement est spa-
cieux et commode. Il a six cents pieds de long sur
douze cents de profondeur. De belles et vastes
galeries courent tout autour de la maison. Nous
avons de grandes cours. Chaque office est séparé
des autres par un large passage. En entrant, on

trouve d'abord le dispensaire et l'orphelinat des garçons, ensuite, la maison des Sœurs, avec, dans la cour, une belle chapelle. Viennent ensuite, successivement : la crèche des filles, la classe externe, et enfin l'orphelinat des pupilles de la Sainte-Enfance. A chaque office, est adjoint une cour particulière avec des dépendances. Tout cela est très bien organisé, grâce au zèle intelligent du bon M. Favier, l'architecte du Pé-Tang. Nos enfants sont très bien; l'air est pur et bon. Nous sommes séparés de la ville, et ne souffrons plus de la puanteur qui nous incommodait dans l'autre quartier. Nous avons de très bonne eau ; ce qui nous manquait dans les anciens établissements. Enfin, il faut être juste, nous sommes bien mieux que nous n'étions. Ce qui ne m'empêche pas de regretter un peu notre vieille maison, et de pleurer parfois à son souvenir. »

Ce ne fut que dix mois après l'installation des services du nouveau Pé-Tang, que fut achevée la grande église qui devait en être le centre. « Notre cathédrale vient d'être consacrée, en présence des diplomates en grand uniforme et du ministre des Affaires Étrangères de Chine, représentant le Fils du Ciel. Une grande plaque a été placée au milieu de la façade, avec une inscription disant : que cette église a été bâtie par ordre de l'empereur, et à ses frais. Devant les portes latérales, il y a deux énormes tortues de pierre avec un petit pavillon recouvert de tuiles jaunes. Cela signifie que nos établissements sont placés sous la protection, immédiate et personnelle, de l'empereur. »

Les vastes bâtiments, dont Sœur de Jaurias pouvait disposer, désormais, lui permettaient de donner un plus grand développement à une œuvre, qu'elle avait établie déjà depuis de longues années, et qui lui tenait à cœur : les retraites de dames chinoises.

Ces retraites ne ressemblaient en rien à nos retraites de dames européennes, qui réunissent, pendant quelques jours et à de certaines heures, de pieuses mondaines dans une chapelle discrète, et au pied d'une chaire éloquente.

C'étaient des retraites comme devaient les faire les chrétiennes de la primitive Église.

Elles duraient cinq ou six jours, et, pendant ce temps, les retraitantes restaient cloîtrées. « Dans ce moment, nous avons les Saints Exercices dans la maison.

« Cent quatre-vingt-dix dames chinoises font la retraite. Ce sont des femmes mariées. Le tour des veuves et des filles, jeunes et vieilles, viendra ensuite. Monseigneur et nos bons missionnaires s'occupent d'elles, au point de vue spirituel. Notre rôle est de pourvoir à leurs besoins matériels. Leur temps est bien rempli, et elles ne trouvent pas les journées trop longues. Tous les matins elles entendent la sainte messe et assistent, le soir, à la bénédiction du Saint-Sacrement. On leur donne deux sermons par jour, et le temps libre est occupé par des prières, des lectures, des méditations.

« Elles restent cinq jours sans sortir. Elles couchent et mangent ici. Leur installation est sommaire ; le dortoir est commun.

« Chacune a pour lit une natte, un tapis et une couverture. La nourriture, très simple, est absolument la même pour les riches et pour les pauvres. Ces retraites sont très sérieuses et très édifiantes. Les bonnes dames nous quittent ravies, et disposées à recommencer l'année suivante. »

Mais la sollicitude de Sœur de Jaurias ne se limitait pas aux dames chinoises. Les Européennes, et surtout les Françaises, femmes de diplomates ou de commerçants, en bénéficiaient. Des relations cordiales existaient entre elles et la supérieure du Jen-Tse-Tang. La Sœur allait les voir quelquefois, mais, le plus souvent, recevait leurs visites.

Elle mettait à leur service sa longue expérience du climat et de la vie en Extrême-Orient ; elle leur donnait des conseils, des indications pratiques, et aussi, à l'occasion, s'occupait de leurs âmes. Parfois même, dans leurs maladies, elle trouvait le temps de se faire leur garde-malade.

« Une jeune dame des légations, qui est un peu ma compatriote, puisqu'elle est de Nontron, vient d'être très malade de la fièvre typhoïde. Son mari, M. Aubri d'Anti, a été atteint, presque en même

temps, de la même maladie. Lui, a été très mal ;
elle, moins. J'ai été la voir, aussi souvent que j'ai
pu.

« Les Sœurs de l'hôpital, plus voisines des légations, m'ont suppléée auprès d'elle. Pauvre dame !
Elle pleurait souvent, et réclamait sa mère, que je
tâchais de remplacer. Mais je ne pouvais être là
constamment ; je suis si occupée et le Pé-Tang est si
loin ! Je le regrettais beaucoup, car je n'ai aucune
confiance dans les soins des domestiques chinois. »

Les dames européennes, à leur tour, ne laissaient pas passer une occasion d'être agréables à
la supérieure. Elles savaient, nul ne l'ignorait à
Pékin, que ce que Sœur de Jaurias aimait le plus
au monde, après Dieu, c'était les pauvres. Aussi
s'efforçaient-elles de lui fournir quelques ressources, afin de l'aider dans ses œuvres de charité. Elles employaient toutes les industries pour
rançonner aimablement, au profit de la Sœur,
leurs compatriotes, voire même les riches Chinois
reçus aux légations.

« On vient d'organiser à la légation de France
une vente de Charité en faveur de nos œuvres.
Toutes les Européennes de Pékin se sont em-
ployées activement à son succès. Pour la préparer et l'achalander, elles ont été des ouvrières
infatigables.

« Maintenant, elles se sont transformées en ven-
deuses zélées, acharnées à vider rapidement leurs

comptoirs. Elles assiègent tous ceux avec qui elles
sont en relation et les importunent, jusqu'à ce
qu'elles leur aient fait acheter, bien cher, des objets de peu de valeur. Si ce n'était pour le bon Dieu
et pour le soulagement des pauvres, je serais con-
fuse de cette indiscrétion, dont je suis un peu la
cause. »

Les femmes des divers ministres de France que
Sœur de Jaurias avait vu se succéder à Pékin,
avaient avec elle les meilleures relations; plusieurs, même, étaient devenues ses amies.

En 1880 la France était représentée en Chine par
M. Bourée. Sa jeune femme allait visiter souvent
les Filles de la Charité, et une douce intimité ne
tarda pas à la lier à Sœur de Jaurias : « Notre nouveau ministre vient d'arriver, avec sa famille. J'ai
été lui faire ma visite. Sa femme est charmante,
excessivement affable et gracieuse. Elle m'a paru
animée d'excellents sentiments, et très pieuse. »

Lorsque M. Bourée quitta Pékin, en 1883, ce fut
avec des larmes réciproques que les deux amies
se séparèrent : « Nous perdons notre excellent ministre. J'éprouve un vif chagrin de le voir partir,
et aussi de me séparer de sa femme, qui était pour
moi une amie. Pauvre petite madame Bourée ! Elle
a bien pleuré en nous quittant, et nous aussi ! »

M. Constans, lui-même, arrivé à Pékin précédé
d'une réputation inquiétante, se montra plein de
bienveillance et de dévouement pour les œuvres

catholiques : « J'ai vu ce fameux M. Constans. Il a été très aimable et très simple. Il s'est mis entièrement à notre disposition, et m'a paru sincère.

« J'ai fait visite à sa femme. Elle m'a gardé longtemps, m'a demandé force renseignements et conseils ; elle a causé très librement avec moi. Elle m'a dit qu'une de ses cousines germaines était Fille de la Charité, et résidait à la Maison Mère, à Paris. Cette excellente dame m'a fait promettre de revenir la voir souvent. »

Dans une autre lettre, Sœur de Jaurias constate que cette amitié fut fructueuse : « J'obtiens par madame Constans bien des facilités et quelques petites faveurs. Je profite de son influence pour étendre mes œuvres, et faire un peu plus de bien à mes pauvres Chinois. »

La guerre qui éclata en 1894, entre la Chine et le Japon, en augmentant la misère à Pékin, rendit plus nombreux les clients habituels de Sœur de Jaurias.

Lorsqu'on feuillette l'histoire de la Chine, on voit que, souvent, elle s'était trouvée en conflit avec le Japon. Dans ces guerres, d'importance secondaire, les Grands Jaunes avaient été battus, régulièrement, par les Petits Jaunes. Mais ces événements ne parvenaient pas à troubler le calme profond et imposant de l'immense Empire, qui se contentait d'opposer l'inertie de sa masse énorme aux efforts du minuscule ennemi accroché à son flanc.

Ces défaites étaient connues dans les provinces qui servaient de théâtre à la guerre; la nouvelle en arrivait aussi jusqu'à la capitale; mais le reste de l'Empire n'en prenait nul souci, ou même, n'en entendait jamais parler. La Chine, lettrée et pacifique, affectait d'ignorer et de dédaigner le Japon, belliqueux et remuant. D'ailleurs, la diplomatie se chargeait de réparer les désastres des batailles, et, lorsqu'on déposait les armes pour prendre le pinceau, une victoire diplomatique chinoise répondait, invariablement, à un triomphe des armes japonaises.

Mais, en 1894, le géant colossal et indolent faillit être terrassé, et succomber sous les coups de son chétif adversaire.

Une rébellion venait d'éclater en Corée, occasionnée par les exactions des mandarins. Elle s'étendait rapidement et devenait triomphante; le pouvoir royal était menacé.

L'empereur de Chine, suzerain de la Corée, envoya des troupes au secours du roi son vassal. Le Japon, sous le spécieux prétexte de protéger ses nationaux, débarqua, lui aussi, en Corée, une brigade de son armée.

Les deux ennemis séculaires se trouvaient en présence; un conflit était inévitable. Il éclata. Les Japonais, comme toujours, furent vainqueurs, et, en quelques semaines, chassèrent les troupes chinoises de la presqu'île coréenne.

Les Chinois, pour réparer leurs échecs sur terre, envoyèrent leur flotte sur le théâtre de la guerre. Ils comptaient sur leur marine, nouvellement réorganisée, et sur leurs vaisseaux construits en Europe et dotés de la plupart des perfectionnements modernes. Mais, en cela, ils avaient été prévenus et précédés par le Japon.

Les marins japonais, admirablement formés et disciplinés, étaient, depuis longtemps, rompus au maniement d'engins que les Chinois avaient adoptés depuis peu, et dont ils ne s'étaient jamais servi.

Les deux flottes se rencontrèrent à l'embouchure du fleuve Yalou. Le résultat ne pouvait être douteux. Les Chinois furent écrasés. Dans un deuxième combat, sur la côte du Chan-Tong, tous les vaisseaux chinois, qui avaient échappé à la destruction, furent coulés ou pris. Il n'en resta pas un seul pour porter la nouvelle du désastre.

A l'annonce de ce terrible événement, les Célestes perdirent un peu de leur sérénité dédaigneuse. La stupéfaction et l'abattement, succédant à la confiance, paralysèrent toute résistance.

« Ces pauvres Chinois font pitié, écrit Sœur de Jaurias. L'anéantissement de leur flotte les a atterrés. Ils ne songent pas à se défendre. Les Japonais peuvent venir, la capitale leur ouvrira ses portes sans coup férir. On s'attend à leur arrivée. La Cour se prépare au départ, et il paraît que l'Empereur a commandé de tenir attelées, jour et nuit, cinq cents voitures, afin de pouvoir quitter Pékin, à l'approche de l'envahisseur.

Les Japonais, ayant brisé toute résistance, marchaient de triomphe en triomphe. Les villes, les arsenaux, les places fortes, tombaient successivement en leur pouvoir. L'armée chinoise, désemparée et démoralisée, fuyait, devant eux, dans un désordre inexprimable. »

« Les soldats chinois, écrit la Sœur, fuient lâchement devant l'ennemi. Ils n'ont plus ni chefs, ni vivres, et ne sont plus payés. Ils s'organisent en bandes de pillards et se livrent au brigandage. Les populations redoutent plus leur passage que la venue des Japonais. Pékin est calme, car ils n'osent entrer dans la ville, mais ils ravagent les environs. Nous sommes à l'abri de leurs déprédations. Notre ministre, M. Gérard, a demandé à l'amiral de Beaumont des marins pour nous protéger. Vingt-cinq sont aux Légations, et vingt-cinq autres gardent le Pé-Tang. Ils habitent à la résidence des missionnaires et paraissent très heureux de vivre avec nous. Ils nous ont donné une bien grande consolation, car, le jour de Pâques, ils ont tous fait leur devoir, tous, sans exception. »

Cette guerre, arrêtée à temps, grâce à l'intervention des puissances européennes, qui avaient tout intérêt de ne pas voir disparaître la Chine, et trouvaient inquiétants les progrès du Japon, occasionna à Pékin une famine épouvantable: « La

provision de riz est presque épuisée, écrit Sœur
de Jaurias. Le peu qui en reste est à des prix effrayants. Aucune denrée ne nous arrive, car les
routes sont coupées, soit par les Japonais, soit par
les soldats chinois devenus brigands. Les pauvres
meurent de faim par centaines. On en rencontre
qui agonisent à tous les coins de rue. Il nous est
impossible de les secourir. J'ai toutes les peines du
monde à donner à manger à mes six cents bouches.

« Mon personnel de bébés s'augmente de plus en
plus. Il m'en arrive de tous côtés. Les pauvres petits sont dans un tel état, qu'ils ne survivent pas ;
heureusement! Hélas ! Je suis obligée de dire
« heureusement », car je ne sais comment je ferais
pour les nourrir.

« Aux horreurs de la guerre sont venus s'ajouter
toutes sortes de fléaux. La saison des pluies a été
particulièrement désastreuse, cette année. Tous les
fleuves, toutes les rivières, ont débordé. Les champs
étaient changés en lacs, où flottaient de nombreux
cadavres de pauvres gens, surpris par l'inondation
ou écrasés par les décombres de leurs maisons.

« Maintenant, une épaisse couche de glace re-
couvre tout. Il ne reste plus vestige de la récolte
d'automne. Celle du printemps est perdue d'avance;
les semailles n'ayant pu être faites. Les gens de la
campagne, sans pain et sans asile, affluent vers Pékin. Ils ne manquent pas de venir frapper à notre
porte. Nous recueillons, autant que nous le pou-

vons, les enfants et les femmes. Les hommes doivent gagner leur riz, comme ils peuvent, ou aller
mendier.

« Une pauvre catéchumène nous est arrivée,
après neuf jours de marche, avec les deux jambes
gelées. Elles sont devenues toutes noires, et après
d'horribles souffrances, elles sont tombées, les ar-
ticulations s'étant détachées les unes après les
autres. Beaucoup, parmi les enfants qu'on nous
apporte, ont les extrémités gelées. Nous en avons,
actuellement, une dizaine qui sont sans pieds, et,
quelques-uns, sans mains.

« Des sommes d'argent, assez considérables, sont
allouées, dit-on, par l'Empereur, pour le soulagement des pauvres. Mais elles arrivent rarement à
destination. Elles restent collées, en grande partie,
aux mains des fonctionnaires chargés de les distribuer. La seule aumône effective que le Fils du
Ciel fasse à ses sujets indigents, c'est l'aumône
d'un cercueil, quand la misère les a tués. »

Ce cadeau posthume, qui paraîtrait, à un Européen, ironique et macabre, est fort apprécié des
Chinois. Ils considèrent comme un déshonneur
d'être enterré sans cercueil, et, sitôt qu'ils le peuvent, ils s'empressent d'en acheter un.

De temps en temps, ils consacrent une partie de
leurs économies à en augmenter la richesse ; ils y
font ajouter des sculptures, des dorures, de nouvelles couches de vernis ou de laque. Les plus

somptueuses boutiques de Pékin, et les plus fré-
quentées, sont celles où l'on vend des cercueils.
Parmi ceux-ci, il y en a qui se paient mille francs,
et même davantage.

Chez les riches, chaque membre de la famille
possède son cercueil, préparé d'avance. Cet étrange
mobilier, loin d'être soustrait aux regards, est
placé, bien en évidence, dans une des plus belles
pièces de la maison. Quelques-uns de ces meubles
funèbres sont de pures et luxueuses merveilles ;
les émailleurs chinois en font des œuvres d'art
exquises.

Parmi les gens du peuple, il n'est pas rare qu'un
vieillard malade dise à ses enfants : « N'envoyez
pas chercher le médecin ; j'ai assez vécu. Employez
plutôt l'argent, qu'il vous coûterait, à faire donner
une nouvelle couche de vernis à mon cercueil. » Il
est fort bien porté, aussi bien chez les riches que
chez les pauvres, d'offrir un cercueil à un parent
ou à un ami le jour de sa fête. Cet étrange présent
est accueilli avec les plus vives manifestations de
joie et de reconnaissance.

Les Chinois convertis, et même les prêtres indigènes, partagent cette passion de leurs compatriotes pour les beaux cercueils : « Lorsque, raconte
Mgr Favier, on prépara, en 1860, des cercueils pour
les victimes de Tang-Tchéou, il s'en trouva un de
trop. Le général de Montauban le laissa aux missionnaires. Un vieux Père chinois, le plus âgé de la

communauté, espérait bien l'avoir ; mais un autre
mourut avant lui. Le bon vieillard, qui trépassa à
l'âge de quatre-vingt-quatre ans, ne s'est jamais
consolé d'avoir manqué une si bonne aubaine. »

La vie de Sœur de Jaurias s'écoulait paisible et
occupée, absorbée par les œuvres de charité, as-
sombrie parfois par quelques soucis, illuminée
aussi par de douces joies.

Parmi celles-ci, elle note la nomination de
M Favier comme coadjuteur de Mgr Sarthou :
« Nous venons d'apprendre une heureuse nouvelle.
Le pape vient de nommer M. Favier coadjuteur de
Pékin. C'est un de nos plus anciens missionnaires ;
il est en Chine depuis trente-cinq ans. Je le connais
de longue date, et j'ai pour lui la plus grande vénération. Il a fait ici des choses admirables, et c'est
à lui que nous devons notre beau Pé-Tang. Il est
architecte, peintre, diplomate, et, par-dessus tout,
un saint prêtre et un zélé missionnaire. Nous allons
faire des préparatifs, en vue de son sacre, que nous
voulons splendide. »

Depuis la guerre avec le Japon, il y avait quelque
chose de changé, ou tout au moins de modifié, en
Chine. Le vieil Empire central, replié sur lui-même
depuis des siècles, semblait vouloir secouer sa torpeur. La blessure faite à l'orgueil national, avait
réveillé le sentiment du patriotisme, endormi au
cœur des Célestes, et qu'on croyait mort.

Les Chinois, avaient reconnu que les Japonais

devaient leur succès à la formation de leurs soldats, disciplinés à l'européenne, et surtout à la
supériorité de leur armement.

Ce peuple japonais est le peuple le plus inexplicable et le plus déconcertant de la terre. Son histoire le montre, tour à tour, indolent et remuant,
immuable dans ses antiques coutumes, et, tout à
coup, avide de progrès et passionné de réformes. Il
reste figé, des siècles entiers, dans une longue im-
mobilité, secouée, par instants, de crises d'agita-
tation fébrile et d'activité débordante. Il semble
que le sol volcanique de ses îles ait influé sur la
formation de son tempérament national. Son sommeil ressemble au sommeil des volcans, dont le
cratère reste longtemps assoupi et débonnaire, et
dont les réveils sont d'autant plus terrifiants, qu'ils
sont inattendus...

Au commencement du moyen âge, il s'enthousiasme pour la civilisation chinoise, qu'il s'assimile
avec ardeur.

Et puis, subitement, il se replie sur lui-même,
expulse l'étranger, et ne veut plus rien savoir de ce
qui se passe au dehors.

Au seizième siècle, lorsque les Portugais abor-
dèrent sur les côtes du Japon, un immense courant,
sympathique à l'Europe et au christianisme, se produisit dans le pays. Des millions d'insulaires em-
brassèrent la foi du Christ, et un chrétien faillit
monter sur le trône.

Une réaction formidable noya bientôt dans le sang cette tentative de rénovation, et, de nouveau, le Japon s'enveloppa dans son isolement farouche.

Depuis cette époque, jusque vers 1860, ce pays est resté le plus fermé du monde.

Alors que la Chine, ombrageuse et exclusive, ouvrait quelques-uns de ses ports aux étrangers, le Japon défendait l'accès de ses côtes, même au commerce occidental. Les rares négociants hollandais, admis à échanger des marchandises, ne pouvaient mettre le pied sur le sol japonais qu'à la condition de renier leur foi et de marcher sur la croix.

Tout à coup, à partir de 1874, notamment, « l'Empire du Soleil Levant » ouvrit, toutes grandes, ses portes à la pénétration étrangère. Une rage de transformation le saisit. Rompant avec ses antiques coutumes, il se mit à copier, avec frénésie, tout ce qui lui paraissait constituer la supériorité occidentale: modes, industrie, machinisme, chemins de fer, presse, parlementarisme, élections, relations extérieures, etc., etc... De nombreux jeunes gens vinrent, de toutes les îles japonaises, étudier dans nos universités et se former dans nos écoles militaires ou navales. Des ingénieurs Jaunes se répandirent dans nos usines, descendirent dans nos mines, se glissèrent dans nos arsenaux, pour étudier, sur place, les progrès de notre industrie, se pénétrer de nos méthodes d'exploitation, et, surtout, pour apprendre la fabrication, et saisir les perfectionnements des armes modernes.

Car les Japonais sont essentiellement guerriers.

En attendant de pouvoir se passer du concours des étrangers, ils engagèrent, à prix d'or, de nombreux officiers européens, qui instruisirent et disciplinèrent leurs soldats; ils achetèrent, dans tous les pays du monde, des fusils et des canons, du modèle le plus nouveau, et dotèrent leurs navires des inventions les plus récentes et les plus pratiques.

Aussi, en 1894, purent-ils mettre la Chine à deux doigts de sa perte, et, aujourd'hui, après avoir progressé encore, se sentent-ils en état de tenir tête au plus grand Empire de l'Occident.

La Chine, au contraire, inerte et apathique, était restée obstinément fidèle à ses armes ancestrales. La plupart de ses soldats étaient encore armés de piques, d'arcs, d'espingoles, d'antiques mousquets et de fusils à mèche, dont la plus grande partie était hors d'usage. L'artillerie comprenait quelques centaines de canons en fer, ou quelques vieilles pièces en bronze, achetées à l'étranger, et fort mal entretenues. Car les Chinois, qui ont connu la poudre plusieurs siècles avant nous, semblent ne savoir s'en servir que pour tirer des pièces d'artifice. Ils sont d'excellents artificiers, mais de très mauvais artilleurs.

« Cependant, dit Mgr Favier, des mandarins intelligents avaient essayé, quelques années avant la guerre sino-japonaise, de former des régiments sur le modèle européen. Ils avaient réussi, en partie. Ces troupes, auraient présenté une force réelle, car les Tartares qui les composent ne manquent pas de courage, si elles avaient été commandées par des officiers instruits, et si l'intendance avait fonctionné régulièrement.

« Ici encore, la vénalité et l'amour du lucre sont venus paralyser ces premiers efforts. Tel mandarin, avec deux barils de poudre européenne, en faisait douze ; et l'on s'étonnait que le boulet ne sortît pas de l'âme du canon. Tel autre, exigeait pour lui-même le tiers de la valeur d'une commande, et acceptait des armes défectueuses.

« On passait l'inspection d'un fort : deux mille hommes bien tenus s'y trouvaient. Pendant que l'inspecteur déjeunait, on les faisait passer dans un autre fort, puis dans un troisième, et ces deux mille hommes comptaient pour six mille. On allait examiner le magasin d'obus. Le premier rang était composé de véritables projectiles, les autres n'étaient que des cylindres de carton, recouverts de papier argenté.

« Le jour du combat naval sur le Yalou, l'amiral Ting, qui commandait la flotte chinoise, s'aperçut que les principales pièces de ses navires n'avaient que quatorze coups à tirer. »

Quelques hauts mandarins à l'esprit ouvert,

comme Li-Hung-Tchang, le prince King, Tchang-
Tche-Tang, soutenus par un parti nombreux,
avaient résolu de rénover leur pays, en lui faisant
adopter les réformes, compatibles avec ses traditions et son caractère. Ils s'étaient attaqués à la
routine, et s'efforçaient de familiariser la vieille
Chine, conservatrice et traditionnelle, avec les inventions nouvelles et les progrès occidentaux.

Mais, c'était avec une extrême prudence qu'ils
avaient proposé à leurs compatriotes l'adoption des
idées et de la civilisation européennes ; car ils savaient que le Chinois est essentiellement attaché à
ses antiques coutumes, et professe une défiance
invincible pour tout ce qui vient de l'étranger.

Mais, comme il arrive fréquemment, ces réformateurs, sages et avisés, avaient été bientôt dé-
passés dans la voie des innovations par des esprits
excessifs et impondérés.

Quelques jeunes mandarins, en rapport fréquent
avec les Européens, et, la plupart, élèves des missionnaires, repoussant toute restriction et toute mesure, se déclarèrent, exclusivement, pour les idées
nouvelles, appliquées dans leur forme étrangère.

Le plus célèbre de ces novateurs fut Kang-Yu-
Weï.

Kang-Yu-Weï et ses amis, n'eurent pas de peine à
suborner l'empereur Kouang-Su. Ce jeune homme
de vingt-six ans, débile, inintelligent, usé par une
débauche précoce, incapable de penser et d'agir

par lui-même, se livra, aveuglément, à ses nouveaux conseillers. Ceux-ci entreprirent, sans retard, les réformes rêvées.

Les édits se succédèrent, changeant radicalement l'ancien ordre de choses, abolissant les coutumes respectées, jetant la perturbation partout.

Le peuple, changé dans ses habitudes, troublé dans sa quiétude indolente, ne tarda pas à murmurer.

Les mandarins, les lettrés, les bonzes, tous ceux, en un mot, qui profitaient des vices de la vieille société chinoise et vivaient des abus, opposèrent aux réformateurs une résistance sournoise et tenace, excitant contre eux les passions et le fanatisme des masses.

De plus, les portes de l'Empire furent ouvertes largement aux étrangers. Ceux-ci s'y précipitèrent et usèrent, sans discrétion, de la facilité offerte.

A la faveur du désarroi causé par les défaites de 1894, ils s'étaient installés, en Chine, comme en pays conquis, se partageant les provinces en zones d'influence ; les sillonnant de voies ferrées ; renversant, sur le passage de leurs locomotives, les pagodes vénérées et les anciens monuments ; bouleversant les cimetières où les ancêtres dormaient leur sommeil millénaire. Ils sollicitaient, sans cesse, des concessions de mines, réclamaient des monopoles et des privilèges, et émettaient, même,

la prétention d'imposer aux populations effarou-
chées leurs mœurs et leurs coutumes.

Les diplomates, harcelés par leurs compatriotes,
et talonnés par la crainte de voir leur nation moins
avantagée dans le partage des faveurs, assiégeaient
le Tsong-Li-Yamen de demandes, qu'on n'osait pas
repousser. Les Chinois, si jaloux de leur auto-
nomie et de leur indépendance, n'étaient plus
maîtres chez eux.

Les gouvernements étrangers, imitant le sans-
gêne des particuliers, abusaient de la faiblesse de
la Chine, déprimée par ses récents désastres, et
saisissaient tous les prétextes pour se tailler de
larges annexions dans son territoire.

En 1897, l'Allemagne, refusant toute réparation
pour le massacre de deux de ses missionnaires, prenait possession de la baie de Kiao-Tchéou. Le 18 décembre de la même année, la Russie s'emparait de
Port-Arthur. En 1898, l'Angleterre exigeait Weï-
Haï-Weï, et, quelques mois plus tard, elle occupait
de vastes territoires en face de Hong-Kong, sur le
continent. Enfin, la même année, le 13 mars, la
France se faisait attribuer Kouang-Tchéou.

Toutes ces brutales prises de possession, venant
s'ajouter aux imprudentes tentatives de réformes
de Kang-Yu-Weï, avaient suscité la plus vive irri-
tation parmi les mandarins et parmi le peuple.
La réaction contre l'étranger, qui, non content de
prendre le sol de la Chine, voulait encore lui enle-

ver ses coutumes et ses traditions, pour y substituer ses idées et ses mœurs, devait se produire fatalement.

Elle commença par une révolution de palais.

L'impératrice douairière, supplantée dans la confiance de l'empereur par les réformateurs, se sentit menacée dans son influence et dans son autorité. Avec l'aide des hauts mandarins, chefs du parti conservateur, elle s'empara de l'empereur, l'emprisonna, et le força à signer un édit qui la nommait régente de l'Empire.

A peine son pouvoir recouvré, la terrible douairière en usa pour frapper à coups redoublés les novateurs et leurs complices. Tous les édits lancés par Kang-Yu-Weï furent rapportés et l'empereur, reconnu incapable d'avoir un fils, fut contraint de désigner, comme héritier de l'Empire, Pou-Tchum, fils du prince Tuang, le chef des rétrogrades.

Cette révolution de palais, et la répression sanglante qui en fut la suite, ne laissèrent pas de susciter quelque inquiétude au sein des Légations. Les ministres étrangers réclamèrent aux escadres des troupes pour les protéger : « On a fait venir des marins, écrit Sœur de Jaurias, pour garder les ambassades et les établissements européens : je crois que c'est par simple mesure de précaution, car il paraît n'y avoir aucun danger. Les Chinois sont trop acharnés les uns contre les autres pour s'occuper de nous. »

Cette protection éventuelle fut inutile, en effet, car l'ordre ne fut pas troublé. La vieille impératrice, dissimulant sa haine contre les étrangers, s'efforçait d'endormir leurs craintes, en attendant le moment de les chasser.

A Pékin, et dans les principales villes, rien ne paraissait changé à l'égard des Européens; ils jouissaient de la plus grande liberté, et les privilèges acquis étaient respectés.

Dans les provinces éloignées, seulement, des prospecteurs imprudents avaient été malmenés, quelques missionnaires étaient persécutés et des chrétientés pillées et brûlées. Mais ces événements n'avaient rien de bien extraordinaire. C'est à chaque instant qu'il s'en produit de semblables en Chine Aussitôt qu'ils sont connus, les ambassadeurs adressent des réclamations au gouvernement chinois; celui-ci ordonne une enquête, punit les coupables, et paie les indemnités exigées.

Il en était de même, encore; mais il était évident que les mandarins mettaient beaucoup de mollesse dans la répression. Cependant, il n'y avait encore aucune raison sérieuse de les soupçonner de complicité avec les incendiaires et les assassins.

Pendant que le peuple était secrètement travaillé par les rétrogrades, qui attisaient sa haine contre les étrangers, l'impératrice, poussant l'hypocrisie à son comble, affectait de combler ces derniers de faveurs et de privilèges.

Le 15 mars 1899, elle signait un décret aux termes duquel les évêques étaient investis de la dignité de vice-roi ; les missionnaires, selon les services rendus et la durée de leur séjour en Chine, étaient assimilés aux gouverneurs, aux préfets, aux juges provinciaux, aux intendants, etc., etc. Les simples catéchistes, eux-mêmes, avaient un grade dans la hiérarchie mandarinale. D'autres décrets suivirent, assurant la sécurité aux Européens et a ux chrétiens, et menaçant de peines terribles leurs persécuteurs.

Cependant, au commencement de 1900, les diplomates s'aperçurent que l'administration chinoise, jusqu'ici malléable et obséquieuse, se faisait rétive et hostile.

Le gouverneur du Chantoung, accusé d'avoir fomenté et favorisé le pillage des missions allemandes, avait été destitué, à la demande de la France, de l'Allemagne et des États-Unis. Mais, à son arrivée à Pékin, il avait été reçu avec les honneurs officiels, et l'édit de destitution, lancé contre lui, exprimait plutôt un encouragement qu'un blâme. Les réclamations et les demandes des ministres étrangers restaient lettre morte, ou étaient nettement écartées. La haine contre les Européens ne prenait plus la peine de se dissimuler. Les massacres des missionnaires et des chrétiens se multipliaient, et avaient lieu jusqu'aux portes de Pékin. La cour, se sentant soutenue par l'opinion populaire, et se croyant en état de tenir tête à l'Europe avec le matériel de guerre moderne acheté par le vice-roi Li-Hung-Tchang, leva en partie le masque.

Elle commença à jouer le double jeu où a excellé de tous temps l'hypocrisie chinoise, poussant les massacreurs d'une main et les menaçant de l'autre, les flétrissant aujourd'hui pour les encourager demain, s'efforçant de persuader à ceux dont elle avait juré la perte, qu'ils étaient en sûreté, et qu'elle les prenait sous sa protection.

L'heure avait sonné où les fanatiques Boxeurs, longtemps dissimulés et désavoués, allaient entrer officiellement en scène, et commencer leurs sinistres exploits.

CHAPITRE XI

LES PRÉPARATIFS DE DÉFENSE DU PÉ-TANG

Les associations en Chine. — Syndicats. — Sociétés secrètes.
— Les Boxeurs. — Cérémonies d'initiation. — Jeune fille
coupée en morceaux. — Premiers massacres. — Lignes de
chemin de fer détruites. — Avertissements de Mgr Favier.
— Aveuglement des diplomates. — L'amiral Courrejolles à
Pékin. — Troubles à Cha-La-Eul. — Les Boxeurs dans la
capitale. — Affiches menaçantes. — Une gare assiégée. —
Le Boxeur malgré lui. — Envoi de détachements à Pékin. —
L'enseigne de vaisseau Henry. — De Takou à Tien-Tsin. —
De Tien-Tsin à Pékin. — Préparatifs de la défense du Pé-
Tang. — Sœur de Jaurias, hôtesse des chrétiens fugitifs. —
La milice chinoise. — Mgr Favier au Palais Impérial. —
— Entrée en scène du prince Tuang. — Départ pour Pékin
de la colonne Seymour. — Assassinat du chancelier de la
légation japonaise. — Incendie du Toung-Tang. — Martyre
de M. Garrigues. — Incendie du Si-Tang. — Le fusil de
M. Doré. — Incendie du Nan-Tang. — Exploit des volon-
taires. — Le siège.

La facilité de se grouper en syndicats de longue
durée, ou « fraternités adoptives », est un des
traits distinctifs du Chinois. Un sûr instinct lui fait

redouter l'isolement et le porte à unir sa faiblesse à d'autres faiblesses, pour en constituer une force.

Aussi, alors que dans les autres pays, les associations, quelque nombreuses soient-elles, ne comptent qu'une faible partie de la population, en Chine, elles englobent la nation tout entière. Il n'est pas un seul Chinois, riche ou pauvre, qui n'appartienne à quelque corporation ou *Houi*.

Ces corporations se constituent, la plupart du temps, dans un but d'action collective. Elles groupent, pour un effort commun, des hommes adonnés à la même industrie, faisant le même commerce, ou exerçant le même métier. Elles s'établissent aussi dans une pensée de protection et de défense individuelle ; elles fournissent aux Célestes le seul moyen de résister, efficacement, aux caprices et aux excès d'un pouvoir absolu et sans contrôle.

Ces groupements ne ressemblent en rien à des groupements révolutionnaires. Ce sont des associations, fonctionnant au grand jour, respectueuses du pouvoir, et s'appuyant, dans leur œuvre de résistance, sur les prescriptions de la loi ou sur les immunités de la coutume, plus intangible encore et plus sacrée.

En Chine, la liberté d'association est absolue. Chacun peut se lier avec qui il veut, comme il veut, pour faire ce qu'il veut, sans que le gouvernement s'en occupe ou s'y oppose. Il n'y a d'exception que pour certaines sociétés secrètes, convaincues d'être un danger social, et dont l'objectif avoué est le renversement de la dynastie régnante.

Celles-ci sont poursuivies à outrance; le seul fait d'en faire partie expose aux plus terribles châtiments. Mais, le Chinois a un tel tempérament de conspirateur, que les sociétés secrètes, les plus anciennes et les plus traquées, comme le *Nénuphar Blanc*, le *Thé Pur*, l'*Alliance des trois Précieux...*, comptent toujours des adhérents nombreux et fervents.

Presque chaque famille appartient, de tradition, depuis les époques les plus reculées, à la même corporation ou au même syndicat. Il en est de même pour les sociétés secrètes, dont les mystères se transmettent de père en fils, et dont les serments, jurés par l'aïeul, engagent indéfiniment les descendants.

Ces sociétés secrètes, diverses dans leur forme et leurs constitutions, sont unies entre elles par un lien commun : la haine de l'étranger.

Longtemps, l'étranger, l'ennemi, a été pour elles le Tartare, envahisseur de la patrie et oppresseur de la race. Les nombreux soulèvements qui ont troublé les Tsing dans la tranquille possession du pouvoir, et, en particulier, la terrible révolte des Taï-pings qui faillit balayer la dynastie Mandchoue, ont été fomentés par les sociétés secrètes.

Le gouvernement chinois s'est servi, de tous

temps, des persécutions contre les chrétiens comme d'un dérivatif précieux.

Il comptait fournir ainsi un aliment aux haines mystérieuses et tenaces qui rôdaient autour de lui.

Mais les chrétientés étaient trop peu nombreuses et se dissolvaient trop vite pour occuper longtemps l'activité des sociétés secrètes. A l'approche des persécuteurs, les Chinois convertis se hâtaient de fuir, et, après quelques incendies et quelques massacres, les affiliés se retrouvaient inoccupés dans leurs assemblées, et reprenaient, où ils l'avaient laissée, la vieille conspiration contre la dynastie étrangère.

En 1900, la Cour, décidée à chasser les Européens de l'Empire, n'hésita pas à contracter alliance avec ses ennemis séculaires. Elle fit appel au concours de toutes les sociétés secrètes, et groupa leurs membres dans une immense association, organisée quasi-officiellement, sous la direction d'un des plus hauts mandarins, le prince Tuang, père de l'héritier présomptif du trône impérial.

Les Européens donnèrent à ces conjurés le nom de Boxeurs, à cause d'une devise inscrite sur leurs étendards, et qui signifiait : Justice et salut par le poing. Le gros de l'armée Boxeur était composé de sectaires et d'hallucinés, fanatisés par les discours des lettrés et des bonzes, et dont la nervosité était surexcitée jusqu'à l'hystérie par les cérémonies étranges auxquelles ils prenaient part.

Leurs assemblées se tenaient dans de vastes

salles, de préférence dans les pagodes. Ils commençaient par pousser, tous ensemble, des cris assourdissants, puis ils vociféraient, à qui mieux mieux, les injures les plus énergiques et les plus horribles menaces contre l'étranger ; ils accompagnaient leurs discours de gestes frénétiques et, après quelques instants de cette mimique désordonnée et furibonde, ils ne tardaient pas à entrer en convulsions. Sous l'empire des incantations et des pratiques superstitieuses, leur imagination se suggestionnait jusqu'au délire.

Quelques-uns d'entre eux, avec des lances et des sabres, se livraient à une escrime folle. Ils se frappaient mutuellement de leurs armes, et semblaient n'en ressentir aucun mal. On aurait dit que la perturbation nerveuse à laquelle ils étaient en proie, anéantissait en eux toute sensibilité physique.

Le fanatisme les aveuglait au point de leur faire commettre, comme actes méritoires, les crimes les plus odieux. On cite le cas d'un sectaire, proclamé chef, qui, au cours d'une séance publique, découpa sa fille en morceaux, aux applaudissements de toute l'assistance. Le lendemain, revenu à la raison, il eut horreur de son crime et se tua.

« Afin d'impressionner la foule, dit le baron d'Anthouard, les initiés se prétendaient invulnérables, et, pour démontrer leur mépris des armes

15.

européennes, ils faisaient tirer sur eux des coups de fusils chargés à blanc. Ils tombaient alors, comme touchés, mais aussitôt ils se relevaient, tenant à la main le projectile qu'ils avaient dissimulé dans leurs vêtements (1). »

Derrière ces fanatiques et ces imposteurs, dans le sillage de la cohorte mystérieuse et farouche des sociétés secrètes, marchaient une foule de gens pour qui la haine de l'étranger, quoique réelle, passait au second plan.

C'étaient des besogneux et des affamés, décidés à tout pour sortir de la misère et se procurer du pain ; des paresseux à la recherche d'un vice facile ; des voleurs à l'affut d'un bon coup à faire. Plus loin, surveillant le mouvement, les ambitieux, les cupides, les pêcheurs en eau trouble, habiles à tirer profit des calamités publiques ; plus loin encore, suivait le troupeau des timides, pactisant avec les bandits dans la crainte d'être maltraités ou rançonnés. Enfin, dirigeant secrètement cette armée disparate, les mandarins, les lettrés, les bonzes, acharnés contre l'intrusion des idées étrangères, et encore exaspérés par la crainte récente qu'ils avaient eue, de voir les populations émancipées secouer leur joug.

Les Boxeurs et leurs partisans portaient des insignes qui leur permettaient de se reconnaître

_____

(1) *Les Boxeurs*, par le baron d'Anthouard, chez Plon.

entre eux. Ils avaient, comme coiffure, un foulard rouge, noué, en marmotte, autour de la tête. Sur leur poitrine s'étalait un carré d'étoffe rouge, sur lequel, le plus souvent, se détachait en lettres noires une inscription cabalistique. Des rubans rouges cerclaient leurs poignets et leurs chevilles ; une ceinture de même couleur se nouait autour de leur taille.

Dans les premiers mois de l'année 1900, ils exercèrent particulièrement leurs brigandages dans les provinces du Kiang-Si et du Chan-Tong.

A chaque instant, parvenait aux légations l'annonce de massacres d'Européens ou de chrétiens.

Les églises, les écoles, les orphelinats, les hôpitaux étaient incendiés.

Les maisons de ceux qu'on soupçonnait être favorables aux étrangers avaient le même sort.

Au mois de mars, les conjurés débordèrent dans le Tché-Ly et se dirigèrent à petites journées vers Pékin, semant partout, autour d'eux, les ravages et la terreur.

Dans la deuxième quinzaine de mai, ils atteignirent Pao-Ting-Fou, se répandirent dans la région, et occupèrent tout le parcours du chemin de fer de Pékin à Han-Kéou.

L'invasion devenait menaçante. Mgr Favier vit le danger et écrivit à M. Pichon, pour le prévenir. Le ministre de France communiqua la lettre à ses collègues et insista, auprès d'eux, pour obtenir qu'une demande collective de secours fût adressée aux escadres. Des troupes lui paraissaient nécessaires pour garder les légations et les établissements européens.

Les autres ministres, moins exactement renseignés, ne crurent pas à l'imminence du péril et taxèrent d'exagération les avertissements de l'évêque.

« Le père Favier veut sauver ses chrétiens, » disaient-ils. Ils étaient persuadés que le mouvement s'arrêterait devant une action diplomatique, et se bornerait à une persécution régionale et temporaire. Ils comptaient faire cesser cette persécution, en exerçant sur le gouvernement chinois une pression morale, ferme et persévérante.

M. Pichon, lui, partageait l'avis de l'Évêque.

Il était sûr de ses renseignements. Les missionnaires et les chrétiens, dont il était le protecteur officiel, et qui vivaient au milieu des populations en effervescence, lui servaient d'informateurs. Par eux, il connaissait l'état d'esprit du peuple et les sentiments des conjurés; il pouvait donc, mieux que personne, se rendre compte de l'importance du soulèvement qui se préparait.

Les représentants des autres nations, enfermés dans leurs ambassades, n'en sortaient que pour se rendre au Tsang-Li-Yamen ou pour faire quelques excursions hors de Pékin. Ils ne se mêlaient jamais au peuple dont, pour la plupart, ils ignoraient la langue, et par conséquent, ne pouvaient connaître son état d'âme actuel. Ils adoptaient aveuglément l'opinion des résidents et des fonctionnaires, affirmant que les établissements étrangers de Pékin n'avaient rien à craindre, et surtout, que jamais la Cour ne permettrait qu'il fût porté la moindre atteinte à l'inviolabilité des ambassadeurs.

Ils résolurent donc d'employer, seulement, la force diplomatique pour se protéger et protéger leurs nationaux.

Vers la fin du mois de mai, le mouvement s'accentua vers la capitale. Les Boxeurs commençaient à se montrer. Ils pénétraient dans Pékin isolément, et sans se faire remarquer. Bientôt on les rencontra partout dans les rues, revêtus de leurs insignes rouges. Ils allaient d'un groupe à l'autre, soufflant la haine et prêchant le massacre.

L'aspect de la ville n'avait pas changé, en apparence ; la circulation était libre et la tranquillité parfaite. Cependant, les moins perspicaces pouvaient s'apercevoir de l'hostilité latente et sournoise qui se manifestait à l'égard des étrangers. Les relations entre indigènes et Européens, autrefois cordiales, se faisaient distantes et gênées. Les Chinois, qui ne manquaient pas d'aller au devant des étrangers de leur connaissance, avec force démonstrations d'amitié et de respect, affectaient, maintenant, de ne pas les voir ou s'éloignaient d'eux ostensiblement.

« Un professeur de l'Université de Pékin, raconte M. d'Anthouard, entretenait des relations d'amitié avec un jeune Chinois, occupant un poste de confiance auprès d'un des grands mandarins de la capitale. Remarquant que son ami espaçait ses visites, il lui en demanda la raison. Celui-ci avoua qu'il savait, de source certaine, qu'on allait massacrer, sous peu, les étrangers et les chinois suspects de sympathie pour eux. Il s'excusa donc d'interrompre ses relations, et engagea vivement le professeur à s'éloigner de la capitale. »

Les malades de l'hôpital disaient au docteur Matignon et aux religieuses : « Partez, il en est temps encore, dans quinze jours il sera trop tard. Vous ne pourrez quitter Pékin et vous serez égorgés. Rappelez-vous les massacres de Tien-Tsin, en 1874 ; ils débutèrent ainsi. »

Le 21 mai, l'amiral Courrejolles, commandant la division navale française en Extrême-Orient, vint à Pékin avec plusieurs membres de son état-major.

Tout concourut à leur inspirer cette confiance ambiante, que seuls, Mgr Favier et M. Pichon, ne partageaient pas.

Les officiers parcoururent la capitale en tous sens, sans rien remarquer d'anormal ; ils visitèrent le Pé-Tang, escaladèrent les remparts de la ville Jaune, et se promenèrent sur les plates-formes des tours. Ils allèrent en excursion aux tombeaux des Empereurs de la dynastie des Tsing, à plus de cinquante kilomètres de Pékin, et poussèrent jusqu'à la Grande Muraille.

« Au retour de cette excursion, dit M. de Pontevès (1), dans un village où il y avait une fête pour demander la pluie, nous fûmes obligés de faire route à travers une foule énorme, parmi laquelle on distinguait des Boxeurs. Nous restâmes trois jours et trois nuits en dehors des murs de Pékin, dans la campagne chinoise, une quinzaine d'officiers, avec, pour nous défendre, deux revolvers. Qui de nous eût prévu, que moins de quinze jours après, les Européens du Tché-Ly seraient en danger d'être massacrés ! »

Toutefois, durant le séjour de l'amiral et de son état-major, il s'était produit un événement, qui aurait pu être une indication, et troubler un peu la quiétude des optimistes.

Le dimanche 24 mai, une troupe de Boxeurs pénétra dans l'église de Cha-La-Eul, au moment des vêpres, en criant : Châ-châ ! A mort, à mort ! Une panique se produisit, et les assistants s'enfuirent précipitamment par toutes les issues.

Ce ne fut qu'une alerte, car les assaillants se bornèrent à des vociférations et à des menaces, mais les missionnaires, les Frères et les religieuses, justement effrayés de cette subite agression, passèrent la nuit tout entière à veiller et à prier derrière les

(1) *Souvenir de la colonne Seymour*, par Jean de Ruffy de Pontevès. Librairie Plon.

portes, soigneusement closes, de leurs maisons,

Le lendemain, il est vrai, le préfet de Pékin vint, lui-même, les rassurer et leur promettre sa protection. Il plaça à la porte des établissements, pour les garder, un fort détachement de soldats, sous les ordres d'un mandarin militaire.

L'affaire n'eut pas de suites, et l'agression ne se renouvela pas.

Le nombre des Boxeurs allait croissant dans la ville ; au milieu de la foule, on voyait circuler de nombreux turbans rouges. Des affiches violentes étaient placardées sur tous les murs : « Mort aux étrangers ! Jetons-les à la mer ; les dieux sont avec nous ! Ce sont les diables d'occident qui chassent les nuages et empêchent la pluie de tomber ! Ceux qui massacreront les barbares aux poils roux, seront les fils chéris de l'Empereur et recevront de belles récompenses. Lorsque nous aurons balayé les Européens, la pluie tombera, la récolte sera belle, la prospérité renaîtra et les ancêtres seront contents. Châ ! Châ ! tue tue ! Cho ! Cho ! brûle, brûle ! »

Le peuple s'assemblait autour des affiches, tranquille en apparence, et y faisait de longues stations, les commentant avec calme. Tous les jours, les missionnaires et les interprètes des légations allaient en prendre copie. Devant eux les groupes s'ouvraient, pour leur faciliter l'approche des placards, et nulle injure ne se faisait entendre.

En présence d'une pareille attitude, les appréhensions des Européens s'endormaient, et ils se confirmaient dans l'opinion que les xénophobes étaient moins redoutables que ne croyaient l'Évêque de Pékin et le ministre de France. On riait doucement de leurs craintes, et, pour un peu, on les aurait accusés d'avoir inventé les Boxeurs.

Cependant, M. Pichon avait obtenu du corps diplomatique l'envoi d'une lettre collective au Tsong-Li-Yamen, pour lui demander de maintenir l'ordre, et de faire cesser les excitations au meurtre.

Le gouvernement Chinois fit une réponse ambiguë et hypocrite, qui ne refusait rien, mais ne promettait rien. Les ministres insistèrent, en menaçant de réclamer la protection des troupes européennes. La Cour, qui voulait, à tout prix, éviter la présence des marins étrangers dans la capitale, se décida à prendre les dispositions qu'on lui demandait.

Mais, la bonne impression causée par cette attitude ne fut pas de longue durée. Les plus mauvaises nouvelles arrivaient des provinces. On apprenait que les Boxeurs avaient détruit la ligne de Pékin à Han-kéou; plusieurs stations avaient été brûlées.

Un messager arrivait aux légations, annonçant que le personnel d'une gare, située à vingt-cinq kilomètres de la capitale, était assiégé, depuis six jours, dans la maison du directeur de l'exploitation et réclamait du secours. On organisa aussitôt une expédition, et on ramena aux légations, treize hommes, neuf femmes et sept enfants. A peine les assiégés eurent-ils quitté la maison qui leur servait de refuge, que celle-ci fut envahie par les bandits qui l'incendièrent, après l'avoir pillée.

Les trains ne circulaient plus que d'une façon intermittente, et sur quelques tronçons de ligne. La vie des voyageurs Européens était même, parfois, menacée. Témoin l'aventure suivante, que raconte le baron d'Anthouard, arrivée à un de nos compatriotes, un Marseillais, probablement.

« Un Français, engagé au service du chemin de fer Pékin-Han-kéou, en Chine depuis peu de temps, gagnait Chang-Tsing-Tien, l'établissement central de la compagnie. Descendu à la bifurcation de Fengtaï, pour prendre le train de Pao-Ting-Fou, on lui apprit que la voie était coupée. Pendant ce temps, le train qui l'avait amené de Tien-Tsin était parti pour Pékin. Il était sur le quai, seul Européen, au milieu d'une foule chinoise très surexcitée. En un clin d'œil il est entouré, pressé, bousculé ; la malveillance était évidente et on allait lui faire un mauvais parti. Notre compatriote essaya de se dégager, mais en vain. Se voyant perdu, il se mit à apostropher violemment la foule, joignant à la parole une mimique expressive. Les Chinois s'arrêtèrent, surpris, et restèrent bouche bée à écouter cette harangue qu'ils ne comprenaient pas.

Mais la fatigue gagnait l'orateur, le discours touchait à sa fin et le charme allait se rompre, lorsqu'un grand gaillard, qui avait contemplé la scène avec attention, s'approcha vivement du Français, le tira de la foule, et le conduisit à un endroit où stationnaient des ânes. Il le mit sur un baudet, et, d'un geste, lui ordonna de filer vers Pékin. Deux heures après, notre compatriote arrivait à la légation de France où son histoire fit sensation. On se perd en conjectures sur le mobile qui a fait agir ce Chinois. Peut-être l'exubérance du méridional et ses gestes désordonnés, l'avaient-ils fait prendre pour un Boxeur étranger. »

Le 28 mai, le corps diplomatique se rendit compte, enfin, de la gravité de la situation. Passant, tout à coup, de la sérénité à l'affolement, il télégraphia aux Amiraux d'envoyer, en toute hâte, des détachements à Pékin. Pendant toute la journée, ce fut un échange fiévreux de dépêches entre Pékin, Tien-Tsin, et les escadres.

L'amiral Courrejolles donna aussitôt l'ordre au *d'Entrecasteaux* et au *Descartes*, mouillés à Tché-Fou, d'appareiller pour Takou et de débarquer chacun cinquante hommes. Pour commander ce détachement le *d'Entrecasteaux* devait fournir un lieutenant de vaisseau et un aspirant ; le *Descartes* un aspirant et un enseigne.

Il y avait sur le *d'Entrecasteaux* un jeune enseigne de vaisseau, officier d'avenir, d'une belle

intelligence, sérieux, attaché à ses devoirs, apprécié de ses chefs, aimé de ses camarades, adoré des
matelots. Ses sentiments chrétiens étaient connus
de tous, et sa piété aimable lui attirait le respect
et l'estime, de ceux même qui ne croyaient pas.

Il se nommait Paul Henry. Il désirait vivement
faire partie de l'expédition destinée à défendre, en
même temps que les légations, les missionnaires
et leurs œuvres.

Son chagrin fut grand lorsqu'il sut que le vaisseau qu'il montait n'avait pas à fournir d'officier
de son grade. « Il fut littéralement bouleversé,
écrit le lieutenant de vaisseau Fournier, en apprenant qu'il lui fallait renoncer à ses projets de dévouement. Il pensait d'ailleurs, avec juste raison,
que l'honneur militaire, lui faisait un devoir à lui,
officier fusilier attaché à la compagnie de débarquement, de marcher à la tête des hommes qu'il
avait instruits. Après avoir pesé sa détermination,
il alla trouver le commandant et lui parla en
des termes tels, qu'il fut désigné à la place de
l'aspirant. Je le vois encore, rayonnant de joie,
nous annonçant la bonne nouvelle, tandis que
notre camarade Darcy, chef du détachement, s'ap-
plaudissait d'avoir pour le seconder un officier de
cette valeur. »

Mais, avant de faire ces instances, Paul Henry
en prévint loyalement l'aspirant déjà désigné,
M. de Pontevès.

« Mon ami, lui dit-il, je te prie de ne pas m'en vouloir, je considère comme de mon devoir de faire cette démarche.

« Promets-moi, du moins, répondit l'aspirant, de plaider ma cause en même temps que la tienne, et de supplier le commandant de m'envoyer quand même; c'est si peu de chose un « midship. »

« Je le ferai de grand cœur (1). »

Henry fut désigné, et le pauvre aspirant, moins heureux, dut rester sur son navire, pendant que son camarade marchait au danger.

Il est vrai, qu'une compensation lui était réservée. Quelques jours plus tard, dans les rangs de la colonne Seymour, il se conduisait en héros, était blessé grièvement sous les murs de Tien-Tsin, conquérait sur le champ de bataille les galons d'enseigne, et, ramassait dans son sang le ruban rouge.

Au moment de partir, Henry écrivit quelques lignes rapides à sa famille pour lui annoncer la bonne nouvelle :

« Je pars pour Pékin ; je suis dans toute la fièvre du départ et je n'ai pas le temps de revoir et de copier les quelques notes touffues que je prends tous les soirs. Je suis ravi de partir, sous tous les rapports. Ne vous inquiétez pas. Nous ne courons aucun danger. C'est un appui purement moral que

(1) *Souvenirs de la colonne Seymour,* par Jean de Ruffy de Pontevès. Librairie Plon.

nous allons porter là-bas. Quel magnifique rôle, pour un bon chrétien, que de protéger les missionnaires ! Soyez donc heureux comme je le suis... Encore une fois ne vous inquiétez pas. Je vous embrasse bien fort, tous, comme je vous aime. »

Le jeune enseigne s'efforce de rassurer les siens. Mais il est persuadé qu'il va au danger, et que la mort l'attend, peut-être, sur la route de Pékin ou dans les murs de la capitale chinoise. A l'heure du départ il disait à ses camarades, en leur serrant la main : « De deux choses l'une, ou il n'y aura rien, et ce sera un voyage d'agrément, ou il y aura quelque chose, et ce sera terrible : nous n'en reviendrons pas. »

Le 30 mai, le détachement français s'embarqua, avec cent Russes et quarante Italiens, sur un chaland, à quelques milles de l'embouchure du Peï-Ho.

En vue des forts de Takou, le convoi fut accueilli par plusieurs coups de canon, tirés à blanc. Devant cette attitude hostile, on résolut d'attendre la nuit pour franchir les passes.

Le lendemain, à deux heures du matin, le chaland, remorqué par un vapeur, s'engagea dans l'estuaire du fleuve. Les hommes étaient massés dans la cale, silencieux et sur le qui-vive. Seuls, les officiers étaient restés sur le pont. L'un d'eux, assis à côté du pilote chinois qui tenait la barre, lui faisait signe de se taire, en lui montrant un revolver et un sac de piastres.

Ces deux gestes furent compris, surtout le second.

La démonstration de la veille ne fut pas renouvelée.

A la faveur des ténèbres, et au milieu du va-et-vient des jonques, le convoi passa sans encombre. Bientôt, il était hors de la portée des canons, et voguait à toute vapeur, entre les deux rives, silencieuses encore et pacifiques, du Peï-Ho.

A une heure de l'après-midi, les détachements arrivaient à Tien-Tsin, et, à quatre heures, malgré les résistances du vice-roi, un train spécial emportait vers la capitale de la Chine : soixante-quinze Français, soixante-quinze Russes, soixante-quinze Anglais, soixante Américains, quarante Italiens et trente Japonais.

La petite armée internationale débarqua, vers sept heures du soir, à Ma-Kia-Pou, dernière station de la ligne, située à quelques kilomètres de la Ville.

A Pékin, les secours étaient attendus avec impatience ; la situation devenait critique.

Les marins furent accueillis, sur le quai de la gare, par une quinzaine de membres des légations, venus, à cheval et armés, à leur rencontre.

« La colonne se forma aussitôt, dit le commandant Darcy (1), et se mit en marche à travers une quadruple ou quintuple haie de faces jaunes.

« Mais sur tout le parcours, en dehors des murs

____

(1) *La Défense de la Légation de France*, par Eugène Darcy, lieutenant de vaisseau. Challamel, éditeur.

comme en ville, pas un seul cri, pas la moindre manifestation; et cependant, la foule accourue pour nous voir passer était énorme. On a dit que les Chinois étaient cinquante ou soixante mille ; ce chiffre ne me paraît pas exagéré. Nous aurions pu être étouffés entre ces deux murailles humaines, si elles s'étaient rejointes, avant d'avoir eu le temps de charger nos fusils. »

A huit heures du soir, les marins entraient aux légations, accueillis avec une joie d'autant plus grande, que les appréhensions des jours passés avaient été plus vives.

On avait acquis la certitude que le gouvernement était secrètement complice des Boxeurs, et fermait les yeux sur leurs brigandages. En certaines régions, les troupes régulières pactisaient ouvertement avec les bandits. C'étaient elles, on le savait, qui avaient incendié les stations du chemin de fer et endommagé la ligne.

La veille de l'arrivée des troupes, le 30 mai, l'effervescence avait augmenté dans Pékin. La foule qui envahissait les rues, plus nombreuse, paraissait nerveuse et surexcitée. Tout l'après-midi, des petits ballons rouges avaient voltigé, transmettant, sans doute, des signaux. Une rumeur menaçante montait de la ville. On dormit mal, cette nuit-là, aux Légations et au Pé-Tang.

Dans la matinée du 31 mai, des télégrammes arrivaient de toutes parts, apportant des nouvelles terrifiantes. Des villages avaient été incendiés, aux portes de Pékin, des chrétiens et des Européens avaient été torturés et massacrés sous les yeux des mandarins, qui n'avaient rien fait pour s'y opposer. Le fleuve charriait de nombreux cadavres, horriblement mutilés. On commençait à trouver moins pessimiste la parole de Mgr Favier : « Ce n'est pas quatre cents hommes qu'il faudrait à Pékin, mais quatre mille. »

L'infiltration lente et progressive des Boxeurs augmentait dans la capitale; dans toutes les rues on les rencontrait de plus en plus nombreux, avec leurs insignes rouges.

Le 1er juin, à neuf heures du matin, M. Pichon vint, à cheval, au Pé-Tang, avec son escorte. Il précédait, de quelques minutes, trente marins, détachés à la défense de l'évêché et des établissements qui en dépendaient.

En faisant cela, il contrevenait formellement à la défense du Tsong-Li-Yamen. Celui-ci, en acceptant la venue des troupes à Pékin, avait spécifié qu'elles devaient servir, exclusivement, à la protection des ambassades. Mais, le ministre de France se souvenait qu'il était le protecteur officiel des chrétientés. Il n'hésita pas une minute à distraire une partie des forces destinées à le protéger, pour les consacrer à la défense du principal centre catholique à Pékin.

Quinze marins, sous le commandement de l'aspirant Herber, avaient été envoyés, également, au

Nan-Tang, autre groupe important d'établissements religieux.

La section destinée à la défense du Pé-Tang était commandée par l'enseigne de vaisseau Paul Henry. Le commandant Darcy, sûr de répondre aux ardents désirs du jeune homme, connaissant, d'autre part, sa prudence et sa bravoure, n'avait pas hésité à lui confier ce poste difficile et périlleux : « Henry est très heureux de la mission qui lui est échue et il la désirait vivement. Je suis sûr qu'il s'en acquittera avec zèle et dévouement. »

Sans retard, le jeune officier se mit à l'œuvre. Accompagné de Mgr Favier et de Mgr Jarlin, coadjuteur de Pékin, il visita minutieusement le Pé-Tang. Cette première inspection lui permit de se rendre compte des difficultés qu'il avait à vaincre et des avantages qui s'offraient à lui. Aussitôt, il prépara le plan d'ensemble de cette défense mémorable, qui, au témoignage d'un des combattants des Légations, le docteur Matignon, « a le droit d'être citée parmi les plus belles pages de notre histoire militaire, au même titre que Mazagran, Sidi-Brahim ou Tuyen-Quan. »

La situation, au point de vue militaire, était des plus défavorables, et la place, à première vue, paraissait impossible à défendre. Le Pé-Tang, en effet, n'était pas une forteresse. Mgr Favier qui en avait été l'organisateur et l'architecte, n'avait pas prévu qu'il dut subir un siège. Un simple mur de clôture, un mur de couvent, entourait les établissements groupés autour de la cathédrale. Ce mur, haut de quatre mètres, servait, uniquement, à isoler de la voie publique la petite colonie chrétienne. Les bâtiments avaient été disposés, non d'après les règles de la stratégie, mais selon la commodité ou les besoins des diverses œuvres qu'ils avaient à abriter.

Au midi, à une centaine de mètres de la rue, se dressait la cathédrale, beau monument de style gothique. On y avait accès par une avenue spacieuse, après avoir franchi trois grandes grilles ou portes de fer. Une terrasse, bordée d'une balustrade de marbre blanc, courait tout le long de la façade.

Tout autour de l'église, se succédaient : l'économat, le musée, les habitations des missionnaires, l'évêché, les bibliothèques, les ateliers, l'imprimerie, un pavillon pour les étrangers, un grand et un petit séminaire, des parcs plantés d'arbres et des jardins potagers. Dans les dépendances, s'étendaient les vastes magasins où s'empilaient les provisions de riz, de blé et de millet, nécessaires à la subsistance des nombreux habitants du Pé-Tang.

Car, outre les missionnaires, les séminaristes, les Frères, le personnel des serviteurs et des employés, la population de la petite cité catholique comptait encore les religieuses de saint Vincent de Paul, les filles des orphelinats et les bébés des crèches.

Les établissements occupés par les Sœurs formaient un tout distinct, et s'étendaient au nord du groupe principal, dont ils étaient séparés par une rue. Cette rue, inhabitée, était bordée, des deux côtés, par le mur d'enceinte. Elle restait cependant ouverte à la circulation, et reliait les quartiers de l'est aux remparts de la Ville Jaune. Seules, deux portes donnant sur cette rue, et ordinairement fermées, mettaient en communication les deux établissements.

Cette annexe du Pé-Tang se nommait le Jen-Tse-Tang. C'était le petit royaume de Sœur de Jaurias. On y comptait : un noviciat, des crèches, des écoles, un dispensaire. Une belle église, l'église de l'Immaculée-Conception, servait de chapelle à cette nombreuse communauté.

L'étendue à défendre était donc considérable ; les trente marins d'Henry avaient à veiller sur 1.400 mètres de murailles.

Le premier soin du jeune officier fut de barrer la rue qui séparait le Pé-Tang du Jen-Tse-Tang, afin de conserver entre les deux groupes la libre communication. Aux deux extrémités, il fit construire des barricades s'élevant à la hauteur du mur d'enceinte. Il ne fallait pas songer, en effet, à abandonner le Jen-Tse-Tang, comme semblait l'indiquer la nécessité de concentrer sur un espace restreint l'effort de la défense.

La population du Pé-Tang s'était, depuis quelques jours, considérablement accrue. Les fidèles, chassés de leurs demeures incendiées, affluaient de tous côtés, fuyant devant le massacre.

« A chaque heure, écrit Sœur de Jaurias, nous
voyons arriver des chrétiens fugitifs. Leurs villages
ont éte brûlés, leurs champs ravagés ; ils sont sans
gîte et sans pain. Tous, pleurent quelques membres
de leur famille. Une pauvre jeuné femme a vu
couper en morceaux son mari, qui, jusqu'à son
dernier soupir, a affirmé sa foi. Elle était disposée
à mourir avec lui. Les bandits l'ont oubliée ou dé-
daignée. Elle est aussi admirable dans sa résignation que l'a été son mari dans sa constance. »

Les Sœurs, outre leur personnel ordinaire, avaient
à loger, au Jen-Tse-Tang, dix-huit cents femmes et
enfants. Neuf cents hommes recevaient, au Pé-Tang,
l'hospitalité des missionnaires. C'était un total de
trois mille quatre cents personnes, dont soixante
Européens. Pour abriter tous ces réfugiés, les bâtiments des deux communautés n'étaient pas trop
vastes.

En quelques jours, grâce à l'activité de Paul
Henry et de ses marins, le Pé-Tang avait pris l'aspect d'une place forte.

« Toutes les parties faibles du mur d'enceinte,
écrit M. René Bazin (1), furent réparées et renfor-
cées ; toutes les portes, solidement barricadées, furent épaulées par des terrassements. Des tonneaux,
des planches, des poutres, des terre-pleins, disposés
sur toute la circonférence, permettaient aux soldats

(1) L'*Enseigne de vaisseau Paul Henry*, par René Bazin, chez
Mame.

d'observer l'ennemi et de tirer. En outre, quatre postes de tir, mieux abrités, avaient été construits sur la frontière du nord, et trois sur la frontière de l'est, dont un fortin en briques dépassant le mur d'enceinte et qui commandait toute la rue.

« Mais le principal effort se porta, tout de suite, du côté de l'entrée monumentale du Pé-Tang. On prévoyait, et l'événement montra la justesse de ces prévisions, que les combats les plus acharnés se livreraient autour de cette porte, qu'abritait un vaste toit soutenu par des colonnes, et qui donnait accès sur l'esplanade de la cathédrale.

« On commença par creuser une tranchée-abri en avant de la porte. Puis, aux premières menaces du bombardement, une seconde ligne de défense fut établie. Les deux loges, placées sous le toit de la porte, furent protégées avec de la terre et des fascines ; elles furent percées de meurtrières et devinrent le poste principal du Pé-Tang. Un terre-plein facilitait l'accès du toit, et en faisait un lieu d'observation. Une casemate, un peu en arrière, permettait aux marins de continuer la défense en cas d'incendie de la porte. Enfin, à l'entrée de l'esplanade de la cathédrale, s'élevait une troisième ligne de défense : un talus de terre de plus de cinq mètres de haut, assez épais pour que les obus ne le puissent traverser, et où flottait le drapeau français.

« Pour faire communiquer ces différents ouvrages, une tranchée partait d'une des cours voisines et permettait de marcher à l'abri des projectiles.

« Un missionnaire, le Père Giron, et quatre séminaristes Chinois, étaient chargés d'observer les mouvements de l'ennemi du haut du toit de la cathédrale, et d'avertir en cas de danger. Ils avaient un clairon avec lequel ils signalaient les points menacés. Un coup de langue désignait le nord, deux le sud, trois l'est et quatre l'ouest. »

Tout en s'efforçant d'organiser la défense, d'élever ou de réparer les fortifications, Paul Henry ne négligeait pas d'aguerrir les défenseurs et de les exercer à leurs rôles futurs. La petite armée fut divisée en six groupes de quatre hommes. Chaque groupe était commandé par un gradé ou un breveté, et devait rester en contact permanent avec les groupes voisins. Tous les jours, le détachement s'entraînait en faisant des exercices de combat.

On avait choisi une centaine de chrétiens réfugiés, parmi les plus dévoués et les plus braves, pour former une milice chinoise. Une dizaine d'entre eux, les meilleurs tireurs, avaient été armés de fusils, de tous systèmes et de tous calibres, apportés par les chrétiens ou trouvés au Pé-Tang ; les autres étaient munis de lances, de piques, quelques-uns même, de simples bâtons pointus.

« Vous ne pouvez vous imaginer, écrit Paul Henry, le spectacle digne de Salam mbô qu'offrait

au clair de la lune, cette horde de Chinois entur-
bannés de blanc et armés d'immenses pieux, souvent hélas ! veufs de fer. »

Le 5 juin, le ministre d'Italie envoya au Pé-Tang
dix marins Italiens, commandés par l'aspirant
Olivieri. Ils furent chargés, plus spécialement, de
protéger le Jen-Tse-Tang, où se trouvaient plusieurs
religieuses italiennes.

Pendant que se préparait la défense des établissements catholiques, le mouvement anti-étranger
augmentait en étendue et en intensité.

Les troupes du général Tong-Fou-Siang avaient
été licenciées. Ces soldats, sans emploi et sans
solde, devaient, fatalement, grossir les rangs des
bandits, attirés par l'espoir du pillage, ou, simplement, alléchés par la perspective du massacre et
le goût du sang. On voyait s'agiter, tous les jours
plus nombreuses, les casaques bleues des réguliers, au milieu des boxeurs, cerclés de rouge.

Cependant, les rues de la capitale étaient encore
accessibles aux Européens. Ils sortaient presque
tous les jours et traversaient la foule, sans se laisser
impressionner par le silence menaçant, coupé parfois de quelques injures isolées, qui accueillait leur
passage. Leur témérité insouciante étonnait les
Chinois et fut, longtemps, leur sauvegarde.

Le 3 juin, Mgr Favier se rendit au Palais Impérial : « Le Souverain Pontife m'ayant délégué pour
offrir, de sa part, à l'Impératrice une lettre et un

présent, je tenais essentiellement à remplir cette mission. Sa Majesté, n'étant pas en ville, avait désigné le prince Tsing pour me recevoir en son nom. C'est ce qu'il a fait aujourd'hui, à deux heures. Ce prince était entouré de hauts mandarins. Lettre et cadeau furent remis avec tout le cérémonial impérial, et acceptés avec de grands témoignages de respect et de reconnaissance. J'avais rédigé, de plus, un placet pour l'Impératrice, dans lequel j'exposais la situation actuelle; je demandais protection pour les chrétiens et la punition des Boxeurs. Le prince voulut bien s'en charger, et je sus que, dès le lendemain, ce placet avait été remis à Sa Majesté. »

Deux jours après, le gouverneur de Pékin venait rendre visite à l'évêque, et protestait des bonnes disposition du gouvernement à l'égard des Européens. Il promettait le châtiment prochain des boxeurs, et terminait par cette affirmation : « Vous n'avez rien à craindre, le Pé-Tang ne sera pas attaqué ! »

Le 9 juin, dans la matinée, Mgr Favier partit pour les Légations, et, quelques heures après, M. Pichon lui rendit sa visite, au Pé-Tang, avec tout son personnel. « La ville paraissait calme encore, dit M. d'Anthouard, mais la foule était plus arrogante ; dans les rues on remarquait un nombre considérable de soldats débandés, armés de fusils modernes, dont la plupart étaient tout neufs. »

Le même jour, l'Empereur et l'Impératrice douairière quittèrent la Résidence d'Eté, où ils étaient depuis le mois d'avril, et revinrent au Palais Impérial. On espérait que leur retour ramènerait un peu d'ordre et de sécurité.

En effet, en arrivant à Pékin, la Régente lança un décret contre les Boxeurs. Le gouverneur fit savoir, de son côté, à l'évêque, qu'il avait reçu l'ordre spécial de protéger les églises.

C'était pure fourberie. Le double jeu, joué jusqu'ici, se continuait.

Le gouvernement chinois protestait de ses bonnes intentions; il promulguait des décrets menaçants contre les perturbateurs ; il envoyait même des mandarins haut placés pour parlementer avec eux et tâcher, disait-on, de les arrêter par la persuasion.

Mais, d'un autre côté, il licenciait une partie de son armée, sachant très bien qu'il jetait ainsi dans les rangs des bandits des auxiliaires aguerris et disciplinés, rompus au maniement des armes perfectionnées et à la manœuvre du canon ; il laissait détruire les lignes de chemin de fer, et donnait l'ordre, secrètement, aux vice-rois des provinces, d'entraver, par tous les moyens, le départ des secours pour Pékin ; il s'efforçait d'isoler les étrangers, afin de les livrer plus sûrement à la fureur des fanatiques; mais il voulait, en même temps, se réserver des prétextes pour désavouer ces derniers, si l'affaire ne réussissait pas.

Pendant qu'elle essayait de rassurer les Européens par ses démonstrations hypocrites, l'Impératrice faisait entrer cinq mandarins Boxeurs dans le Tsong-Li-Yamen, dont le prince Tuang, chef avéré de la secte, venait d'être nommé président. Plusieurs membres de ce conseil, soupçonnés d'être favorables aux étrangers, étaient disgraciés ou mis à mort.

A cette nouvelle, les Européens se sentirent perdus. Le ministre d'Angleterre, Sir Claude Mac-Donald, télégraphia immédiatement à l'amiral Seymour : « Venez en toute hâte ; peut-être arriverez-vous trop tard. »

Le lendemain, une dépêche de M. du Cheylard annonçait que Seymour partait pour Pékin avec douze cents hommes : Français, Allemands, Russes, Anglais, Américains, Japonais. La colonne venait de s'embarquer dans trois trains et devait marcher sur la capitale, en réparant la ligne, qu'on disait détruite en plusieurs endroits. Les troupes étaient parties le 10 juin à 9 heures du matin ; d'après les calculs, et en mettant les choses au pis, elles devaient arriver, au plus tard, dans la matinée du onze.

Ce jour-là, à midi, rien n'avait encore paru. Les charrettes, envoyées à la station terminus pour prendre les bagages de la colonne, étaient revenues à vide, non sans avoir été bousculées par la populace ; les conducteurs avaient été maltraités.

Vers cinq heures, le chancelier de la Légation Japonaise, impatient d'avoir des nouvelles, partit pour la gare, en voiture fermée. Quelques minutes après, le cocher qui le conduisait revenait précipitamment, annonçant que son maître venait d'être massacré par les soldats de Tang-Fou-Siang. On apprenait dans la soirée d'horribles détails : les assassins avaient dépecé la victime, lui avaient arraché le cœur, et en avaient fait hommage à leur général.

En même temps, on annonçait que toutes les lignes télégraphiques reliant Pékin à l'Europe étaient coupées. Quelques centaines d'étrangers, des femmes, des enfants, se trouvaient séparés du monde civilisé, isolés au sein d'une cité hostile, entourés d'ennemis innombrables, surexcités et fanatisés, avec la perspective de la mort au milieu de tortures raffinées et lentes.

Cependant, tout espoir n'était pas perdu. Les secours étaient en route, et une lettre, apportée par un Chinois, annonçait que la colonne expéditionnaire était parvenue à soixante kilomètres de Pékin. C'était la délivrance assurée pour le lendemain.

La nuit qui précéda ce lendemain si désiré fut sinistre. Des cris, des hurlements, des détonations, retentissaient de tous côtés.

A l'entrée de la nuit, un immense incendie éclata à l'est de la ville Mandchoue, projetant sa lueur blafarde jusque dans la rue des Légations. C'était la grande église du Toung-Tang qui flambait. Le lendemain, à onze heures, l'incendie n'était pas encore éteint et, du Pé-Tang comme des Légations, on pouvait voir s'élever des décombres une énorme colonne de fumée, dont les volutes, pailletées d'étincelles, se déroulaient lentement sous un ciel serein.

Dans la soirée, un chrétien, échappé au désastre, annonçait que le missionnaire, M. Garrigues, avait été crucifié et brûlé vivant. De nombreux fidèles étaient morts en confessant leur foi. Trois cents femmes chrétiennes avaient été massacrées avec la dernière barbarie. Les enfants, eux-mêmes, s'étaient montré héroïques. Paul Henry note, dans son journal, ce trait admirable d'un petit martyr : « Dis que tu n'es pas chrétien ou tu es mort ! crie un brigand à un pauvre gosse de huit ans.

— Je suis chrétien depuis trois générations ; tue-moi, répondit fermement l'enfant.

Un coup de sabre fit rouler sa tête. »

Ces événements, d'une effrayante signification, faisaient désirer plus ardemment l'arrivée des troupes internationales.

Du haut des tours du Pé-Tang et des miradors des Légations, on explorait fiévreusement l'horizon dans l'espoir de voir poindre les uniformes occidentaux. Mais, cet horizon se rétrécissait de plus en plus. Les incendies, qui éclataient de toutes parts, élevaient une muraille de fumée et de flammes, à chaque heure plus épaisse et plus haute, entre les assiégés et la délivrance.

Dans la matinée du 14 juin, l'église du Si-Tang, située presque sous les murs de la ville Jaune, prenait feu à son tour ; quelques heures après, au milieu des ruines du monument effondré, se dressait, seule, lézardée et noircie, la tour des cloches. Le missionnaire M. Doré était mort au milieu des flammes avec une vingtaine de chrétiens.

« Quelques jours auparavant, dit Mgr Favier (1), ce bon père m'avait dit : Monseigneur si je suis attaqué, puis-je me servir de mon fusil ?

— Je lui répondis : — Évidemment, c'est permis en cas de légitime défense.

Il ajouta : — Mais si c'était pour défendre ma seule personne, serait-ce plus parfait de ne pas m'en servir ?

Je lui dis alors : — Assurément ; massacré pour le Bon Dieu, sans se défendre, c'est le vrai martyre. C'est ce que ce cher confrère a fait. »

En même temps que le Si-Tang, le Nan-Tang, le groupe le plus considérable d'établissements catholiques, après le Pé-Tang, devenait la proie des flammes.

A l'arrivée des détachements européens on avait songé à faire du Nan-Tang un centre de défense et

___

(1) *Journal du siège du Pé-Tang*, par Mgr Favier.

un lieu d'asile pour les chrétiens persécutés. Quinze marins français, sous le commandement de l'aspirant Herber, avaient été chargés de protéger l'hôpital, l'orphelinat, le collège, la résidence et l'église. Mais, on s'aperçut bientôt que quinze hommes n'étaient pas suffisants pour garder de si nombreux bâtiments, répartis sur un si vaste espace. Persister dans le projet initial, c'était vouer à une mort certaine protégés et protecteurs. La petite garnison fut donc rappelée, et les habitants du Nan-Tang invités à se retirer aux Légations lorsque le danger deviendrait pressant.

Mais missionnaires, Frères et religieuses, s'obstinaient à rester à leur poste, ne se résignant pas à abandonner leurs fidèles, leurs enfants et leurs malades. On jugea, aux Légations, que leur vie était sérieusement menacée ; il était impossible de les laisser plus longtemps loin de toute protection.

A une heure du matin, dans la nuit du 14 au 15 juin, quelques volontaires, dévoués et courageux, partirent pour le Nan-Tang et se frayèrent, revolver au poing, un passage au milieu de la foule grondante, mais subjuguée par tant d'audace. Ils arrachèrent, presque de force, les missionnaires, les Filles de la Charité, les maristes, les Sœurs indigènes de saint Joseph, à leurs chères œuvres.

Il était temps ! A peine la petite colonne arrivaitelle aux Légations, que les flammes dévoraient les établissements abandonnés, qui avaient été, au préalable, pillés et saccagés par la populace. De nombreux chrétiens, qui n'avaient pas pu ou n'avaient pas voulu suivre les sauveteurs, furent martyrisés horriblement. D'autres purent se sauver à grand'peine et gagner les Légations, après avoir erré plusieurs jours dans les rues, poursuivis comme des bêtes fauves.

« Parmi ceux-ci, dit M. Darcy, on m'a montré un jeune garçon de seize à dix-huit ans qui avait reçu quatre coups de sabre, trois sur la tête et un autre qui lui avait tranché le quart du cou. Nous nous demandions comment ce pauvre garçon pouvait vivre encore ! Il était dans cet état depuis cinq jours, et les vers grouillaient dans ses plaies. Un mois plus tard, je retrouvai ce Chinois dans le Sou-Wang-Fou ; il était complètement guéri. »

Après la destruction du Nan-Tang il ne restait plus debout, dans Pékin, que deux groupes d'établissements européens : les Légations et le Pé-Tang. C'est autour de ces deux citadelles improvisées qu'allait se concentrer tout l'effort de l'armée chinoise, car, les Boxeurs, qui avaient été les initiateurs et les meneurs du mouvement anti-étranger, passaient désormais au second plan, et devenaient, simplement, les auxiliaires des soldats réguliers.

CHAPITRE XII

SIÈGE ET DÉLIVRANCE DU PÉ-TANG

Isolés! — Les Boxeurs dans la ville Jaune. — Le Pé-Tang investi. — Le bombardement. — Le premier boulet et ses victimes. — Capture d'un canon. — Le Jen-Tse-Tang attaqué. — Les auxiliaires chinois. — Mgr Jarlin et M. Gartner. — Les exploits de « *Barbiche* ». — La question des vivres. — Les provisions de Sœur de Jaurias. — La cavalerie du Pé-Tang. — Première explosion de mine. — Les sapeurs chinois. — Deuxième explosion : quarante victimes. — Mort de l'enseigne Henry. — Abattement des défenseurs. — La famine. — Les soupes de feuilles d'arbres et les rôtis de chien. — Enfants morts de faim. — Troisième explosion de mine : quatre-vingts victimes. — Plus de vivres! — Espoir! — Les Européens arrivent. — Quatrième explosion de mine. — Apparition de la paralysie. — Derniers sacrements. — Oubliés ? ! ! — La délivrance. — La mort.

A partir du 15 juin, les Légations et le Pé-Tang furent, presque complètement, isolés l'un de l'autre.

Il devint impossible aux Européens, sous peine de massacre, de quitter les enceintes qui les abritaient. De temps en temps, quelques chrétiens chinois se dévouaient pour porter des nouvelles et parvenaient, non sans peine, à forcer le blocus.

Mais bientôt, cette ressource fit défaut.

Les portes de la Ville Jaune étaient gardées par les soldats du prince Tuang. A tous ceux qui se présentaient, pour sortir ou entrer, ils demandaient : « Es-tu chrétien? » Sur une réponse négative, ils laissaient passer. Mais, si l'interpellé répondait affirmativement, il était égorgé sur le champ. Et c'est ce qui arrivait le plus souvent; car, au cours de cette terrible persécution, ceux qui consentirent à apostasier, pour sauver leur vie, furent très rares (1).

Dans ces conditions, envoyer des messages, c'était placer, ceux qui s'en chargeaient, dans l'alternative, ou de renier leur foi, ou d'être martyrisés.

« Un de nos chrétiens, écrit, le 10 août, Mgr Favier, s'est encore sacrifié pour aller avertir le ministre que nous étions à la dernière extrémité. Pauvre jeune homme ! il a été écorché vif, et les Boxeurs ont exposé sa peau et sa tête à quelques mètres de notre mur d'enceinte. »

---

(1) Je ne crois pas exagérer, dit Mgr Favier, en portant le nombre des victimes à 1.500 au moins : 1.500 victimes, mortes brûlées, coupées en morceaux, jetées dans les fleuves, sans vouloir faire une simple prostration idolâtrique qui les aurait sauvées. Je ne pense pas, que deux pour cent aient racheté leur vie par un acte superstitieux, où le cœur n'était certainement pour rien.

Quelques païens acceptèrent bien, plusieurs fois, de faire parvenir des lettres ou de transmettre des nouvelles; mais ce fut d'une façon intermittente. Le plus souvent, si les lettres arrivèrent à destination, les réponses ne vinrent pas : les envoyés avaient été dénoncés et tués, ou n'avaient pas eu le courage de remplir leur mission jusqu'au bout.

« Notre position devient de plus en plus grave et pénible, écrit Sœur de Jaurias, nous nous demandons ce que le bon Dieu veut faire de nous. »

Le Pé-Tang avait été mis en état de défense, autant qu'il pouvait l'être. Les marins et les auxiliaires chinois, échelonnés le long du mur d'enceinte, circulaient sans cesse, d'un poste à l'autre, surveillant, à travers les meurtrières, les rues environnantes. Les maisons voisines se dépeuplaient rapidement. Les habitants entassaient, à la hâte, sur des charrettes, leurs marchandises, leurs meubles et leurs objets précieux, et allaient chercher asile dans un quartier moins menacé.

C'était un symptôme alarmant.

On s'attendait, à chaque heure, à un assaut. Tout le monde se tenait à son poste de combat. Les Boxeurs pouvaient venir; on était prêt à les recevoir.

Ils vinrent en effet.

La nuit qui précéda leur première attaque, ils se réunirent, en grand nombre, au pied des remparts de la Ville Jaune, à l'ouest du Pé-Tang.

Pendant plusieurs heures, ne pouvant faire autre chose, ils poussèrent, tous ensemble, des cris inhumains, entrecoupés d'horribles menaces et scandés de coups de feu.

« C'étaient, dit Paul Henry, de véritables hurlements de bêtes fauves, puis, tout à coup, une accalmie se faisait, suivie d'une tempête de rugissements. »

Un instant, on crut que la porte de la ville allait céder sous la ruée furieuse de ces frénétiques. « Nous nous tenions dans la chapelle, écrit sœur de Jaurias. Nous avons fait la sainte communion en viatique, à onze heures du soir ; on a consommé la Sainte Réserve. Nous étions, tout à fait, entre les mains du bon Dieu. »

La porte résista. Ce ne fut qu'une alerte, mais une alerte grosse de menaces.

La patience des assiégés s'énervait dans l'attente des secours qui n'arrivaient pas. On savait, cependant, que la petite armée de l'amiral Seymour n'avait pas été anéantie, et qu'elle était toujours en marche sur Pékin. Malgré le blocus, on avait de ses nouvelles, au Pé-Tang, et des nouvelles assez exactes : « Nous apprenons que nos marins approchent, écrit Sœur de Jaurias. Ils ont été attaqués quatre fois en route et ont tué beaucoup de Boxeurs. On espère qu'il n'y a pas de victimes parmi les nôtres, moins cinq Italiens qui ont été tués, par surprise, pendant leur sommeil. Pauvres

gens! Combien nos braves soldats ont dû souffrir
d'ici Tien-Tsin, avec cette chaleur, obligés de
réparer le chemin de fer et de combattre contre des
diables déchaînés! Comme il nous tarde de les
voir arriver à Pékin! »

La tentative que les Boxeurs avaient faite, la
veille, pour pénétrer dans la Ville Jaune, devait se
renouveler le lendemain, avec moins de fracas,
mais plus de succès.

Le 15 juin, à la tombée de la nuit, on apprit que
la porte Si-Hoa-Men, venait d'être forcée. Une
foule innombrable de Boxeurs, poussant des hurlements, apparut bientôt sous les murs du Pé-Tang,
et l'enveloppa de trois côtés.

Aussitôt, les Sœurs, entraînant après elles les
orphelines et les femmes réfugiées, quittèrent
leur maison, et se dirigèrent vers la cathédrale,
où il était décidé que les non-combattants devaient
chercher asile, au moment du danger.

« Notre belle église, écrit Sœur de Jaurias, est
encombrée de sacs de riz, de vivres, de munitions,
d'objets de toutes sortes. Nous nous y entassons,
avec une foule de chrétiennes, de petits enfants,
enfin tout le personnel du Jen-Tse-Tang. On ne
peut se coucher, moins les enfants qui encombrent
le pavé. Il n'est guère possible de fermer l'œil, car
tous ces bébés font la musique à qui mieux mieux. »

A la musique des bébés, répondait la musique
discordante et sauvage des Boxeurs.

Ceux-ci, après avoir vociféré à distance, pendant une demi-heure, et épuisé, à la façon des héros d'Homère, tout leur vocabulaire d'injures et de menaces, se décidèrent à approcher. Ils allaient affronter, pour la première fois, les armes européennes, et prouver à la foule curieuse, et un peu sceptique, qui les suivait, leur invulnérabilité.

Ecoutons l'enseigne Paul Henry nous narrer cette première rencontre.

« A sept heures vingt du soir, on nous prévient qu'une forte bande de Boxeurs se dirige vers nous. A sept heures vingt-cinq, les premiers apparaissaient devant la porte du Sud, coiffés et ceinturés de rouge. Ils s'avancent lentement, la torche d'une main, le sabre de l'autre. Ils sont à trois cents mètres. Là ils s'arrêtent, font des génuflexions; ils prient Boudha de les rendre invulnérables. Ils se relèvent, et s'avancent au pas gymnastique. Les voilà à deux cents mètres : « Joue! »; à cent cinquante mètres : « Feu! ». Dix-sept balles fauchent les premiers rangs, qui s'abattent comme des capucins de cartes. — Joue! feu! — Seconde salve, seconde fauchée.

« Quand la fumée est dissipée, la place est nette, à part quelques égarés qui essayent de se sauver; on les salue à coups de fusil. — Un bonze, le chef de l'expédition, sans doute, reçoit une balle; il peut, en chancelant, gagner un abri. Sur le terrain, gisent une douzaine de cadavres. Nous sortons pour nous emparer de leurs armes, et nous rentrons aussitôt, munis de sabres et de lances.

« On a pu compter au moins seize morts, ce qui fera, certainement, une cinquantaine d'hommes hors de combat, en admettant la proportion de deux hommes blessés pour un homme tué.

« Le premier ahurissement passé, les Boxeurs se sont ressaisis, et nous ont donné des alertes, un peu dans toutes les directions. »

A ce premier contact, les assaillants comprirent que la résistance serait sérieuse. Leur insuccès les rendit circonspects. Ils se tinrent, désormais, hors de la portée des lebels, sur lesquels leurs incantations restaient impuissantes.

Renonçant à venir à bout des assiégés, en les attaquant de front, les Boxeurs changèrent leur tactique, et tentèrent d'incendier le Pé-Tang.

Dans ce but, ils mirent le feu à un pâté de maisons voisines. Le vent, qui soufflait du sud, poussait les flammèches sur la cathédrale et les bâtiments environnants. — Un instant, on fut inquiet.

« Heureusement, dit Mgr Favier, que le bon Dieu fit changer la direction du vent, en notre faveur. Du reste, couvertures mouillées, arrosoirs, pompes, rien n'avait été oublié pour venir en aide à la Providence. »

Le lendemain, à leur réveil, les assiégés purent voir, du côté de la porte Tsien-Men, un immense nuage rougeâtre encombrer l'horizon. On aurait dit que toute la partie sud de Pékin était en feu.

Un espoir fit battre un instant les cœurs. On crut que la colonne Seymour, enfin arrivée, s'était emparée de la ville Chinoise, et l'incendiait, par représailles.

Hélas ! on sut bientôt la vérité. Une bande de Boxeurs avaient voulu brûler quelques boutiques, appartenant à des chrétiens, et dans lesquelles étaient vendues des marchandises européennes. Les flammes, activées par un vent violent, avaient bientôt gagné tout le quartier commerçant, qui n'était plus qu'un monceau de cendres.

Deux mille maisons, parmi lesquelles une vingtaine de grandes banques chinoises, avaient été détruites.

Des nouvelles angoissantes vinrent encore ajouter à la tristesse de cette déception.

On apprenait que la Cour pressait les diplomates de quitter Pékin, et leur offrait une escorte de soldats réguliers pour les protéger et les conduire jusqu'à Tien-Tsin. Des négociations avaient été engagées entre le Tsong-Li-Yamen et les Légations, et étaient sur le point d'aboutir. Les préparatifs de départ se faisaient activement au quartier européen ; des chevaux et des voitures avaient été réquisitionnés pour transporter le personnel et les bagages.

Aucun avis officiel de ce départ n'était parvenu au Pé-Tang. Avait-on oublié de statuer sur le sort de ceux qui y étaient enfermés, ou étaient-ils les victimes d'une diplomatie égoïste et cynique? Faisait-on, avec eux, la part du feu, et devenaient-ils la proie, abandonnée, d'un commun accord, à la fureur de la populace?

Un instant ils le crurent.

Mais, dans la soirée, ils furent douloureusement rassurés. Ils apprirent que le ministre de l'Allemagne, au mépris du droit des gens, venait d'être assassiné en se rendant au palais impérial, où le corps diplomatique devait le rejoindre. Des soldats, postés sur son passage, l'avaient tué à coups de fusil. On sut, plus tard, qu'ils avaient reçu l'ordre de massacrer, de la même façon, les onze autres ministres. L'assassinat de leur collègue, connu assez tôt, les sauva du guet-apens qui leur était tendu.

Cette atteinte à l'inviolabilité des ambassadeurs, que reconnaissent et respectent les peuples les plus barbares, ôta tout espoir à ceux qui, malgré tout, comptaient encore sur la protection du gouvernement chinois. Le crime que ce dernier avait commis ou laissé commettre, et qui engageait si gravement sa responsabilité, prouvait qu'il était décidé à tout pour se débarrasser des étrangers.

« Et ces secours qui se font attendre, écrit Sœur de Jaurias. Il faut que la colonne ait rencontré des obstacles infranchissables, puisque, depuis huit jours qu'elle est en route, elle n'arrive pas ! Si elle tarde encore une semaine nous serons sûrement massacrés. Que la Providence vienne à notre aide !... »

En attendant l'arrivée des troupes internationales (1), on se préparait au Pé-Tang à soutenir un siège et à prolonger, aussi longtemps que possible, la résistance.

Une des premières questions qui se posa, au sein du petit conseil de guerre formé par les évêques et les officiers, fut la question des vivres.

Il ne fallait plus compter sur les fournisseurs

(1) Les troupes ne devaient pas arriver... Jusqu'à la station de Lamfang la marche de la colonne avait été pénible et lente ; cependant elle avait avancé ! Mais, là, elle avait trouvé la voie détruite et irréparable.

Seymour s'était embarqué avec l'espoir d'arriver à Pékin le soir même ; il n'avait emporté qu'une petite provision de vivres. Les chevaux et les mulets manquaient absolument pour traîner l'artillerie et les munitions, et il fallait des canons pour enfoncer les énormes portes de la capitale. D'autre part les troupes des généraux Yung-Lu et Nieh, qui avaient observé, jusque-là, une neutralité, plutôt bienveillante, devenaient ouvertement hostiles, et s'unissaient aux Boxeurs. Pékin était à soixante-quinze kilomètres ; une nuée d'ennemis bien armés et approvisionnés en défendaient l'approche. Tien-Tsin, au contraire, n'était qu'à cinquante cinq kilomètres ; on devait y trouver des secours et des moyens de transport pour les vivres, les munitions et l'artillerie. La plus élémentaire prudence conseillait de se replier sur cette ville, pour reprendre, avec chances de succès, la marche en avant.

Après huit jours d'une retraite périlleuse à travers un pays dévasté, sans vivres, harcelée par deux armées chinoises, obligée de porter ses blessés, la petite troupe arriva à l'arsenal de Hi-Tsu, en vue de Tien-Tsin, et s'y retrancha, à bout de forces. Cernée pendant trois jours, elle fut délivrée, alors qu'elle était à toute extrémité, par un régiment russe. Rentrée aux concessions européennes, elle contribua à leur défense, et y resta enfermée jusqu'au 16 juillet.

habituels. « Nous ne pouvons plus rien acheter, écrit sœur de Jaurias, ni pain ni viande ni fruits. Quiconque essayerait de nous vendre quelques denrées, s'exposerait à avoir la tête coupée. »

Mgr Favier fit faire le recensement des provisions en dépôt dans les divers magasins. Cette opération donna des résultats rassurants. On calcula, qu'à une livre par personne et par jour, on avait des vivres pour plus d'un mois. « D'ici là, écrit l'évêque, il est évident que nous serons forcés ou délivrés. »

C'est dans les magasins du Jen-Tse-Tang, que l'on trouva la plus grande partie des grains qui servirent, pendant plus de deux mois, à la subsistance de près de quatre mille personnes. Sœur de Jaurias, inspirée sans doute par la Providence, avait fait ses provisions de l'année avant l'investissement. De sorte que l'on peut dire, sans exagérer, que les véritables sauveurs du Pé-Tang furent, après Dieu, Paul Henry et Sœur de Jaurias.

La question des vivres, heureusement résolue, on ne songea plus qu'à augmenter et à perfectionner les moyens de défense. Tout l'effort se porta aux remparts.

Les Boxeurs et les réguliers cernaient complètement le Pé-Tang. Seul, le côté bordé par le mur Jaune n'était pas encore investi. A chaque instant, sur un point ou sur un autre, retentissaient des clameurs ou éclataient des coups de feu. Des groupes paraissaient à l'embouchure des rues, vite éclipsés derrière les maisons; les trompes de guerre sonnaient sans interruption, convoquant, par leur. lugubre fanfare, les fanatiques au massacre.

La fusillade du 15 juin avait inspiré aux assaillants une prudence salutaire. Ils avaient pu constater que leurs amulettes ne les rendaient pas invulnérables. Ils ne se montraient plus à découvert, mais ils étaient de plus en plus nombreux et faisaient des préparatifs considérables, en vue du siège. Des tours de la cathédrale, les assiégés pouvaient voir fourmiller au loin la foule armée et houleuse; ils entendaient, sans cesse, le roulement sourd des canons qu'on traînait dans la ville Jaune. Le bombardement était imminent.

Aux Légations, la position était également critique; là aussi l'investissement était rigoureux. Toutefois, le 21 juin, M. Pichon pouvait faire parvenir à Mgr Favier un billet où il lui disait : « Les membres de la Légation Française, et les autres ministres, doivent se retirer à la Légation d'Angleterre. Le ministre d'Allemagne est bien réellement tué et son interprète blessé ; la Légation d'Autriche va flamber. Le projet de quitter Pékin est abandonné. Préparons-nous au dernier voyage ; mais espérons encore. »

De son côté, le commandant Darcy écrivait à Paul Henry : « Vous avez dû recevoir l'ordre de rallier ; mais restez à votre poste, pour le moment. »

« Le bon Dieu, dit Mgr Favier, a permis que cet ordre ne soit jamais arrivé, sans cela nous étions tous perdus... La situation est grave ! Irons-nous rejoindre nos martyrs de Tien-Tsin ? Nous nous préparons à tout. »

La situation était grave, en effet, et, dès la première rencontre sérieuse, on put la croire désespérée.

« Hier au soir, écrit Sœur de Jaurias, comme nous allions au réfectoire, on vint nous prévenir qu'une attaque de Boxeurs se préparait. Nous rassemblâmes, en toute hâte, nos douze cents femmes et jeunes filles, nous prîmes dans nos bras nos pauvres bébés criant de peur, et nous nous acheminâmes vers la grande église. L'attaque redoutée n'eut pas lieu, mais il fallut, comme de coutume, passer une nuit sans sommeil. »

Le lendemain, on venait de célébrer la messe, lorsqu'une tempête de coups de canon éclata soudain. Un boulet pénétra dans l'église, par un vitrail. Une pluie d'éclats de verre tomba sur la foule, et, un instant, on fut aveuglé par la poussière des plâtras. Une panique se produisit. Les femmes, les enfants, s'écrasaient aux portes. Lorsque le calme fut un peu rétabli, on s'aperçut qu'il y avait des victimes. Une des femmes réfugiées avait reçu un boulet dans le ventre, et était morte derrière l'autel.

L'attaque, venant de l'est, on entassa une partie

des non-combattants dans les sacristies et les bâtiments moins menacés.

De cette foule apeurée et tremblante montait,
sans interruption, une rumeur plaintive. Mais,
lorsqu'un boulet venait frapper violemment les
murailles ; lorsqu'un clocheton s'écroulait avec
fracas, entraînant avec lui un lambeau de toiture ;
lorsqu'une rafale de mitraille s'engouffrait dans
les fenêtres, faisant aux personnages des verrières
de fantastiques blessures, ces gémissements se
muaient, tout à coup, en une immense clameur
d'épouvante, déchirée et dominée par les cris perçants des femmes.

« Quatorze canons Krupp, dit Mgr Favier, tirent
sans répit des bombes schrappnell du dernier
modèle. La façade de notre cathédrale est très maltraitée, mais la croix de marbre est toujours debout.
Vers trois heures et demie, l'attaque était tellement
violente, que nous nous croyions arrivés à notre
dernière heure. »

Paul Henry note dans son journal que, ce jour-
là, le Pé-Tang reçut cinq cent trente et un coups
de canon, obus pleins, obus à mitraille et boulets.

« Nos marins prétendent, écrit Sœur de Jaurias,
que, pendant neuf heures, nous avons subi un
bombardement qui aurait pu détruire une ville entière. Cependant, nos établissements sont encore
debout. Ils ont été miraculeusement protégés par
la Providence. »

Au plus fort de ce bombardement, le danger devenant grave, ordre fut donné aux femmes et aux enfants d'évacuer la cathédrale et ses alentours, et de remonter au Jen-Tse-Tang, moins maltraité.

Sœur de Jaurias, avait pour mission de diriger ces déplacements, à travers la pluie des balles et des obus, et de maintenir un peu de calme au milieu de cette multitude affolée.

« Si vous saviez la vie que nous menons ! A la première alarme il faut se sauver pour s'éloigner du danger. Les enfants, les femmes, se précipitent en criant, sans qu'on puisse les retenir ou les diriger. C'est dans ces circonstances, qu'il faut de la patience et du sang-froid.

« Hier, pendant notre fuite, nous avons eu la consolation de recevoir la bénédiction de notre bon Mgr Favier; il n'a pu échanger avec nous que quelques mots. « Voyez, a-t-il dit, ces pauvres Chinois que j'aimais tant ! » Aussitôt ses yeux se remplirent de larmes. »

A plusieurs reprises, Sœur de Jaurias parle, dans son journal, de cette douleur de l'évêque. « Notre bon Mgr Favier est de plus en plus peiné. Son cœur, si loyal, ne peut voir tant de fourberie sans être profondément affligé. » Ailleurs elle dit encore : « Notre pauvre monseigneur nous donne beaucoup de peine, il est malade et ne mange rien, le chagrin le mine ! Son cœur, si grand, et si bon, ne pourra surmonter tant d'ingratitude et de duplicité. »

Ce fut, dans le combat du 22 juin, que les assiégés, sous la conduite d'Henry et de Mgr Jarlin, coadjuteur de Pékin, accomplirent un de leurs plus beaux faits d'armes.

« A deux heures quarante-cinq, écrit Paul Henry, un canon vient prendre position, au sud, en face de la grande porte. Il nous envoie aussitôt un premier coup, au même endroit que ce matin. C'est un canon se chargeant par la bouche. Les servants sont obligés de se montrer. Je désigne quelques bons tireurs qui tirent chaque fois qu'un Chinois s'approche du canon, et rarement, ils manquent leur coup. Au bout de cinq minutes, la pièce est abandonnée.

« L'idée de l'enlever me paraissant praticable, je fais demander à Mgr Jarlin de m'envoyer une trentaine de Chinois de bonne volonté, avec des cordes et des madriers, pour nous prêter main forte. Mgr Jarlin arrive, presque aussitôt, avec une vingtaine de volontaires, mais sans instruments; on perdrait un temps précieux à les chercher. Nous sortons, et rapidement, nous nous avançons vers la porte; huit hommes, en tirailleurs, ouvrent la marche.

« Arrivés à la porte, nous sommes accueillis par une fusillade très nourrie. Nos Chinois se précipent bravement sur le canon, en même temps que les marins prennent position pour les soutenir. Les soldats chinois, dissimulés dans les maisons, ouvrent un feu violent. Un chrétien est tué raide, un autre est traversé de trois balles, les autres hésitent ; il faut les relancer trois fois. Enfin, après des difficultés de toute sorte, et grâce aux exhortations de Mgr Jarlin, le canon, après avoir versé deux fois, est rapidement entraîné vers le Pé-Tang. Les marins, en tirailleurs, protègent la retraite, qui se fait tranquillement et sans accident.

« Nos pertes sont relativement très faibles : un chrétien tué, trois blessés, dont deux très grièvement. Je fais mettre le canon en batterie, et fais envoyer, aussitôt, un boulet sur le poste qui nous a fusillés tout à l'heure.

« Cinq minutes après notre expédition, le feu des canons de l'est cesse brusquement ; et la soirée s'achève très tranquille. »

Jusqu'ici, l'effort des assiégeants s'était porté, presque exclusivement, sur la cathédrale.

Dans la journée du 22 juin, ils s'étaient surtout acharnés contre elle.

« Notre cathédrale a été très maltraitée, écrit Mgr Favier. Des colonnettes, des fenêtres géminées, ont volé en éclats ; les clochetons sont en miettes ; mais la croix de marbre reste toujours debout. »

Le lendemain, le bombardement continua avec la même fureur. « Bien triste dimanche, écrit Sœur de Jaurias ; deux messes à quatre heures et demie ; c'est tout. Heureusement que nous avons fait la sainte Communion, qui réconforte nos âmes. »

Ce jour-là, la grande croix qui couronnait la cathédrale, et était, depuis la veille, l'objectif des artilleurs chinois, heurtée par un boulet, vint s'abîmer sur le parvis et se brisa en mille pièces. « J'avais été si heureux, dit Mgr Favier, de sceller cette belle croix au sommet de l'édifice, il y a treize ans seulement! Enfin, si le bon Dieu nous sauve, elle reprendra sa place. »

Au cours de ces deux affreuses journées, quelques boulets s'étaient égarés du côté du Jen-Tse-Tang ; mais ils avaient été inoffensifs.

Dans la matinée du 24 juin, après avoir criblé la cathédrale de milliers de balles Mauser, et envoyé une trentaine d'obus, mal dirigés, les Chinois placèrent quelques canons dans un terrain vague, appelé le Kou, et qui s'étendait, au nord, près de l'établissement des Sœurs.

Vers quatre heures, ils ouvrirent le feu. Les fusils des remparts s'unissaient aux canons pour faire pleuvoir une trombe de projectiles sur le Jen-Tse-Tang. Les postes de l'est, que les boulets prenaient en enfilade, étaient menacés.

A l'annonce du danger, six marins français, leur commandant en tête, accoururent au secours des Italiens, chargés, plus spécialement, de défendre la partie nord des établissements.

« Comme nous arrivons au mur, écrit Paul Henry, un obus éclate au milieu de mes hommes ; par miracle aucun n'est atteint. Les canons chinois

sont disposés en deux groupes, mais séparés par
des bâtiments, ils ne peuvent prendre le même objectif. Après en avoir délibéré avec M. Olivieri, je
fais exécuter des salves sur les canons du nord-
est.

« Le tir est réglé du premier coup. Au bout
d'une dizaine de salves, les servants sont tués,
et les pièces sont abandonnées.

« Nous opérons de la même façon au nord-ouest.
Les canons sont abandonnés également et les fanatiques, qui soutenaient l'artillerie par un feu dé-
sordonné, se replient à leur tour. Je fais tirer dans
le tas et nous en démolissons un grand nombre. »

« Hier, écrit Sœur de Jaurias, terrible journée
pour nous. Nous avons eu des coups de canon en
quantité sur la chapelle et la Maison. Notre chapelle a été gravement endommagée, les deux tours
surtout. La grande aile des bâtiments du nord,
les dortoirs, la salle de Communauté, ont reçu pas
mal de boulets. Si le bombardement recommence,
tout sera à bas bientôt, à moins d'un miracle.

« C'est vers deux heures, que l'attaque a eu lieu
et que les soldats, avec leurs amis les Boxeurs, ont
essayé d'entrer chez nous. Nos dignes missionnaires et nos bons marins sont accourus à notre
secours, et ont fait des prodiges de valeur. Ils ont
tué beaucoup de brigands, sans pertes de leur côté ;
ils disent eux-mêmes que c'est le bon Dieu qui les
aide. Après leur victoire ils ont récité l'*Ave Maria*

et ont crié : « Vive la Madone! Vive la France! Vive l'Italie! »

Les missionnaires, dont parle Sœur de Jaurias, qui s'étaient joints aux marins pour courir à la défense du Jen-Tse-Tang, n'étaient point les prêtres français, venus en Chine pour prêcher l'évangile. L'Église permet à ceux qui sont revêtus de son sacerdoce d'être prodigues de leur propre sang; mais elle leur défend de verser le sang des autres.

Ces auxiliaires étaient, simplement, les volontaires indigènes, renforcés de séminaristes chinois, non encore dans les ordres, qui avaient été exercés et embrigadés par Mgr Jarlin, coadjuteur de Pékin, et qui marchaient sous sa conduite au combat.

Le prélat, avant d'être prêtre, avait été soldat. Il l'était redevenu, pour la circonstance. Les marins l'appelaient « le directeur du génie », parce qu'il s'était chargé, surtout, de faire exécuter les plans de défense dressés par l'enseigne Henry.

Il se tenait, sans cesse, aux postes les plus dangereux, exposant sa vie avec une héroïque insouciance. Il ne quittait pas les remparts, et couchait dans les tranchées, avec les marins. « Dans toutes les rencontres, dit Paul Henry, on l'a toujours vu au premier rang, exhortant et encourageant son bataillon de volontaires. »

Les frères de Saint-Genis-Laval, chargés des orphelinats de garçons et des écoles professionnelles, prêtèrent, eux aussi, aux défenseurs, un concours précieux. Ils maintenaient l'ordre parmi les réfugiés ; ils surveillaient et dirigeaient les ouvriers, employés à creuser les tranchées ou à réparer les fortifications. A l'occasion, ils faisaient le coup de feu, et se servaient du fusil avec adresse et sang-froid.

Leur rôle, qui n'était pas sans utilité, ne fut pas, non plus, sans danger, puisque, parmi eux, il y eut, proportionnellement, autant de morts et de blessés que parmi les marins.

Mais, de tous les volontaires, le plus héroïque fut, sans contredit, M. Gartner, ancien élève de l'école Polytechnique de Vienne (Autriche), et novice lazariste.

« Ce tout jeune homme, dit M. René Bazin, fut si admirable, notamment pendant les sorties exécutées autour du Pé-Tang, et les expéditions sur le mur Jaune, que Paul Henry l'appelait « le général de l'armée auxiliaire », et qu'il lui avait attaché au bras un galon d'or, pour symboliser son droit de commandement. »

Quelques Chinois se distinguèrent aussi par leur courage, surtout l'un d'entre eux, que les marins avaient surnommé « Barbiche », à cause, probablement, du bouquet de poils rudes et noirs qui allongeait drôlement sa face ronde.

« C'était un jeune homme très intelligent, écrit le Frère Marie Basilius ; il ne savait pas un mot de français, mais devinait, tout de suite, ce qu'on lui disait. Il était particulièrement attaché au commandant Henry, et le suivait partout. Il était doué d'un courage inébranlable ; il sortait seul et trouvait moyen de passer entre les postes occupés par les Boxeurs. Au début de la campagne, il était armé d'un vieux fusil, qui ne tarda pas à se détériorer. On lui en donna un autre, un fusil américain à sept coups. Il montait seul sur le mur Jaune, et déchargeait son fusil sur les Boxeurs. Ensuite, ne prenant pas le temps de le recharger, il arrachait les cailloux du sommet du mur et les lançait sur les Chinois. De plus, il était très adroit. C'était rare qu'il manquât son homme. Vers la fin du siège on lui donna un fusil Lebel, ce qui mit le comble à sa joie. Il s'en servait admirablement. »

Ces trois jours de bombardement acharné, loin d'abattre le courage des assiégés, ne firent que ranimer leur confiance. Ils reconnurent qu'ils étaient en état de tenir tête à leurs agresseurs, et que, si les vivres ne manquaient pas, ils pouvaient prolonger la résistance jusqu'à l'arrivée des secours.

« Le moral est relevé, écrit Mgr Favier, l'état sanitaire est excellent, la protection divine est manifeste, et nous espérons maintenant pouvoir résister aux attaques, qui ne sauraient être plus sérieuses que celles de ces trois jours. Dieu veuille que nous ayons assez de vivres, et que l'armée de secours ne se fasse pas trop attendre ! »

Pendant les deux jours qui suivirent, les assiégés jouirent d'un calme relatif. L'ennemi semblait se recueillir. Peut-être était-il découragé par la résistance inattendue qu'il avait rencontrée. L'artillerie se taisait, tapie dans ses retranchements.

« Depuis deux jours, rien de grave, écrit Sœur de Jaurias. Les Chinois se contentent de tirer sur nous avec de gros fusils de remparts, qui font autant de bruit que des canons, mais moins de mal. On croit qu'ils n'ont presque plus de munitions. La surveillance est active et sérieuse. J'espère que les brigands n'oseront plus approcher. Je crois que le bon Dieu nous garde. Mais nos missionnaires et nos Sœurs sont très fatigués, car il faut veiller toutes les nuits. Il fait très chaud ; une quantité d'enfants meurent, soit des réfugiées, soit des nôtres. On les enterre dans le parc du Pé-Tang. Pékin est rempli de cadavres ; je crains fort que nous n'ayons la peste. »

Durant cette accalmie, on pouvait, du Pé-Tang, entendre le canon rugir sans répit du côté des Légations. Une grande bataille se livrait là-bas. Il était évident, hélas! que les Boxeurs ne renonçaient pas à leurs desseins d'exterminer les étrangers.

La trêve, en effet, fut de courte durée. Les hordes ne tardèrent pas à reparaître. « Toute la nuit, écrit Sœur de Jaurias, le 27 juin, les canons et les fusils ont tonné. A quatre heures et demie un peu de calme. La sainte communion et deux messes nous ont donné force et courage pour la journée. A six heures du matin, une attaque des Boxeurs au sud du Pé-Tang. Ils se montrent à découvert, portant un grand drapeau rouge, se figurant que, parce que les marins n'ont pas répondu à la fusillade des jours précédents, ils sont anéantis.

« Des feux de salves, bien dirigés, les surprennent et couchent sur le terrain les principaux chefs. Le reste de la troupe se débande.

« Vers sept heures on a commencé à tirer sur nous. Jusqu'à onze heures balles et boulets pleuvaient sur nos toitures et dans nos cours. Une femme est blessée à la tête, une de nos filles a le genou brisé, un petit garçon est tué. Le lieutenant français a été blessé à l'épaule par une balle; on craint que le poumon ne soit touché. Nous en avons beaucoup de peine. Nos marins sont si bons, si dévoués! Pour sauver notre vie, ils exposent la leur. Ils sont très fatigués; nuit et jour ils restent sur le qui-vive et sont si peu nombreux! »

Celui que Sœur de Jaurias appelle le « lieutenant français » était le deuxième maître de mousqueterie, Jouannic, qui venait, par son grade, immédiatement après l'enseigne de vaisseau Henry.

Écoutons le jeune commandant en chef raconter dans quelles circonstances fut blessé son second.

« Notre fusillade, dans la rue du Sud, avait tué une cinquantaine de Boxeurs, dont quelques chefs.

Je fais battre par des feux de salves les maisons des environs et, sous la protection de quelques marins, j'envoie des Chinois ramasser des armes, à cent cinquante mètres.

« Malheureusement on leur tire quelques coups de fusil; une balle vient atteindre Jouannic et le blesse assez grièvement. La balle est entrée derrière l'omoplate droite, a glissé sur la cage thoracique, et, sortant sous l'aisselle, a traversé le bras.

« Le pauvre garçon souffre beaucoup, mais j'espère que cela ne sera pas grave. »

C'était la première blessure sérieuse qui atteignait un des défenseurs du Pé-Tang. Jouannic commençait la douloureuse série, qui devait se continuer si lugubrement.

Les Boxeurs n'avaient pas renoncé à leurs projets d'incendie. Ne pouvant se rendre maîtres du Pé-Tang par la force des armes, ils tentèrent, à nouveau, de le détruire par le feu.

« Vers onze heures du soir, écrit Mgr Favier, nous sommes surpris par une bande nombreuse de Boxeurs lançant des bombes incendiaires et des flèches enflammées, contre notre grande porte, qu'ils arrosent, en même temps, de pétrole, au moyen de pompes à incendie volées par eux. Pendant ce temps, les soldats réguliers font pleuvoir une grêle de balles, avec leurs fusils Mauser. Tout le monde tient bon. La grande porte est sauvée, et nous n'avons qu'un chrétien blessé. Nos marins sont vraiment admirables ! Ils portent tous un scapulaire et un crucifix, et se sentent protégés par le bon Dieu. »   ,

Après une journée assez calme, la fusillade reprit, et les pompes à pétrole recommencèrent à fonctionner. On comptait jusqu'à quarante-deux coups de fusil à la minute. Le danger d'incendie devenait surtout pressant ; il fallait le conjurer.

« Nos gens furieux, dit Mgr Favier, se décident, vers minuit, à faire une sortie. Ils se précipitent sur les Boxeurs, qui nous arrosaient de pétrole, à moins de trente mètres. Ils en tuent dix, mettent les autres en fuite, et rapportent deux pompes à pétrole, de la poudre, du plomb, voire même quelques caisses de vêtements. Malgré la fusillade effrénée des soldats réguliers, on parvint à incendier les maisons les plus dangereuses. Les pompes prises contenaient encore cent livres de pétrole chacune. »

Pendant que le Pé-Tang soutenait le principal effort des assaillants, le Jen-Tse-Tang n'était pas épargné.

« Nuit atroce ! écrit Sœur de Jaurias. Tout autour de nous des incendies, des hurlements, des coups de canon et de fusil. Une pauvre réfugiée est frappée par une balle, en traversant une cour ; une brique, lancée de loin, tue un de nos vieillards. Jusqu'au matin nous avons reçu des milliers de projectiles. Nous ne pouvons plus dormir. Si le bon

Dieu ne vient pas à notre secours, les santés ne supporteront pas une pareille fatigue, jointe aux privations que nous impose le siège. »

Le 30 juin, jour de la fête de saint Pierre et saint Paul, se passa sans alerte sérieuse.

« Nous profitons de cette tranquillité, dit Mgr Favier, pour offrir nos souhaits au brave commandant Paul Henry ; nous parlons d'Angers, son pays, et du bonheur que ses parents auront à le revoir. Il nous dit : « Vous verrez que nous sauverons le Pé-Tang ; peut-être quelques-uns de nous ne seront plus. Je serais heureux de mourir pour une si belle cause ; j'espère que le bon Dieu m'ouvrirait le Paradis. Si je dois disparaître, je ne disparaîtrai que lorsque vous n'aurez plus besoin de moi. »

Ce répit devait être de courte durée. Le lendemain, vers midi, le canon recommença à gronder.

« Notre chapelle a reçu quatre-vingt-dix-huit coups de canon. Les coups de fusil ne se comptent pas. Une balle a éclaté avec fracas à un demi-mètre du pavillon de Notre-Dame de Lourdes ; la bonne Mère n'a rien eu. Un boulet est entré par une fenêtre de notre dortoir, et est allé se loger dans le mur, à côté de la ruelle de Sœur Louise. Les projectiles tombent sur la chapelle, sans la beaucoup endommager, jusqu'à présent. »

Vers deux heures de l'après-midi, le canon se tut brusquement. Un silence impressionnant et sinistre succéda, tout à coup, au fracas de la bataille.

« Nous nous demandions ce que cela signifiait, dit Mgr Favier, lorsque nous aperçûmes, sur la montagne de la Tour-Blanche, qui se trouve au milieu des lacs du palais, à douze cents mètres de nous, une vingtaine de personnes magnifiquement vêtues. On croit que l'impératrice, le prince Tuang et d'autres hauts personnages sont venus là, assister à notre agonie, comme à une fête.

« Nos marins avaient grande envie d'envoyer une salve de lebels sur ce groupe. J'ai cru devoir les en empêcher, pour ne pas exaspérer une haine déjà trop violente. »

A cinq heures, on enterrait, dans le parc du Pé-Tang, le second-maître Jouannic, mort de sa blessure. La cérémonie fut très simple et très rapide ; les balles pleuvaient sans miséricorde autour des assistants. Tout le monde pleurait. Les chrétiens chinois disaient : « Que ne sommes-nous morts cent, au lieu de ce brave matelot (1). »

(1) L'*Univers*, dans son numéro du 4 février 1901, raconte la scène suivante qui se passa à Auray lorsque Mgr Favier vint y accomplir le vœu fait par Henry et ses marins : « Après avoir reçu la bénédiction du Saint-Sacrement, les pèlerins avaient quitté l'église et s'étaient massés sur l'esplanade. Tout à coup, la grande porte de la basilique s'ouvre à deux battants et l'on voit paraître sur les marches le drapeau du Pé-Tang, précédé des marins et suivi des évêques. A cette vue, tous les fronts se découvrent et saluent le noble mutilé, la glorieuse relique.

« A ce moment, une femme en deuil fend la foule, arrive au premier rang, avec un petit garçon, comme elle habillé de noir, et, faisant un geste :

« Tiens, regarde, dit-elle à son fils, voilà le drapeau de ton père. »

Pendant les trois jours qui suivirent, l'acharnement des assiégeants sembla se calmer un peu : ils étaient occupés ailleurs. Tout leur effort s'était porté sur les Légations. De ce côté le canon grondait sans relâche.

Quelle allait être l'issue de cet assaut? Les assiégés, sans artillerie et presque sans munitions, allaient-ils succomber sous les coups des armées chinoises, unies aux Boxeurs?

Les ambassadeurs allaient-ils être massacrés sur les ruines fumantes de leurs palais? Et l'ennemi, ayant anéanti la moitié de la résistance, n'allait-il pas revenir, plus nombreux, se ruer contre les remparts de la citadelle chrétienne ? Combien de temps la petite garnison pourrait-elle tenir contre des centaines de canons et des nuées de soldats?...

Questions angoissantes, qui assaillaient tous les esprits, au milieu du silence inaccoutumé et lugubre qui pesait sur le Pé-Tang.

Une autre question se posait, déjà examinée et résolue, mais rendue de nouveau actuelle par le retard des secours : la question des vivres.

Depuis presque un mois, pas un grain de riz n'était entré dans l'enceinte investie.

Peine de mort était prononcée contre ceux qui

« C'était la veuve de Jouannic.

« Elle voulait graver profondément, dans la mémoire de l'enfant, les souvenirs de cette guerre qui lui avait enlevé son père, et lui donnait, en même temps, un magnifique héritage d'honneur à recueillir. »

auraient tenté de vendre la moindre provision aux assiégés. D'ailleurs, toute relation avec le dehors leur était impossible.

On vivait sur les réserves. Mais combien de temps encore ces réserves pourraient-elles suffire à nourrir trois mille personnes ?

« Nous commençons à craindre la famine, écrit Mgr Favier. Riz, blé, fèves, millet, tout est pesé exactement. Le total est meilleur que nous ne l'espérions : près de soixante mille livres. Cela nous donne une vingtaine de jours d'assurés. »

Il n'y avait plus, au Pé-Tang, ni bœufs, ni moutons, ni porcs. Il fallut bien se résoudre à manger les ânes et les mulets. Ceux-ci, comme on pouvait s'y attendre, se montrèrent particulièrement récalcitrants, et s'obstinèrent à opposer une résistance têtue aux mâchoires affamées.

« Aujourd'hui, écrit Sœur de Jaurias, le 5 juillet, nous avons, pour nous réconforter, un vieil âne coriace et peu succulent. Heureuses encore sommes-nous de l'avoir ! »

Un marin loustic, constate, lui aussi, combien fut rétive, en face des marmites, et dure sous la dent, la cavalerie du Pé-Tang.

« Nous mangeons les ânes, les mulets, les chevaux ; c'est dur. Lorsque les montures seront dévorées, nous mangerons peut-être les harnais et les charrettes ; ce sera plus dur encore, et pas facile à digérer. »

Jusqu'ici, les Boxeurs n'avaient employé que des moyens rudimentaires pour incendier le Pé-Tang : pompes à pétrole, fascines et flèches enflammées, etc., etc... Ils ne tardèrent pas à perfectionner leurs moyens de destruction.

« A cinq heures du soir, écrit Mgr Favier, un bruit insolite se fait entendre ; c'est une fusée, à la congrève, lancée sur l'église, et qui traverse un vitrail, laissant, après elle, une longue traînée de feu. Nous la ramassons. Elle est composée d'un tube, en cuivre martelé, et garni d'une forte pointe triangulaire ; la queue est formée d'un manche en bois long de trois mètres. Ces fusées percent un toit, aussi bien qu'un boulet plein, et, de plus, sont un très grand danger d'incendie. »

Le lendemain, à la première heure, un nombre considérable de ces fusées, accompagnées de bombettes, de grenades, de pots-à-feu, s'abattirent sur les toitures...

« Plus de deux cent cinquante s'enflammèrent, dit Mgr Favier. Mais nos précautions avaient été prises. Tonneaux, baignoires, baquets pleins d'eau, gens armés de crocs et de pompes, étaient prêts, et l'incendie ne s'est développé nulle part. »

« Cette journée, note l'évêque de Pékin, fut une des plus désastreuses du siège. »

Elle fut surtout désastreuse pour les établissements de Sœur de Jaurias. Celles qui suivirent ne le furent pas moins.

« Jour d'effroi ! écrit-elle, le 7 juillet. Dès six heures du matin, notre maison est bombardée, à coups de gros canons, jusqu'à sept heures du soir. Les Sœurs, les enfants, les réfugiées, sont entassées dans une pièce moins exposée au tir. Un soldat canonnier est tué sur sa pièce. Une femme est coupée en deux par un boulet ; des bombes incendiaires et des torches sont jetées de tous côtés. Les toits sont brisés, les plafonds éventrés ; les vitres volent en éclats. Nous nous voyons à deux doigts de la mort. La canonnade cesse à sept heures du soir ; mais la maison est dans un état lamentable. »

8 juillet. — « Le bombardement continue, mais il n'a commencé qu'à neuf heures au lieu de six heures, comme hier ; il est moins fort et a duré jusqu'à sept heures du soir. Les bâtiments de la cour de la Sainte-Enfance sont à peu près en ruine ; la vue en brise le cœur. Les femmes réfugiées ont été transférées au Pé-Tang ; elles ne sont plus en sûreté chez nous.

« Sœur Fraisse et trois de ses compagnes les ont accompagnées pour s'occuper d'elles ; on prépare la nourriture ici. Nos vivres diminuent rapidement. Nous comptons sur le secours de Dieu. »

9 juillet. — « Nuit agitée ! Fusillade et coups de canon dans le lointain ; nous pensons aux Légations...

« Dès cinq heures du matin, essai d'incendie chez nous : on a lancé plus de deux cents flèches en-

flammées sur la maison. Prodige de la sainte Vierge !
Rien n'a été brûlé. Ayons confiance.

« La canonnade a duré jusqu'à sept heures du
soir. Nos établissements sont mutilés ; on ne reconnaît plus le Jen-Tse-Tang. Ce n'est plus qu'une ruine.

« Aucunes nouvelles des Légations. Nous pensons
à nos compagnes qui y sont enfermées et compatis-
sons à leurs peines ; elles doivent souffrir bien plus
que nous. Nous avons deux messes chaque jour ;
nous sommes en famille ; nos saints évêques et nos
missionnaires veillent sur nous. Hélas ! je crains
que nos pauvres Sœurs n'aient pas les mêmes consolations. »

10 juillet. — « Terrible journée ! Jusqu'à midi,
assez de calme ; les bombes et les fusées tombent
sur notre maison, à d'assez longs intervalles. Mais
l'après-midi, la canonnade devient épouvantable.
Les projectiles viennent de tous côtés et pleuvent,
surtout, sur notre chapelle, qui n'est pas encore
écroulée. Enorme trou au toit et au plafond de notre
dortoir. Nous avons passé l'après-dîner entassées
dans la buanderie, avec nos cinq cents enfants.
Nous devons fuir le tir du canon ; nous l'avons de
tous côtés. Nos dignes missionnaires, nos marins,
nos gens, travaillent énormément ; tout le monde
est exténué.

« Hier un marin français a été tué dans un combat ; un Chinois très gravement blessé. Nos Sœurs
sont toutes très fatiguées, mal nourries, épuisées

par les veilles et la chaleur qui est très forte. La croix est bien lourde ! Que le bon Dieu l'ait pour agréable, et nous soutienne jusqu'au bout ! Si les troupes tardent à arriver, nous ne tiendrons pas, ce n'est pas possible. Que la sainte volonté de Dieu soit faite en tout et toujours ! »

11 juillet. — « Ce matin, nous avons éprouvé une grande frayeur. Mgr Jarlin nous est arrivé le visage couvert de sang. Il venait d'être blessé à la tête par une balle ; la blessure n'est pas grave. La matinée a été assez tranquille. A midi la roulade du canon a recommencé.

« Vers une heure, une explosion épouvantable nous a glacées d'effroi. Les Chinois avaient rempli de poudre un énorme trou, creusé sous terre, à côté de notre mur d'enceinte. Ils y ont mis le feu. La terre et les pierres ont été soulevées jusqu'à trente mètres de hauteur. Le Pé-Tang et le Jen-Tse-Tang ont reçu un choc terrible. Nous nous sommes crues mortes. Beaucoup de dégâts : toits enfoncés, pignons écroulés, plafonds tombés, murs lézardés. Ce qui reste de nos toitures, plie sous un poids énorme de terre et de morceaux de briques. Un homme a été tué, un autre blessé, ainsi que trois femmes et un enfant. Ces misérables ont des inventions diaboliques !...

« Toujours visible la protection du bon Dieu. Les dégâts matériels ne comptent plus pour nous ; pourvu que les vies soient sauves, c'est tout ce

que nous demandons. Notre confiance est soutenue
par tant de traits de la bonne Providence! Hier, à
peine étions-nous sorties de la chapelle, qu'un gros
boulet a fait un trou énorme au-dessus de nos
places. Une chambre, où nous nous étions mises à
l'abri de la mitraille, a eu le plafond traversé,
quelques minutes après notre départ. Une fusée en-
flammée est tombée dans un appartement où il y
avait femmes et enfants. Le feu a brûlé la couverture. Les gens n'ont rien eu. Un Frère mariste a eu
un fauteuil brisé à côté de lui, et n'a pas été touché.

« Autre faveur providentielle : Mgr Favier venait
de quitter sa chambre. Un boulet, brisant la fenêtre,
est venu tomber sur le lit où il était assis, quelques
minutes avant, et l'a réduit en miettes. »

12 juillet. — « Matinée assez tranquille ! Nous ne
perdons pas espoir. Si les troupes arrivaient, nous
serions sauvés... Voilà cinq semaines qu'elles ont
quitté Tien-Tsin !

« Toute la journée, il y a eu des coups de canon
et des coups de fusil. Dans la soirée, les Boxeurs se
promenaient autour de nos murailles en criant :
« Cha! Cha! Mort ! Mort! Vite, dépêchons-nous,
les Européens arrivent ! » On craint une seconde
mine. Nos dignes missionnaires et nos marins ont
tout examiné, mais n'ont rien trouvé... J'espère que
nous n'aurons pas cette nouvelle épreuve. »

13 juillet. — « La canonnade a duré jusqu'à neuf
heures du soir. Vers cinq heures, on a entendu ré-

sonner le canon et de fortes décharges. On a cru
que c'étaient les troupes européennes. Mais, hélas !
rien encore. La nuit, beaucoup de tapage, beaucoup
de rumeur. Un de nos marins a été blessé, assez
gravement, au front. Cependant on espère qu'il ne
mourra pas. Dieu le veuille ! »

14 juillet. — « Nous continuons à changer de
place, avec nos cinq cents enfants, selon le tir du
canon, tantôt au nord, tantôt au sud, à l'est, à
l'ouest ! Nous tâchons d'éviter les balles et les boulets, qui pleuvent sur le Pé-Tang ou sur le Jen-Tse-
Tang. Nos maisons sont percées à jour ; c'est miracle qu'elles tiennent encore. Les murs ne sont
pas écroulés ; ce sont surtout les toitures et les
pignons qui ont souffert.

« Nos chères petites sont bien sages ; elles chan-
gent de domicile, à tout instant, mais avec assez
d'ordre ; le pli est pris.

« A midi, grave accident, qui nous a causé un vif
chagrin. Un de nos marins italiens a été tué par
une balle, qui lui a transpercé la tête. Le pauvre
jeune homme s'est exposé, sans y penser ; il net-
toyait son fusil à un poste dangereux. Un instant
après, un Chinois est tué, à son tour, au même
endroit. »

15 juillet. — « Coups de canon toute la nuit :
le bombardement cesse à quatre heures du matin,
pour reprendre à neuf heures ; il dure jusqu'au
lendemain. »

16 juillet. — « Nuit affreuse ! Balles, boulets et flèches enflammées pleuvent sur nous. Nous travaillons toute la nuit à éteindre le feu ; partout, des commencements d'incendies. Notre grande église est surtout maltraitée ; l'autel est brisé. La position devient de plus en plus grave ; les cris de mort retentissent. Nous n'avons presque plus de vivres : notre provision de riz diminue à vue d'œil. »

17 juillet. — « Pendant la nuit, nos gens font une exploration autour du mur d'enceinte : ils découvrent deux mines, prêtes à faire explosion. Les fils électriques, qui devaient mettre le feu, sont coupés.

« Un gros boulet passe entre nos deux évêques, sans leur faire de mal, mais une pauvre femme est broyée, et meurt sur le champ. Un marin français reçoit un coup de brique dans l'œil ; on craint qu'il ne soit perdu. La journée, jusqu'à quatre heures, est moins agitée, mais ce calme nous effraye. Nous craignons quelque nouveau malheur. »

Depuis quelques jours, en effet, les assiégés vivaient dans une affreuse angoisse. Un travail mystérieux se faisait sous leurs pieds ; des bruits sourds montaient des profondeurs de la terre, et, en appuyant l'oreille sur le sol, on pouvait entendre les voix des travailleurs souterrains. Des mines se creusaient. Chaque jour on signalait de nouveaux chantiers ; les sous-sols du Jen-Tse-Tang, notamment, étaient sillonnés de galeries.

« Les Boxeurs n'ont pu détruire notre maison par le canon, écrit Sœur de Jaurias ; ils prennent le parti de la faire sauter. »

La partie ouest de l'établissement des Sœurs était surtout menacée. Les Chinois, abrités par le mur jaune, activaient leur travail de ce côté. La frayeur était grande parmi les orphelines et les femmes réfugiées. Elles se souvenaient, avec épouvante, de la terrible explosion du 11 juillet. Cette dernière avait eu lieu en dehors du mur d'enceinte, elle n'avait causé que des dégâts matériels de peu d'importance, et, cependant, elle avait fait une telle impression sur ces pauvres femmes, qu'elles n'en parlaient qu'en tremblant.

On résolut d'aller à la recherche de cet ennemi invisible. On ouvrit une contre-mine, en face du chantier principal où on entendait travailler les Boxeurs. Des Chinois chrétiens furent improvisés sapeurs, et se mirent à l'œuvre, sous la direction des Frères maristes. On travaillait avec ardeur ; la galerie s'allongeait rapidement ; on entendait, distinctement, les coups de pioche des assiégeants tout proches, et on prévoyait l'heure, où les mineurs des deux partis allaient se rencontrer. On se préparait au terrible combat qui allait se livrer sous terre.

Le 18 juillet, vers onze heures, un mouvement inaccoutumé se produisit du côté de l'ouest. On pouvait voir des lamas déménager une pagode. Ils entassaient dans des voitures, des caisses, des paquets, des meubles, pêle-mêle avec des statues de Bouddha.

Les Boxeurs et les soldats abandonnaient les maisons voisines, où ils s'étaient retranchés.

Que voulait dire cette retraite? Les troupes de secours étaient-elles signalées, ou bien le quartier allait-il sauter? Depuis quelques heures, le travail de la mine semblait abandonné.

Tout à coup, à cinq heures, une secousse terrible ébranla le Jen-Tse-Tang, suivie d'une explosion formidable. Un nuage de poussière et de fumée s'éleva du côté du mur Jaune, marquant l'endroit où la mine venait de sauter.

Le mur d'enceinte et les bâtiments de la Sainte-Enfance ne formaient plus qu'un monceau de ruines. Quarante chrétiens chinois, qui travaillaient à la contre-mine, avaient été projetés en l'air, ou étaient restés ensevelis sous les décombres. Le Frère mariste qui les surveillait, fut retrouvé à vingt mètres, au pied du rempart, horriblement mutilé.

Sous une pluie de balles, on courut au secours des survivants. Sur quarante mineurs chinois, vingt avaient été tués; tous les autres étaient blessés, plus ou moins grièvement.

« C'était un spectacle affreux, écrit un témoin; partout des lambeaux de chair humaine, dans le trou où a eu lieu l'explosion.

« J'ai vu un bras manquant à un corps, l'autre bras ne tenait plus, la tête ainsi que les jambes broyées. On se serait cru dans une boucherie, où traînaient des morceaux de viande de rebut. A l'endroit où j'étais, il y avait la moitié d'une poitrine écrasée contre la muraille. Nous avons travaillé longtemps dans une boue sanglante. Dieu sait ce que nous avons laissé sur les décombres (1) ! »

Cette terrible catastrophe avait porté à son comble la terreur du personnel féminin du Jen-Tse-Tang. Les pauvres réfugiées, affaiblies par l'insuffisance de nourriture, la fatigue, le manque de sommeil, ne pouvaient plus commander à leurs nerfs, surexcités par les alertes continuelles, et que faisait vibrer douloureusement le grondement sinistre et continu du canon.

Parfois, l'une d'elles, en proie à une hallucination, croyait sentir le sol se soulever, et s'enfuyait tout à coup, en criant. Ses compagnes, prises de panique, s'élançaient à sa suite, dans un désordre inexprimable. Elles couraient d'un bâtiment à l'autre, s'exposant à la mort en traversant les cours, labourées par la mitraille.

« L'explosion a terrifié nos pauvres chrétiens, dit Mgr Favier, les femmes, les enfants, affolés, courent de tous côtés et, malgré le danger, se réfugient

____

(1) *L'enseigne de vaisseau Paul Henry*, par René Bazin, chez Mame.

principalement dans la cathédrale, qui occupe la partie centrale de nos établissements. »

Après cette terrible et sanglante alerte, les journées continuèrent de s'écouler, toujours douloureusement les mêmes, pour les assiégés du Pé-Tang.

19 juillet. — « Triste fête de Saint-Vincent ! Hier soir nous fûmes prendre un peu de repos ; nous n'en pouvions plus. Le spectacle que nous avions eu, n'était guère propre à favoriser le sommeil. Ces Boxeurs sont vraiment des diables sortis de l'enfer !

« A midi, il y a eu un combat. Nos marins ont fusillé quelques bandits ; mais deux de nos bons Chinois ont été tués. Ce bruit des canons et des fusils, toute la journée, est quelque chose qui assourdit et glace jusqu'au fond du cœur. Un marin français a été traversé par une balle. Quelle tristesse !

21 juillet. — « Hier soir, deux cents Boxeurs sont venus tout près de la maison. Quelques coups de fusil, de nos marins, les ont éloignés. Toujours pas de secours des troupes européennes ! C'est à n'y rien comprendre ! Il fait une chaleur épouvantable ; la moitié de nos enfants sont malades, et nous n'avons pas de remèdes. Nos Sœurs sont très fatiguées. Nous faisons neuvaines sur neuvaines. En ce moment nous en faisons une à sainte Anne. Nous exaucera-t-elle ?

« Vers sept heures du soir, nous avons une alerte. Les Boxeurs se réunissent, et semblent vouloir entrer chez nous. Quelques coups de fusil les dispersent. On entend toujours des mines sous le Pé-Tang et sous le Jen-Tse-Tang. »

22 juillet. — « Nuit passable. La crainte des explosions nous tient toujours dans l'anxiété. C'est tout ce qu'il y a de plus épouvantable. Que le bon Dieu ait pitié de nous! »

23 juillet. — « Pluie torrentielle, depuis hier soir. Nos toits sont ouverts, nos plafonds tombent, il pleut dans nos chambres comme dehors. Nous ne savons où coucher; l'eau ruisselle partout. Les marmites pour préparer la nourriture des réfugiés sont dans les cours; on ne peut allumer le feu. L'épreuve s'aggrave de toutes les manières.

« La journée a été passable jusqu'à trois heures. Vers quatre heures, plusieurs milliers de soldats et de Boxeurs se précipitent vers le Pé-Tang et le Jen-Tse-Tang. Chacun court aux armes; la fusillade commence avec fracas. Les marins, avec leurs fusils, les Chinois avec leurs longues lances, repoussent les Boxeurs; deux cents sont tués ou blessés. Le carnage est épouvantable. Du côté des nôtres pas un n'est touché; la protection du bon Dieu est visible. Deux fois les Boxeurs ont essayé de pénétrer chez nous, deux fois ils ont été mis en fuite. »

24 juillet. — « La chaleur est étouffante; on ne peut plus respirer. L'atmosphère est empestée par l'odeur des cadavres. Nous avons beaucoup de malades, parmi nos enfants et les réfugiés. »

25 juillet. — « Nuit assez calme. Nous entendons, dans le lointain, le bruit du canon et de la fusillade... Peut-être sont-ce les troupes qui arrivent?... On recommence à parler des mines, ce qui fait frissonner. Que le bon Dieu nous garde !

« Un de nos missionnaires, M. Chavanne, est très malade ; il est atteint de la petite vérole. L'officier Italien est malade aussi ; il a une bronchite qui nous inquiète beaucoup. Pas de docteur ni de remèdes. Nous sommes bloqués de tous les côtés, et il est impossible de rien se procurer. »

26 juillet. — « Octave de saint-Vincent et fête de sainte Anne, à laquelle nous avons fait une neuvaine, sur la demande de nos bretons. Fera-t-elle quelque chose pour nous?... Hélas ! oui ; nous avons eu une nouvelle visite du bon Dieu. Le bon et digne M. Chavanne est allé au ciel. Il y a quinze jours, il a été blessé à son poste de garde par une balle, empoisonnée, croit-on. Depuis il ne s'est pas remis. Enfin la variole noire s'est déclarée, qui l'a emporté en quelques heures.

« Nous restons dans la même position ; toujours la fusillade et le canon. Plusieurs de nos marins sont blessés, l'officier Italien est blessé lui aussi, et malade. Notre position devient de plus en plus triste.

28 juillet. — « Journée et nuit affreuses ! Nous sommes bombardés et mitraillés, sans interruption, depuis onze heures du matin, jusqu'au lendemain à midi. »

En cette journée, l'effort des assaillants se porta, particulièrement, sur l'établissement des Sœurs.

« Une pièce de canon, dit Mgr Favier, est braquée, à cent mètres seulement du Jen-Tse-Tang. On en abat rapidement les pointeurs, mais elle est transportée un peu plus loin, et nous envoie soixante-quinze projectiles. L'ennemi semble à court de munitions, et charge son canon avec n'importe quoi, même avec des boulets en pierre. Pendant la nuit, nous recevons trente-cinq boulets, et d'innombrables coups de fusil de rempart. »

« Je ne comprends pas, ajoute Sœur de Jaurias, qu'il reste chez nous un bâtiment debout. Deux femmes et deux de nos enfants sont tuées par les balles. Les Boxeurs et les soldats s'avancent jusqu'au pied du mur d'enceinte en criant « Châ ! Châ ! Mort ! Mort ! ». Aujourd'hui, dimanche, nous avons eu la messe au son du canon; nous avons fait la Sainte-Communion en viatique. Nous pouvons être massacrées d'un moment à l'autre. Il faut être prêtes. »

Lundi 30 juillet. — Jour le plus sombre et le plus douloureux du siège ; jour où les plus intrépides sentirent le découragement entrer dans leur cœur, et comprirent qu'il fallait dire adieu à tout espoir de délivrance.

Ce jour-là, Sœur de Jaurias écrivait : « Le bon Dieu semble nous retirer tout secours humain, au plus fort du danger. Il veut, peut-être, nous sauver tout seul, ou nous prendre dans son paradis. Nous sommes à Lui; il est le Maître ! »

« La nuit du 29 au 30, raconte M. René Bazin (1), la canonnade et la fusillade ne cessent pas. Le feu est particulièrement vif contre le Jen-Tse-Tang. Il semble qu'un assaut se prépare de ce côté; et le danger est d'autant plus grave, que les Italiens n'ont presque plus de munitions.

« Vers six heures du matin, le 30 juillet, Paul Henry se porte, avec douze marins, à la défense de la muraille de l'est du Jen-Tse-Tang. Il est grand temps. La canonnade fait un mal énorme; la position va devenir intenable. Le dessein de l'ennemi paraît être de détruire la porte, fortifiée à présent, du Jen-Tse-Tang, afin de prendre d'enfilade les postes de tir des Européens. Il faut s'y opposer à tout prix.

« Le jeune officier commence par faire exécuter des feux de salves, qui mettent hors de combat plus de cinquante réguliers et Boxeurs.

« Il a réussi à faire tuer ou blesser les pointeurs du canon, mis en batterie à moins de cent mètres de la muraille, parmi des maisons ruinées. Voyant que les Chinois ont alors traîné leurs canons à deux cents mètres en arrière, et recommencent à tirer, il rassemble ses hommes à l'abri, et leur annonce qu'il va faire une sortie avec eux, par la

____

(1) *Paul Henry*, par René Bazin. Mame, éditeur.

brèche, et prendre le canon, comme on a pris celui de la porte sud. Il a autour de lui douze Français et cinq Italiens, qui composeront la petite colonne.

« Mes amis, dit-il, je vous ai choisis parce que je vous sais courageux et adroits. J'irai avec vous prendre ce canon. Nous pénétrerons par le Kou (1) et nous courrons sur le canon, sans tirer un coup de fusil. Arrivés là, nous ferons des feux de salves, pendant que nos Chinois hurleront des Châ! Châ! Si nous sommes obligés de nous replier, nous le ferons lentement, en tirant, et nous emporterons nos blessés. »

« A ce moment, un des Frères qui servait de messager, vint avertir que les Boxeurs se précipitent contre la muraille du nord, et jettent sur les toits des fascines enduites de pétrole et enflammées. Paul Henry demande deux hommes de bonne volonté, et court à la muraille attaquée.

« En route, il rencontre Sœur de Jaurias. « Ma sœur, lui dit-il, faites prier vos enfants. Nous allons repousser une attaque de soldats et de Boxeurs et, ensuite, essayer de leur prendre un canon. »

« Les matelots Delmas et Callac ont suivi leur officier. Tous trois montent sur un échafaudage, établi contre le mur. Delmas commence le feu

(1) Terrain vague qui s'étendait au nord du Jen-Tse-Tang.

rapidement ; il ne perd pas ses balles. En quelques minutes, vingt-huit Chinois sont hors de combat. « Bravo Delmas, crie l'officier, vingt-huit sur vingt-neuf ! »

« A peine a-t-il parlé, que Delmas reçoit une balle dans le bras droit. Le second matelot prend la place de son camarade blessé ; il se découvre nécessairement un peu.

« Paul Henry est penché derrière lui, dans l'ouverture du même créneau, et lui commande de tirer sur une troupe d'assaillants, qui font irruption par une porte, située en avant. Mais Callac n'a pas le temps de faire feu. Une balle lui traverse l'épaule et pénètre, en arrière, dans le cou de l'officier.

« Paul Henry se sent blessé mortellement. Il va pour descendre de l'échafaudage. Une seconde balle l'atteint en plein corps, du côté gauche, et le perce de part en part. Il a encore la force de se laisser glisser à terre, et de faire une cinquantaine de pas. Les marins, qui l'attendent, le voient s'avancer tout pâle ; il défaille, et tombe entre les bras de Lehoux et Callac, qui, malgré sa propre blessure, veut secourir son chef.

« L'aspirant italien, M. Olivieri, est là, et les Français, et les Italiens, prêts à faire la sortie, et des Chinois en grand nombre. Tout le monde se précipite. Lehoux, qui le soutient, aperçoit une goutte de sang sur le col du vêtement de l'officier.

Il détache l'agrafe. Le sang jaillit, et le pauvre matelot essaye de l'arrêter en mettant ses deux doigts sur la blessure; mais en vain!...

« La vérité leur apparaît. — Plusieurs ensemble, ils portent leur officier et leur ami sous une véranda voisine, où un prêtre chinois, M. Tso, lui donne les derniers sacrements.

« Le combat est abandonné ; plus personne ne défend les murailles. Et l'ennemi continue de tirer sur le Pé-Tang, qui, pour la première fois, ne répond pas : Paul Henry va mourir!

« On court chercher Mgr Favier... J'étais à prier le bon Dieu, raconte l'évêque, quand mon domestique me dit : L'officier est blessé. — Je cours immédiatement; je n'avais pas fait trois pas quand il me dit encore : Il est mort!.....

« Ecoutez! Je n'ai pas pu m'en empêcher, j'ai pleuré. Je m'étais retenu jusque-là, mais, à ce moment, je n'ai pas pu. Non seulement j'ai pleuré, mais tout le monde pleurait. Les Chinois disaient : « Pourquoi le bon Dieu n'a-t-il pas laissé la vie à ce saint homme? »

« Ils l'appelaient ainsi. J'avais laissé des prêtres partout, dans tous les endroits dangereux, afin que si quelqu'un était blessé, il pût recevoir les derniers sacrements. Il n'a pas souffert une minute. La blessure lui avait enlevé la parole. Il était souriant, et il n'a pas eu une petite ride, ni un changement sur son visage, jusqu'à la fin. On me l'a apporté; il était étendu sur un petit lit ; déjà sa figure était toute blanche. Il était là comme une figure de cire qu'on met sur les autels, blanc, et deux fois plus beau qu'il n'était pendant sa vie. »

A la nouvelle de cette mort la désolation fut générale. Les marins pleuraient comme des enfants ; les Chinois restaient plongés dans un morne abattement ; missionnaires et religieuses, désespérant désormais de la délivrance, se préparaient silencieusement au martyre. Les cuisines où se préparait la nourriture des réfugiés, et qu'assiégeait, d'ordinaire, la foule affamée, étaient délaissées ; personne ne songeait à manger. Le pauvre Barbiche, le fidèle compagnon de l'officier, était fou de douleur. « Il courait de tous côtés comme une âme en peine, dit un témoin, sans savoir ce qu'il faisait. »

La mort n'avait pas surpris Paul Henry ; il s'était préparé à l'accueillir en chrétien. « Pendant le siège, écrit Sœur de Jaurias, lorsque le devoir ne le retenait pas aux remparts, il assistait à la messe, tous les jours, et, souvent, il faisait la sainte communion (1). »

A la date du 18 juillet, il avait écrit son testament, monument admirable de tendresse filiale, de générosité et de foi.

(1) Lettre de Sœur de Jaurias écrite à la sœur de Paul Henry, Fille de la Charité, et trouvée inachevée dans ses papiers.

« Mes bons parents bien-aimés, mes chers frères et sœurs.

« Si je suis tué, ces derniers mots vous porteront mes derniers adieux. Ne vous faites pas trop de chagrin. Je succombe pour la plus belle des causes, et j'ai fait, je l'espère, tout mon devoir. Je vous lègue le peu que je possède, et vous demande de prélever, sur l'argent que je vous laisse, une somme de cent francs pour les missions de Chine, si éprouvées en ce moment.

« Encore une fois adieu, mes chers bien-aimés, priez pour moi. — Au nom du Père, du Fils, du Saint-Esprit, ainsi soit-il. »

Les funérailles du jeune officier eurent lieu, le lendemain, au milieu des sanglots et des larmes de trois mille personnes, qui voyaient disparaître, avec lui, leur dernier espoir humain. Son corps fut enseveli, avec les honneurs militaires, dans le parc, au pied de la statue de Notre-Dame de Lourdes.

Le quartier-maître Elias devenait, par la mort de l'enseigne Henry, le chef du détachement français, et le directeur de la résistance, dans la section du Pé-Tang.

Le commandement général revenait, de droit, à l'aspirant italien Olivieri, le plus élevé en grade. Celui-ci l'exerça sans quitter le Jen-Tse-Tang. Mais Mgr Favier et Mgr Jarlin eurent, en réalité, la direction supérieure de toutes choses, et prirent la plus grande part aux décisions qui concernaient la défense.

Car le danger était toujours imminent.

Il devenait plus grave encore, par le désarroi qu'avait jeté, parmi les marins, la mort de leur officier. On sentait que le découragement avait prise sur les plus résolus et les plus résistants.

Leurs forces physiques et leur énergie morale étaient à bout. Depuis soixante jours ils étaient sur la brèche, en contact incessant avec l'ennemi, veillant et combattant. Ils dormaient, dans les tranchées, d'un sommeil court, troublé par le bruit du canon, interrompu, à chaque instant, par des alertes ; ils n'avaient, pour réparer leurs forces, qu'une nourriture insuffisante et peu substantielle.

Depuis la mort du chef, l'entrain et la gaieté, qui, jusque-là, avaient résisté à toutes les privations et à toutes les souffrances, s'en étaient allés.

Mais l'abattement était grand, surtout parmi les réfugiés ; on ne pouvait plus tirer d'eux aucun secours. Mgr Jarlin, lui-même, qui avait sur eux une grande influence, et dont l'ardeur les avait, jusqu'ici, entraînés, ne parvenait pas à secouer leur atonie. Le vieux fatalisme chinois reprenait le dessus. « Mieux vaut laisser venir la mort, disaient-ils, puisqu'elle est inévitable, que de continuer plus longtemps une résistance inutile. »

Il semble que les Boxeurs aient deviné cet

état d'esprit, car, le 31 juillet, le lendemain de la mort de Paul Henry, de nombreuses flèches tombèrent sur le Pé-Tang, auxquelles étaient attachées des feuilles imprimées exhortant les chrétiens à la défection : « Vous, chrétiens, enfermés au Pé-Tang, réduits à la plus profonde misère, mangeant des feuilles d'arbres, pourquoi résister avec tant de rage, quand vous ne pouvez plus ? Nous avons contre vous des canons et des mines, et vous sauterez tous avant peu.

« Vous avez été trompés par les diables d'Europe. Revenez à l'ancienne religion de Fou ; livrez-nous Mgr Favier et les autres, vous aurez la vie sauve, et nous vous donnerons à manger. Si vous ne le faites pas, vous, vos femmes et vos enfants, serez tous coupés en morceaux. »

Dans d'autres manifestes, raconte Sœur de Jaurias, les Boxeurs promettaient aux chrétiens, s'ils trahissaient et désertaient, de partager avec eux le butin du Pé-Tang, au moment du pillage.

Ces promesses et ces menaces trouvèrent les chrétiens inébranlables ; pas un d'eux ne faiblit. Ils n'avaient plus le courage de résister ; ils étaient résignés à mourir ; mais ils repoussaient, avec horreur, toute idée d'apostasie et de trahison.

Et cependant la tentation était grande. La faim, qui est mauvaise conseillère, leur tenaillait les entrailles.

« La question des vivres, écrit Mgr Favier, est

presque la seule qui nous préoccupe. On résiste
aux balles, aux boulets ; on ne résiste pas à la famine. »

Les provisions des assiégés étaient presque épuisées. La ration quotidienne, qui avait été fixée,
dès le début, à une livre par personne, avait été
réduite, à partir du 2 juillet, à trois cents grammes
seulement. La part de chacun, ainsi diminuée, on
pouvait vivre encore dix jours.

Pour augmenter leur maigre pitance, les réfugiés chinois montaient aux arbres du parc et en
recueillaient les feuilles, en dépit des balles qui
sifflaient à travers les branches. Plusieurs y trouvèrent la mort : « Un chrétien, écrit Mgr Favier, le
8 août, est atteint d'une balle, et tombe comme un
pauvre oiseau frappé d'une flèche. »

D'autres allaient déterrer, dans les jardins, des
tubercules de dahlias, des racines de balisiers, des
oignons de lis, et en faisaient une bouillie qu'ils
dévoraient avidement.

Quelques-uns, malgré le danger, franchissaient,
la nuit, le mur d'enceinte, et allaient fouiller les
ruines des maisons incendiées. Ils en rapportaient,
parfois, un peu de riz avarié ou brûlé ; parfois,
aussi, ils ne revenaient pas. « Une dizaine de nos
chrétiens, ne pouvant supporter la faim, sont sortis.
Trois viennent d'être pris par les Boxeurs, qui les
ont coupés en morceaux. »

Les plus heureux parvenaient à capturer quelques-uns de ces chiens errants, si nombreux à Pékin, et qui venaient rôder autour des remparts, attirés par l'odeur des cadavres.

C'était une bonne fortune ; mais elle était rare.

Le 2 août, Sœur de Jaurias écrit : « Nous ne donnons plus à nos enfants et à nos réfugiées que deux petits bols de riz par jour ; et, dans une semaine, nous n'en aurons plus. »

Le 3 août, il fallut réduire encore cette ration de famine.

« Nous avons fait peser soigneusement tout ce qu'il est possible de manger, écrit Mgr Favier, le total donne sept mille livres. Il a été décidé qu'on ne donnerait que mille livres par jour, pour les trois mille personnes. Cela fait encore sept jours à vivre. »

« Nous ne pouvons plus distribuer qu'un bol de riz, bien clair, par jour, écrit Sœur de Jaurias. Il y a tout juste de quoi ne pas mourir de faim. Tous et toutes ont des mines à faire peur. Nos pauvres enfants nous font pitié ; il en mourra la moitié.

« Pauvres petites ! elles ne disent rien, elles sont gentilles, mais elles souffrent.

« Quel supplice de voir mourir les gens de faim ! »

« Plus de trois cents enfants criaient la faim, raconte Mgr Favier, et la chaleur intense m'empêchant de dormir, je croyais ouïr les bêlements d'une troupe d'agnelets, destinés au sacrifice. Ces cris, du reste, diminuaient chaque jour, car nous avons enterré cent soixante-dix de ces innocents.

« Il fallait voir les chrétiennes se priver de leur maigre portion, pour nourrir leurs bébés. Depuis longtemps elles n'avaient plus de lait. Avec de petits morceaux de fer blanc, qui servaient de cuillers, elles introduisaient le brouet clair dans la bouche de leurs pauvres enfants.

« Une trentaine de nouveau-né, ont, en effet, augmenté la population de la Chine, pendant ces deux mois.

« Un matin, avant la sainte messe, une de ces vaillantes chrétiennes, accouchée de la nuit, se jette à mes pieds et me dit : « Evêque! évêque! faites-moi donner un bol de petit millet, pour que j'aie un peu de lait! »

« Je dus lui refuser, en pleurant; il n'y en avait plus. »

Les hommes, plus forts et plus résistants, étaient terrassés, eux aussi, par le fléau. On les voyait, hâves, décharnés, se traîner en s'appuyant le long des murs. Ils restaient des journées entières couchés sous les vérandas, refusant même de se lever pour se mettre à l'abri de la mitraille.

Lorsqu'on leur demandait de travailler aux contre-mines, ils répondaient, sans détourner la tête : « J'ai faim. »

« Si les Boxeurs tentaient un assaut, dit Mgr Favier, sur nos cinq cents lanciers du commencement, il n'y en aurait pas vingt-cinq, en état de les repousser. »

Enfin, le 10 août, on se partagea les derniers vivres, après lesquels il n'y avait plus rien.

« Nous constatons avec épouvante, écrit Mgr Favier, qu'après deux jours nous serons sans vivres. Nous mettons de côté quatre cents livres de riz et une mule, pour que nos défenseurs puissent encore vivre dix jours.

« Nous posons la question de savoir si nous réserverons quelque chose pour nous-mêmes et les Sœurs. A l'unanimité on répond : « Non, nous mourrons avec nos chrétiens. » Les rations sont réduites à deux onces par personne; ce qui assure six journées; mais quelles journées! Enfin, l'eau ne manque pas, et on peut vivre encore longtemps, quand on n'en est pas privé. »

Ces affamés, vivaient dans une perpétuelle anxiété. L'accoutumance les avait rendus insensibles au canon; toutes leurs appréhensions se concentraient vers les bruits souterrains qui se faisaient entendre de tous les côtés. Le bombardement se poursuivait mollement, mais le travail des mines était poussé avec ardeur. Tout un réseau de galeries sillonnait les sous-sols du Pé-Tang et du Jen-Tse-Tang. A chaque instant, on s'attendait à sauter, malgré l'active surveillance exercée autour des murailles.

Ces craintes, hélas! n'étaient que trop fondées.

« Le dimanche, 12 août, à six heures et quart du matin, écrit Mgr Favier, une explosion formidable se fait entendre. Une mine, plus terrible que les autres, éclate chez les Sœurs.

« Nous y courons tous. Heureusement, la plupart des enfants et des religieuses étaient à la messe, dans la chapelle; sans cela la moitié du personnel sautait. Les dégâts sont effrayants.

« Toute la partie Est du Jen-Tse-Tang n'est plus qu'un amas de décombres.

« Un cratère de sept mètres de profondeur, sur quatre de diamètre, marque le lieu de l'explosion. Cinq marins italiens et leur officier ont disparu; plus de quatre-vingts chrétiens, y compris cinquante enfants de la crèche, sont enterrés, pour jamais, sous cet immense chaos.

« Malgré une pluie de balles, on vole au secours des blessés. Si, à ce moment, les Boxeurs s'étaient élancés résolument à l'attaque, la position était perdue. Une cinquantaine, qui avaient essayé de pénétrer, sont tués par les marins français accourus sur le lieu du sinistre. Les autres prennent la fuite. Jusqu'au soir, on travaille à rechercher les ensevelis. Après onze heures d'efforts, nous retirons M. Olivieri qui commande le détachement italien ; il est couvert de contusions, cependant on le sauvera. De ses cinq marins, deux sont retirés encore vivants, mais leurs blessures ne laissent aucun espoir. Un poste de marins français s'installe au Jen-Tse-Tang, avec quelques séminaristes, pour défendre, au besoin, la brèche qui a quatre-vingts mètres de large. Depuis huit heures du matin la canonnade n'a pas cessé ; nous avons reçu plus de cent projectiles. Nous sommes à la dernière extrémité. »

Malgré l'horreur de ces tragiques événements, les assiégés commençaient à recouvrer un peu d'espoir. Les plus abattus reprenaient courage. A certains indices, on pouvait conclure que les troupes européennes n'étaient pas loin.

Le bombardement n'avait pas cessé, mais il avait pris une allure désordonnée ; le tir était mauvais ; et il était facile de reconnaître que les pièces étaient servies par des pointeurs novices.

Cette inexpérience insolite des artilleurs, prouvait que les soldats réguliers avaient quitté les alentours du Pé-Tang pour une autre destination. Les Boxeurs étaient restés seuls, à continuer l'œuvre de destruction et de haine. On leur avait laissé des canons ; mais leurs munitions étaient rares. Pour charger les pièces, ils se servaient des projectiles les plus hétéroclites. « Encore soixante coups de canon aujourd'hui, écrit Mgr Favier. En guise de boulets on nous lance n'importe quoi : des débris de marmite, des clous, des pierres, voire même des briques. »

Mais ce qui était plus significatif, et donnait un fondement sérieux à l'espérance du salut prochain, c'était le bruit ininterrompu de la canonnade, qui se faisait entendre dans le lointain, au sud-est, et semblait, à chaque heure, se rapprocher. A n'en pas douter, on se battait là-bas.

Dans la soirée du 11, on avait aperçu, durant quelques heures, un ballon captif se balançant dans les airs, et marquant la place du champ de bataille.

Le tir incohérent, mais redoutable quand même, des Boxeurs, rappelait aux assiégés que le danger était toujours sérieux, et qu'il fallait faire bonne garde pour durer jusqu'à l'arrivée des secours.

La rage des fanatiques était portée à son paroxysme. Sentant leurs victimes leur échapper, ils oubliaient leur prudence habituelle. Ils s'avançaient jusqu'au pied des remparts et avec des gestes furibonds criaient : « Les diables d'Europe approchent ; nous mourrons s'il le faut, mais vous sauterez tous avant. »

Ce n'était pas une menace vaine.

Le 13 août, à onze heures du matin, une nouvelle mine fit explosion sous le Jen-Tse-Tang. On en fut quitte pour la peur. Personne ne fut atteint ; et les dégâts qu'elle causa furent purement matériels.

Elle fit, cependant, une victime.

L'organisme de Sœur de Jaurias, déjà usé par de longs travaux, débilité à l'extrême par les privations du siège, ne devait pas résister à ce dernier ébranlement.

Ces mines, cheminant sournoisement sous le sol, éclatant soudain sur un point ou sur un autre, lui inspiraient une épouvante qu'elle ne parvenait pas à surmonter. C'est en souriant, qu'elle parle de la « musique du canon » et du « chant de flûte des balles ». Elle sait que c'est l'orchestre habituel qui accompagne et soutient les clameurs de la bataille. Pendant plus de deux mois, elle avait circulé au milieu de la mitraille qui faisait rage, des boulets qui bondissaient, sans jamais perdre sa sérénité et son calme. Elle ne craignait pas la mort la fille de Saint-Vincent, et c'est d'un cœur tranquille qu'elle l'affrontait !

Mais elle ne pouvait s'empêcher de s'irriter, de s'indigner, contre l'emploi des mines, qu'elle traitait « d'armes déloyales ». Il semble même que, lorsqu'elle en parlait, elle perdait un peu de son sang-froid habituel, et se laissait dominer par ses nerfs, ébranlés par la commotion.

« Oh ! ces explosions ! Si vous saviez quel mal elles me font. Il n'y a que des suppôts du diable capables de s'en servir. C'est l'image de l'enfer !... Les poutres des maisons sont jetées à bas ; les toits, les murs, tout dégringole ; on ne voit plus clair, les personnes sont englouties à plusieurs mètres de profondeur. Les cadavres en lambeaux exhalent une odeur épouvantable. »

Tous les jours, les assiégés constataient, avec une certitude plus grande, que la marche en avant des troupes européennes n'était arrêtée par aucun obstacle. Maintenant, on entendait distinctement le crissement des mitrailleuses, dont les décharges déchiraient l'air violemment, et le crépitement des feux de salves. De petits flocons blancs, produits par les obus explosant en l'air, indiquaient l'endroit, de plus en plus proche, où l'on se battait.

On priait ardemment au Pé-Tang. On se demandait, avec anxiété, quelle allait être l'issue de la bataille ! Une poignée d'Européens viendraient-ils à bout des armées chinoises ? Etait-ce, pour demain, la délivrance ou la mort ?

Dans la matinée du 14, du haut de l'église, on constata que les étendards chinois avaient disparu des remparts de la ville Mandchoue.

Vers onze heures, on vit passer des groupes de fuyards et des caravanes de gens qui déménageaient précipitamment.

« Malgré les boulets qu'on nous tire de tous côtés, écrit Mgr Favier, l'espoir renaît, on retrouve la parole, le sourire revient sur les lèvres car l'armée de secours est là.

« A cinq heures du soir, une forte longue-vue permet d'apercevoir, sur les murailles, cinq officiers étrangers et un marin faisant des signaux vers l'est ; non loin de là, flotte un pavillon américain.

« Jusqu'à neuf heures les salves se multiplient ; nous voyons emporter deux ou trois cents blessés chinois. »

Lorsque la nuit vint, personne ne songea à dormir. D'ailleurs la haine des Boxeurs ne désarmait pas, et les coups de feu tirés, sans interruption, sur le Pé-Tang tenaient les assiégés en éveil. Les Sœurs, brisées de fatigue, s'étaient jetées tout habillées sur leurs lits, prêtes à toute alerte.

Vers une heure du matin, alors que les balles traversaient en sifflant le dortoir, on entendit des gémissements du côté où reposait Sœur de Jaurias.

On crut qu'elle avait été atteinte par un projectile. On s'empressa autour d'elle ; on s'inquiéta.

« Je ne suis pas blessée, dit-elle, mais je crois que je vais être paralysée. »

On s'aperçut, en effet, que le cou était raide, la langue embarrassée, et les mouvements difficiles.

La paralysie venait de faire une apparition, discrète, mais certaine. Des soins énergiques, immédiatement donnés, conjurèrent cette première attaque. Un mieux notable se fit sentir.

On croyait avoir enrayé la marche de la maladie, lorsque, vers dix heures, une nouvelle secousse provoqua une syncope. Elle dura peu ; mais on jugea prudent de donner à la malade le saint viatique, et de lui administrer l'Extrême-Onction.

Ce fut, pour elle, une grande consolation. Elle avait ressenti une vive peine de se voir privée de la sainte Eucharistie, au jour de la fête de l'Assomption ; mais elle s'était résignée, humblement. La Providence avait eu pitié de cette souffrance et s'était laissé toucher par cette résignation. Elle avait maternellement ordonné les choses.

Après la réception des derniers sacrements, le mieux s'accentua, et, au bout de quelques heures, on put espérer, sérieusement, un retour à la santé. La joie occasionnée par l'approche des troupes alliées, aidait puissamment les soins pieux dont les Filles de la Charité entouraient leur vénérable supérieure.

On avait l'impression que l'assaut final se donnait. Le grondement du canon résonnait, à l'oreille des assiégés, comme une fanfare de victoire. Du haut de la cathédrale, ils pouvaient suivre, dans la ville Mandchoue, l'invasion continue des soldats européens, chassant devant eux réguliers et Boxeurs. Nul obstacle ne pouvait, semblait-il, arrêter leur marche ; ils allaient arriver.

Le soir vint ; la nuit tomba. Les canons, là-bas, étaient devenus muets. Les incertitudes et les angoisses étreignirent, de nouveau, les cœurs ; car les libérateurs n'avaient pas paru. Ils dormaient sur le champ de bataille. Mais dormaient-ils du sommeil fiévreux des vainqueurs, rêvant de la victoire inachevée, ou du lourd sommeil des morts ?...

Pendant la nuit, le bruit souterrain des mines se fit entendre, un peu partout, alternant avec le fracas du bombardement. On jugea que le séjour du Jen-Tse-Tang était particulièrement périlleux. On s'attendait à voir s'effondrer, dans une dernière explosion, ce qui restait des bâtiments et de la chapelle.

Les Sœurs reçurent l'ordre de se réfugier au Pé-Tang. Elles partirent, au point du jour, emmenant avec elles leur chère malade. Mgr Favier lui offrit sa propre chambre. Mais, au moment où on l'y installait, plusieurs boulets chinois y pénétrèrent. Il fallut chercher, ailleurs, un asile plus sûr.

Quelques heures plus tard, on constata que le bombardement se ralentissait. Les uns après les autres, les canons, abandonnés, restaient silencieux.

Enfin, à six heures, on reconnut, au bruit de la fusillade, que les alliés n'étaient plus qu'à quelques centaines de mètres.

« Je venais de célébrer la messe, écrit Mgr Favier, et je faisais mon action de grâces, sous une véranda, lorsque j'entendis des feux de salves violents d'une troupe nombreuse, arrivant par le sud. Vers sept heures et demie, les feux s'étaient rapprochés sensiblement, et, avant huit heures, ils se faisaient entendre à trois cents mètres de nous, derrière la porte de la Ville Jaune appelée Si-Hoa. Cette porte avait été fermée ; de nombreux soldats l'occupaient et, dans la rue qui part de cette porte pour aller au Palais Impérial, plusieurs très fortes barricades, faites avec des sacs de riz, étaient défendues, par au moins quinze cents hommes, armés de fusils à tir rapide, sans compter les Boxeurs et les réguliers postés dans les maisons crénelées.

« Nos gens, montés sur les murs, crurent reconnaître, les uns des soldats européens, postés derrière la porte, les autres des soldats chinois. Nous nous demandions si c'était une suprême attaque ou la délivrance qui se préparait.

« A tout hasard, je sonnai trois fois sur le clairon : « La casquette du père Bugeaud » ; aucune sonnerie, aucun hourrah n'y répondit du dehors ; mais, du dedans, une grêle de projectiles plut sur nous. Une bombe éclata à mes pieds ; j'eus le temps de me garer derrière une colonne en briques. Au bout d'une demi-heure, un audacieux chrétien, monté sur le mur de la Ville Jaune, vint en courant et me dit : « Ce sont certainement des Européens ; j'ai vu un officier habillé en blanc, avec des galons. »

« Nous avions déjà posé, au sommet de l'église, un grand drapeau français, avec le signal : « Demandons secours immédiat ! » Le directeur du séminaire et nos élèves portèrent alors un nouveau pavillon à deux cents mètres plus au nord, et renouvelèrent les sonneries de clairon. L'officier aperçu vint au drapeau ; on lui passa une échelle et il serra la main de mon coadjuteur qui était allé de ce côté. C'était un capitaine japonais. Il demanda :

« Pouvez-vous ouvrir la porte de la Ville Jaune ? »

« C'était impossible, vu notre petit nombre. « C'est bien, dit-il alors, je vais essayer de la faire sauter. »

« Et il repassa de l'autre côté du mur. A ce moment, on vit une nouvelle troupe, habillée de bleu, s'avancer rapidement, avec du canon. « Cette fois, me cria-t-on, il n'y a plus de doute, ce sont des Français. »

« Ils accoururent droit au drapeau, placèrent quelques échelles de leur côté, et nous quelques échelles du nôtre. En quelques minutes, les cinquante hommes de la compagnie Marty étaient chez nous, avec leur chef. Pendant ce temps, les Japonais, escaladant le mur, plus au sud, avaient ouvert un battant de la porte. L'artillerie française, placée vis-à-vis, acheva l'œuvre et, malgré une fusillade de plusieurs milliers de coups de feu à la minute, on se précipita sur les barricades.

« Les soldats d'infanterie de marine, entrés chez nous, avaient eu le temps de traverser nos établissements, et d'aller prendre la grande barricade à revers, après avoir escaladé les maisons crénelées, et passé à l'arme blanche leurs défenseurs.

« La bataille était finie. Plus de huit cents cadavres de Boxeurs ou soldats réguliers chinois gisaient à terre. Nous n'avions à déplorer que la perte de deux hommes tués et de trois blessés, dont le capitaine Marty.

« Il était environ dix heures. Depuis un quart d'heure, le ministre de France, M. Pichon, et le général Frey, étaient au Pé-Tang. Nous étions délivrés et délivrés par les soldats français. »

Après les premiers moments consacrés aux effu-

sions de la joie et de la reconnaissance, il fallut
songer à mettre un peu d'ordre dans le chaos qu'é-
taient le Pé-Tang et le Jen-Tse-Tang. Il était nécessaire aussi de reconstituer, avec des ruines, un
asile pour les délivrés, et de leur trouver du pain.
La veille, Mgr Favier constatait qu'il restait, seulement, quatre cents livres de nourriture pour trois
mille personnes. « La Providence, ajoutait-il,
semble avoir compté les grains de riz; qui aurait pu
compter plus juste ? »

Chacun se mit à l'œuvre avec ardeur. Les Sœurs,
revenues au Jen-Tse-Tang, s'ingéniaient à trouver
un abri pour leurs enfants et les réfugiées. On les
casait comme on pouvait, un peu pêle-mêle, sous
les débris de toitures encore debout.

Sœur de Jaurias, secouant l'alourdissement qui
envahissait ses membres, avait l'œil à tout. Elle se
traînait d'un endroit à l'autre, encourageant, con-
seillant, dirigeant.

Les exercices de communauté, si souvent inter-
rompus pendant les deux mois écoulés, avaient repris leur cours paisible.

Sœur de Jaurias, malgré l'état précaire de sa
santé, y assistait régulièrement.

Le 19 août, à quatre heures et demie du matin,
elle était à la chapelle, présidant la prière d'une
voix défaillante. Après avoir entendu la sainte
messe, elle s'assit, pour écrire, à sa table de travail.
Vers dix heures, on vit sa tête s'incliner sur

son papier et son corps s'affaisser du côté droit.

La paralysie reprenait sa marche, et, du coup, envahissait l'organisme presque tout entier. Deux jours, la malade resta sans mouvement; ses yeux étaient fermés et ses lèvres restaient muettes. Mais elle souriait doucement, son visage était radieux; elle semblait perdue dans une extase. On aurait dit que commençait, pour elle, la vision du ciel.

Durant ces deux jours, Mgr Favier, Mgr Jarlin, les Sœurs des trois maisons de Pékin, entourèrent constamment le lit de la mourante, l'assistant de leurs prières et de leurs soins.

Enfin, le 21 août, sans effort, sans convulsion, sans rouvrir ses yeux, clos depuis l'avant-veille, la pieuse Sœur rendit son âme à Dieu.

Elle était allée, selon son expression, « voir, du ciel, le triomphe de la sainte Eglise et la conversion de la Chine », à laquelle elle avait travaillé pendant quarante-sept ans...

Au début du siège, Sœur de Jaurias écrivait : « Nos œuvres sont presque anéanties. Je les avais vues grandir avec bonheur, je crois que je finirai avec elles. » Sa prévision s'était réalisée. Elle avait présidé à la fondation et assisté à la ruine; elle ne devait pas être témoin, ici-bas, du relèvement...

FIN

TABLE DES MATIÈRES

CHAPITRE PREMIER

LE CHATEAU DE JAURIAS

CHAPITRE II

PARIS ET AMIENS

CHAPITRE III

DE DIEPPE A NING-PÔ

CHAPITRE IV

NING-PÔ — DÉBUTS D'APOSTOLAT

CHAPITRE V

A L'ÉCOLE ET AUX AMBULANCES — L'EXPÉDITION DE 1860
PRISE DE PÉKIN

CHAPITRE VI

LES REBELLES TAÏPINGS — SIÈGE DE NING-PÔ

CHAPITRE VII

CHANG-HAÏ — FONDATION DE L'HÔPITAL INTERNATIONAL

CHAPITRE VIII

PÉKIN — LES MASSACRES DE TIEN-TSIN — LA GUERRE FRANCO-ALLEMANDE

CHAPITRE IX

FONDATION DU DISPENSAIRE DU JEN-TSE-TANG ET D'UN HOPITAL A PÉKIN

CHAPITRE X

GUERRE DU TONKIN — FONDATION DU NOUVEAU PÉ-TANG

CHAPITRE XI

LES PRÉPARATIFS DE DÉFENSE DU PÉ-TANG

CHAPITRE XII

SIÈGE ET DÉLIVRANCE DU PÉ-TANG